新时代理论研究文丛

中国式现代化之路丛书

洪银兴 ◎ 主编

中国式现代化开放发展之路

张二震　戴翔 ＿ 著

江苏人民出版社

图书在版编目(CIP)数据

中国式现代化开放发展之路 / 张二震，戴翔著.
南京：江苏人民出版社，2025.2. -- (中国式现代化
之路丛书 / 洪银兴主编). -- ISBN 978-7-214-29374-9

Ⅰ. D61

中国国家版本馆 CIP 数据核字第 2024LZ0360 号

中国式现代化之路丛书
洪银兴　主编

书　　　名	中国式现代化开放发展之路	
著　　　者	张二震　戴　翔	
责 任 编 辑	周晓阳	
装 帧 设 计	赵春明	
责 任 监 制	王　娟	
出 版 发 行	江苏人民出版社	
地　　　址	南京市湖南路 1 号 A 楼，邮编：210009	
照　　　排	江苏凤凰制版有限公司	
印　　　刷	江苏凤凰通达印刷有限公司	
开　　　本	718 毫米×1 000 毫米　1/16	
印　　　张	20.5　插页 2	
字　　　数	398 千字	
版　　　次	2025 年 2 月第 1 版	
印　　　次	2025 年 2 月第 1 次印刷	
标 准 书 号	ISBN 978-7-214-29374-9	
定　　　价	82.00 元	

(江苏人民出版社图书凡印装错误可向承印厂调换)

"中国式现代化之路丛书"总序

  现代化作为中国人的百年梦想，反映人民对美好生活的向往。新中国成立以来，中华民族的现代化追求形成了从探索"中国的现代化"到践行"中国式现代化"的历史转变。在党的八大上，毛泽东提出"要把一个落后的农业的中国改变成为一个先进的工业化的中国"[①]。1979 年 3 月，邓小平最早提出中国式的现代化概念。他指出："中国式的现代化，必须从中国的特点出发。"[②]他从中国底子薄、人口多、耕地少的特点出发，擘画了从温饱到小康再到基本实现现代化的"三步走"发展战略。在新中国成立以来特别是改革开放以来的长期探索和实践基础上，经过党的十八大以来在理论和实践上的创新突破，习近平新时代中国特色社会主义思想成功推进和拓展了中国式现代化。在全面建成小康社会基础上，开启了中国式现代化的新征程。

  正如党的二十届三中全会指出的："当前和今后一个时期是以中国式现代化全面推进强国建设、民族复兴伟业的关键时期。"[③]实现这个目标需要坚持问题导向，以中国式现代化为中心，推进理论和实践创新。

  一个国家走向现代化，既要遵循现代化一般规律，更要符合本国实际、具有本国特色。中国式现代化道路不仅是马克思主义经济学说同中国具体实际相结合的道路，也是现代化的一般理论与中国国情相结合的道路。习近平总书记依据中国国情，明确指出："我们推进的现代化，是中国共产党领导的社会主义现代化，必须坚持以中国式现代化推进中华民族伟大复兴，既不走封闭僵化的老路，也不走改旗易帜的邪路，坚持把国家和民族发展放在自己力量的基点上、把中国

---

① 《毛泽东文集》第七卷，人民出版社 1999 年版，第 117 页。
② 《邓小平文选》第二卷，人民出版社 1994 年版，第 164 页。
③ 《中共二十届三中全会在京举行》，《人民日报》2024 年 7 月 19 日。

发展进步的命运牢牢掌握在自己手中。"①根据他的概括,中国式现代化有五个特点:人口规模巨大的现代化,全体人民共同富裕的现代化,物质文明和精神文明相协调的现代化,人与自然和谐共生的现代化,走和平发展道路的现代化。这是中国式现代化的五大特征。

党的十八大以来,我们党在已有基础上不断实现理论和实践上的创新突破,成功推进和拓展了中国式现代化,进一步深化对中国式现代化的内涵和本质的认识,概括形成中国式现代化的中国特色、本质要求和重大原则,初步构建中国式现代化的理论体系。习近平总书记指出,"推进中国式现代化是一个系统工程,需要统筹兼顾、系统谋划、整体推进,正确处理好一系列重大关系","推进中国式现代化是一个探索性事业,还有许多未知领域,需要我们在实践中去大胆探索,通过改革创新来推动事业发展"。② 习近平总书记的这些重要讲话精神,就成为我们编著"中国式现代化之路丛书"的指导思想。一方面,我们要全面系统地研究和阐述已经初步构建的中国式现代化的理论体系;另一方面,也要从经济学的视角系统研究探索中国式现代化各个方面的理论和实践问题,涉及中国式现代化的目标、进程和道路,以及推动中国式现代化的动力和制度保证。这些都需要我们对中国发展的实践进行探索,并在过程中充分体现守正与创新。基于这些考虑,本丛书从选题到内容要充分反映中国式现代化的特色。

第一,中国式现代化是以人民为中心的现代化。习近平总书记强调中国式现代化既要创造比资本主义更高的效率,又要更有效地维护社会公平。中国式现代化是人口规模巨大的现代化,是全体人民共同富裕的现代化,是物质文明和精神文明相协调的现代化,是人与自然和谐共生的现代化,是走和平发展道路的现代化。其物质基础是人均国内生产总值达到中等发达国家水平。在物质资源和环境资源供给趋紧的背景下,中国式现代化需要在高质量发展中推进。相应

---

① 习近平:《高举中国特色社会主义伟大旗帜　奋力谱写全面建设社会主义现代化国家崭新篇章》,《人民日报》2022年7月28日。
② 习近平:《推进中国式现代化需要处理好若干重大关系》,《求是》2023年第19期。

的,本丛书系统研究和阐述的现代化道路就是贯彻新发展理念的更高质量、更有效率、更加公平、更可持续、更为安全的现代化之路。

第二,在发展中大国推进的中国式现代化是史无前例的。当代中国的伟大社会变革,不是简单延续我国历史文化的母版,不是简单套用马克思主义经典作家设想的模板,不是其他国家社会主义实践的再版,也不是国外现代化发展的翻版。对中国式现代化的探索和研究正如习近平总书记所要求的,需要树立世界眼光,胸怀"国之大者",把历史、现实、未来贯通起来,把中国和世界连接起来,增强战略思维能力,使我们制定的战略符合实际、行之有效,为中国式现代化提供强大的战略支撑。因此,本丛书对现代化的选题和研究需要有宽广的视野,向纵深逐渐展开,既要有现实的逻辑,也要有历史的分析;既要有中国的立场,也要有国际的比较;既要有理论的高度,也要有实践的深度。

第三,本丛书更多的是从经济学视角研究中国式现代化。经济学家对经济现代化的研究可以分为两种范式。一种范式是以发达国家为对象,研究发达国家所经历的从传统到现代的历史过程。代表性理论有库兹涅茨的现代经济增长理论和罗斯托的经济成长阶段论。另一种范式是以发展中国家为对象,研究其追赶发达国家的发展进程。代表性的理论有刘易斯、舒尔茨的二元结构理论。从这些现代化理论研究中能够发现一些可资借鉴的关于现代化一般规律的经济学理论及推进现代化的发展战略。但是,研究中国式现代化必须从中国的国情出发,尤其重视习近平经济思想对推进中国式现代化的指导作用。

第四,中国式现代化兼具理论意义与实践进程两个层面的原创性。中国式现代化的研究必须坚持问题导向,同中国式现代化的具体实际相结合。因此本丛书的选题和内容以回答中国之问、世界之问、人民之问、时代之问为出发点,在理论联系实际的研究中作出符合中国实际和时代要求的正确回答,形成与时俱进的理论成果,目的是更好指导中国式现代化的实践。

本丛书为南京大学全国中国特色社会主义政治经济学研究中心和长三角经济社会发展研究中心研究成果,得到中共江苏省委宣传部的大力支持,列入江苏省习近平新时代中国特色社会主义思想研究中心的"新时代理论研究文丛"。本丛书不仅是关于中国式现代化的学术著作，也可作为干部群众、青年学生进行理论学习的重要读物。我们期望广大读者喜欢这套丛书，也期望学术界和相关政府部门关注这套丛书。

洪银兴

2024 年 12 月

目　录

第一章

高水平对外开放与中国式现代化

党的十八大以来，我们坚持完整、准确、全面贯彻新发展理念，以开放促改革促发展，胜利完成全面建成小康社会的历史任务，实现了第一个百年奋斗目标。党的二十大提出，从现在起，中国共产党的中心任务就是团结带领全国各族人民全面建成社会主义现代化强国、实现第二个百年奋斗目标，以中国式现代化全面推进中华民族伟大复兴，并强调指出，高质量发展是全面建设社会主义现代化国家的首要任务。要实现这一宏伟目标，就必须继续走开放发展之路，不断提高对外开放水平。习近平总书记曾坦言，"过去40年中国经济发展是在开放条件下取得的，未来中国经济实现高质量发展也必须在更加开放的条件下进行"[①]。习近平总书记在《求是》2023年第16期发表的重要文章《中国式现代化是强国建设、民族复兴的康庄大道》中指出，"中国式现代化坚持独立自主、自力更生，依靠全体人民的辛勤劳动和创新创造发展壮大自己，通过激发内生动力与和平利用外部资源相结合的方式来实现国家发展，不以任何形式压迫其他民族、掠夺他国资源财富，而是为广大发展中国家提供力所能及的支持和帮助。我们要始终高举和平、发展、合作、共赢旗帜，奉行互利共赢的开放战略，不断以中国新发展为世界提供新机遇。积极参与全球治理体系改革和建设，践行真正的多边主义，弘扬全人类共同价值，推动落实全球发展倡议和全球安全倡议，努力为人类和平与发展作出更大贡献"[②]，再次强调了中国要在坚持科技自立自强的同时，和平利用外部资源助力中国式现代化建设。换言之，要更好地把握新一轮经济全球化可能蕴含的战略机遇，在进一步深度融入乃至推动和引领经济全球化发展中，谋划中国式现代化。

第一节
对外开放是中国式现代化的鲜明标识

《中共中央关于进一步全面深化改革　推进中国式现代化的决定》强调，"开

---

① 习近平：《共建创新包容的开放型世界经济》（在首届中国国际进口博览会开幕式上的主旨演讲），中华人民共和国中央人民政府网，https://www.gov.cn/gongbao/content/2018/content_5343724.htm。
② 习近平：《中国式现代化是强国建设、民族复兴的康庄大道》，《求是》2023年第16期。

放是中国式现代化的鲜明标识。必须坚持对外开放基本国策，坚持以开放促改革，依托我国超大规模市场优势，在扩大国际合作中提升开放能力，建设更高水平开放型经济新体制。"①中国已经全面建成小康社会，进入中国式现代化建设新阶段。但是中国仍然是发展中国家，处于社会主义初级阶段，更加需要利用国际国内两种资源、两个市场建设现代化国家。因此有必要首先回顾一下对外开放对于发展中国家的意义。

一、 对外开放对发展中国家的意义

发展中国家在对外开放的初期阶段，一般都是为了利用国际资金以弥补国内储蓄的不足，利用国际市场以获取外汇。发展经济学家钱纳里等人曾经用宏观经济基本平衡式基础上的"两缺口"模型来说明发展中国家引进和利用外资的意义。

宏观经济的基本平衡式即总供给＝总需求，细分为：

消费＋储蓄＋进口＝消费＋投资＋出口

这意味着：（1）进口可以增强国内的供给能力；（2）出口成为拉动经济增长的三驾马车之一。

进一步分析发现，发展中国家往往存在两个缺口，

第一个缺口即储蓄缺口：

储蓄＜投资

在开放经济中，国内储蓄不足所产生的资金缺口，可以由引进的相应数量的外资来弥补，即：

储蓄＋外资＝投资

第二个缺口，即外汇缺口：

进口＞出口

在开放经济中，进口大于出口所产生的外汇缺口，同样可以由引进的相应数量的外资来弥补，即：

进口＋外资＝出口

发展中国家通过引进外资平衡外汇和储蓄两个缺口的意义，不仅仅是数量

---

① 《中共中央关于进一步全面深化改革 推进中国式现代化的决定》，《人民日报》2024 年 7 月 22 日。

上的平衡,而且是质的提升。引进的外资利用得好,能同时平衡两个缺口。比如,一个外资项目以机器设备形式进入发展中国家,一方面它是进口,这些进口不需要相应的出口来抵付;另一方面它又是投资,这笔投资不需要动用国内储蓄。对于中国来说,建立有效引进和利用外资的机制,便能使经济不完全依赖国内储蓄能力而实现更快的增长。进一步说,发展中国家引进外资不只是解决资金问题,同时也是引进管理技术等要素和进入国际市场的通道。发展中国家利用外资平衡"两缺口",表明了对外开放的两大内容,一是进入和利用国际市场,二是获取和利用国际资源。

发展中国家对外开放的意义,不只是平衡"两缺口",更为重要的是获取现代科技和知识。根据库兹涅茨的分析,对世界范围内技术社会知识存量的开发利用,是生产高速增长和发展中国家进入现代增长阶段的标志。

除了资金问题外,技术和人才通常也是发展中国家经济发展过程中面临的重要制约因素。相比较而言,发达国家在信息、技术、知识、人才等领域均占有优势。经济全球化的发展,通过提供多种与其他国家国民相互交流的方式,能够使发展中国家在文化、社会、科学、技术改进以及贸易和金融等领域,直接或间接地受益。由于发展阶段的差异性,世界范围内新技术的创新和应用之间的时间差缩短,生产性知识得以更快传播,人才的国际流动更为便捷,有助于发展中国家以更快的速度实现经济发展。

经济全球化的实质是市场经济在全球范围内的拓展和延伸。相比较而言,发达国家市场机制发育完善。融入经济全球化有助于发展中国家更好地完善市场经济体制。比如,加入世界贸易组织(WTO),必然意味着要履行对WTO的承诺,意味着逐步取消各种产业补贴和贸易保护政策,使得各类市场主体在同一市场上平等竞争。发展中国家还需要建立并不断完善同市场经济有关的制度和规则,如此才能实现与国际经贸中的通行制度和规则接轨。面临全球市场一体化、贸易投资自由化的压力,只有不断产生大量产权明晰、有竞争力的企业,才能从根本上保证发展中国家在国际经济竞争中立于不败之地。

归结起来,发展中国家对外开放的意义,包括利用国际国内两种资源、两个市场,获取先进知识和技术,促进市场经济体制的完善,使市场运行规则与国际接轨。

二、 对外开放模式选择与现代化的路径差异

为了更好地理解高水平开放对作为中国式现代化建设首要任务的高质量发展的助力作用,我们首先有必要对对外开放与现代化的基本关系,尤其是对外开放的模式选择与现代化的路径差异之间的关系,作简要理论梳理和分析。

(一) 对外开放推进现代化的基本理论

经典的现代化理论认为,现代化是指 18 世纪主要发端于英国等国家的工业革命以来,人类经济社会所发生的深刻变化,包括从传统经济向工业经济、传统社会向工业社会、传统政治向现代政治、传统文明向工业文明转变的历史进程及其变化。[①] 从这一意义上看,由于不同国家发展所处历史阶段不同,因此现代化的模式选择、动力机制以及具体表现等均会存在一定差异。比如,对于先进国家而言,现代化主要是指社会变迁过程,而对于后进国家而言,更加表现为追赶先进国家的过程。从现代化的历史逻辑和实践逻辑看,发达国家在工业革命等一系列深刻变革和因素推动下,最终实现了从农业文明向工业文明的转变;而发展中国家的现代化显然是一个追赶发达国家的过程,并且在此过程中道路和模式的选择并无统一范式。[②]

尽管不同学者基于不同的研究视角,对经济全球化的开始及其发展阶段的划分,有着不同的判断标准和节点选择,但较为一致的观点认为,真正意义上的经济全球化主要始于工业革命。正如现有研究指出,人类伟大的制度创造是市场经济,伟大的发展壮举是工业革命,当市场经济插上工业革命的翅膀,经济全球化就具有了不可阻挡的趋势。[③] 实际上,在工业革命形成强大推动力的历史条件下,对于资本主义市场经济向全世界的扩张,马克思曾经作过精辟的论述。《共产党宣言》指出:"资产阶级,由于开拓了世界市场,使一切国家的生产和消费都成为世界性的了。"马克思、恩格斯的这些洞见和论述,深刻揭示了经济全球化的本质、逻辑和过程,同时也蕴含了经济全球化对推进现代化的意义,奠定了我

---

① 唐爱军:《唯物史观视域中的中国式现代化新道路》,《哲学研究》2021 年 9 月,第 5—12 页。

② 陈柳钦:《现代化的内涵及其理论演进》,《经济研究参考》2011 年第 44 期,第 15—31 页。

③ 金碚:《论经济全球化 3.0 时代——兼论"一带一路"的互通观念》,《中国工业经济》2016 年 1 月,第 5—20 页。

们今天认识对外开放与推进现代化的理论基础。只不过,在资本主义扩张时期,发达国家所走的现代化是一条倚靠"战争""殖民""掠夺"的发展道路。习近平总书记曾将经济全球化发展划分为三个阶段,并在分析第一阶段时深刻指出,"西方国家靠巧取豪夺、强权占领、殖民扩张,到第一次世界大战前基本完成了对世界的瓜分,世界各地区各民族都被卷入资本主义世界体系之中。"①但是,基于"殖民""掠夺"的模式显然不可持续,并最终引发了第一次和第二次世界大战。第二次世界大战以后,经济全球化的趋势并没有改变,改变的只是经济全球化的方式,即在美国等发达国家主导下,尤其是在世界贸易组织(WTO)、世界银行(WB)和国际货币基金组织(IMF)等国际组织构筑的经济全球化框架下,市场自由竞争和自由贸易成为经济全球化运行的基本逻辑。因此,这一阶段与前一阶段西方国家主要靠对外扩张掠夺推进现代化发展根本不同,世界各国主要通过融入经济全球化,在参与国际竞争与合作中推动现代化发展。需要指出的是,与发达国家相比,发展中国家在资本、技术等方面仍然存在较大差距,因此,所谓的"市场自由竞争和自由贸易",对于发展中国家来说,只要条件具备、战略得当,参与其中也能带来一定的发展利益,但无论是从参与的机会看,还是分工的地位看,发展中国家显然都处于"劣势",因而发展中国家在融入经济全球化推进现代化方面,进行了不同的开放发展模式和路径探索。

正是基于上述原因,从推进现代化的一般实践看,开放战略在实现现代化过程中具有重要作用。无论对于发达国家还是对于发展中国家来说,从传统国际经济学角度分析,扩大对外开放在有助于推进现代化发展方面,都有其共同作用规律,即有助于参与国吸引和利用国家发展要素,包括资金、技术、人才、信息等,从而提升一国经济现代化水平。现代化的世界性实践提供了这样一个经验性结论:一个以封闭经济形态为主导的国家,将出现低水平结构的超稳定性。封闭系统的自我均衡决定了其必然处于低水平发展状态。而对外开放则是打破这种均衡的关键,因为通过与外部进行相应的产品、信息、知识、技术等交流和互换,可以实现"互通有无"或者"优势互补",实现与外部世界的共享式发展。这种均衡相对于封

---

① 中共中央宣传部编:《习近平总书记系列重要讲话读本》,学习出版社、人民出版社 2016 年版,第 268 页。

闭条件下的低水平发展状况,是一种新的、更高水平发展的动态共享均衡。显然,这种新的共享均衡促进了经济发展与现代化。对此,习近平总书记曾有过深刻论述,"开放带来进步,封闭导致落后。"[1]从经济学角度看,对外开放推进现代化的具体作用至少表现在三个方面,即经济增长、工业化与技术进步。从促进经济增长角度看,对外开放的作用不仅表现在进出口贸易方面,还表现在利用外商直接投资以及开展对外直接投资方面;从促进工业化发展方面看,不管是老牌工业化国家还是新兴工业化国家,其工业化过程一般是和对外开放过程紧密结合在一起的。大量的理论和实证研究表明,对外开放对于推动工业化进程具有显著的积极作用。[2]从技术进步角度看,开放对于技术进步的促进作用,不仅体现在来自国际市场更加激烈的竞争所产生的作用,还表现为发展中国家可以通过"干中学",包括"出口中学习"效应,以及利用外资所产生的技术溢出效应等,实现技术进步。[3]

(二) 开放模式选择与现代化路径差异

如前所述,在融入经济全球化时,发展中国家面临着机会不平等和分工地位不平等之类的问题,因此,其在对外开放推进现代化方面进行了不同的模式和路径探索。从发展中国家的探索实践看,通常可以采取以下三种开放模式以推进现代化:初级产品出口导向战略、进口替代战略和出口导向战略。

初级产品出口导向战略是在一国工业基础薄弱、生产力落后、本国工业制成品在国际市场上缺乏竞争力条件下实行的贸易战略。对于大多数初级产品出口国来说,出口是决定一般经济活动水平的主要和能动因素。当出口增加时,国民收入、国民投资、国民消费以及政府税收都随之增加,这样就可以提供更多的外汇,为更多的进口提供外汇以满足新增消费和投资的需要,从而带动经济增长,奠定现代化发展的物质和经济基础。

进口替代战略由 20 世纪五六十年代两位来自发展中国家的经济学家普雷维什和辛格提出,之后亚非拉许多发展中国家都在不同程度上实行了进口替代

---

① 中共中央宣传部编:《习近平总书记系列重要讲话读本》,学习出版社、人民出版社 2016 年版,第 268 页。

② 范志勇、宋佳音、黄泽清:《对外开放、内外需产品价格剪刀差与中国重工业化》,《政治经济学评论》2018 年 4 月第 9 期,第 152—166 页。

③ 郑江淮、荆晶:《技术差距与中国工业技术进步方向的变迁》,《经济研究》2021 年 7 月第 56 期,第 24—40 页。

战略。其基本考虑是为了减少进口和依赖、节约外汇、平衡国际收支、保护幼稚工业；其目标是为了改变发达国家与发展中国家的不平等关系，改善贸易条件，改变二元经济结构，建立初步的工业体系，进而实现工业化。20 世纪 60 年代以来，绝大多数发展中国家都不同程度地把经济发展与工业化等同起来，将进口替代作为占主导地位的发展战略。进口替代一般经历两个阶段：第一阶段是发展加工业、一般消费品工业为主的阶段，目标是建立初步的工业体系。第二阶段是发展耐用消费品、资本品和中间产品为主的进口替代阶段。可见，进口替代战略的本质，是用本国生产的工业制成品来替代从国外进口的工业制成品，从而助推工业化发展。然而，到 20 世纪 80 年代，拉美的进口替代战略走进了"死胡同"。自 1982 年起，拉美爆发了债务危机和经济危机，使 80 年代成为拉美"失去的 10 年"。面对这种困难局面，拉美各国政府和经济学家开始寻求使其经济转入更加充满活力的轨道，开始由进口替代工业化战略转向出口导向战略。

出口导向工业化战略一般与出口鼓励政策相结合。出口导向的贸易政策与进口替代政策相比，保护的范围要小一些，保护措施也相对宽松，但也不是没有保护的"自由贸易"政策。出口导向政策并不是一味放宽或废除进口替代工业化政策所采取的诸如关税、数量限制等限制措施，而是把放宽这些限制与各种出口鼓励政策结合起来，通过扩大出口来带动经济发展。比起进口替代，出口导向政策的开放度要大一些。出口导向的发展模式在部分国家和地区，在特定发展阶段取得了一些成功的经验，比如亚洲四小龙出口导向战略的成功，极大地推动了其现代化发展，包括 2008 年全球金融危机暴发前，中国出口导向的发展模式也取得了巨大的发展成就。但是这种发展模式也凸显出许多弊端，特别是对国际资本和国际市场的过度依赖，成为经济面的重大隐忧，这被认为是 1997 年亚洲金融危机给亚洲四小龙造成巨大损失的原因之一。2008 年全球金融危机对中国开放型经济造成冲击后，理论界部分学者研究认为，全球经济危机暴露了中国出口导向型经济的脆弱性，出口导向型经济发展模式难以为继。[①] 进入全面建

---

① 张小宇、刘永富、周锦岚：《70 年中国对外贸易与经济增长的动态关系研究》，《世界经济研究》2019 年 10 月，第 3—14 页。

设现代化新阶段,中国需要实施更高水平开放。

三、 高水平开放促进中国式现代化的作用

高质量发展是全面建设社会主义现代化国家的首要任务。为了明晰高水平开放对于促进中国式现代化的作用,我们不妨从高水平开放促进经济高质量发展的机理的角度作一简要分析。

(一) 高水平开放推动创新发展的作用

所谓更高水平开放,主要是指不断扩大开放范围,即在继续放大向传统发达经济体市场开放优势的同时,扩大向更多发展中国家开放,做大开放发展的"朋友圈";不断拓宽开放领域,即在继续开放制造业领域的同时,不断拓宽向服务业领域的开放,实现更宽的产业领域开放;不断深化开放层次,即在推动商品和要素流动型开放的同时,稳步扩大规则、规制、管理、标准等制度型开放。显然,上述三个方面的变化,均有利于创新发展。比如,稳步扩大规则、规制、管理、标准等制度型开放,能够增强对高端和先进要素的吸引力和集聚力,尤其是对创新型生产要素的吸引力和集聚力,从而形成具有全球竞争力的开放创新生态,提升自主创新能力和水平。已有研究表明,在国际分工和合作中,制度质量如同要素禀赋一般,同样能够成为比较优势的重要来源,[①]而且从要素质量匹配性原理看,制度质量越是完善,对高质量的生产要素吸引力也就越强。可见,以制度型开放为表征的开放层次深化,有助于实现创新发展。从不断扩大开放领域角度看,同样如此。产业结构演进的基本原理表明,从农业向制造业再向服务业的产业结构演进,往往是产业高端化和高级化发展的重要表现,因此服务业尤其是高级生产性服务业的发展,对于推动产业结构转型升级和产业现代化具有重要作用。更为重要的是,从制造业脱胎而出的高级生产性服务,往往具有知识、技术、信息、人力资本密集型等特征。因此,不断向服务业领域拓宽的开放发展,同样有助于吸引和集聚高端和先进生产要素,从而提升创新发展能力。而不断扩大开放范围,协同上述两个方面的作用,可以在全球更大范围内整合和利用资源,更

---

① 戴翔、金碚:《产品内分工、制度质量与出口技术复杂度》,《经济研究》2014 年 7 月第 49 期,第 4—17 页。

好地服务于创新发展的现实需求。

（二）高水平开放推动协调发展的作用

发展不协调问题纵然可以表现在不同维度上，但前文分析指出的产业层面不协调和区域层面不协调，无疑是促进协调发展亟待解决的最为关键的问题。而在解决产业层面的不协调和区域层面的不协调问题的过程中，实施更高水平开放能够提供重要的推动力。首先，从产业层面看，由于拓宽产业领域开放是实施高水平开放的重要内容，因此，开放领域不断向服务业领域拓展有助于推动制造业和服务业更加协调发展。扩大服务业开放，不仅能够通过引进国外服务要素从而促进服务业发展，而且也会因为各种溢出效应、学习效应以及竞争效应等，反向拉动国内服务业发展，特别是高级生产性服务业发展。高级生产性服务发展能够进一步夯实制造业发展，尤其是制造业转型升级的基础，而制造业发展又会在进一步提升对生产性服务的需求中推进生产性服务业发展，如此，可以在产业层面实现更加协调的发展。其次，从区域层面看，高水平开放同样有助于推动区域协调发展。已有研究发现，制度型开放能够有效推动价值链攀升，[①]尤其是东南沿海地区国际分工地位的提高，从而令"低端嵌入"的现状有所改变，使国内价值链得到延长，为东部地区与中西部地区开展有效的分工和协作提供必要的基础。近年来，东南沿海地区部分产业和产品生产环节向中西部地区转移，就是明证。此外，从产业更加协调发展的层面看，由于其本质上仍然是产业关联和产业分工，因此，上述产业层面更加协调的变化，同样有助于推动区域层面的分工和协作，从而助力区域协调发展。

（三）高水平开放推动绿色发展的作用

如果说，高水平开放确实能够改善国际分工地位，推动对全球价值链的参与从以往的"低端嵌入"向中高端攀升，那么，这一作用机制所带来的效果，显然有助于环境污染问题的解决。这是因为，降低劳动密集型产业和污染密集型产业所占比重，所产生的一个直接效应，就是能够降低诸如污染排放等对环境带来的

---

① 常娱、钱学锋：《制度型开放的内涵、现状与路径》，《世界经济研究》2022 年 5 月，第 92—101 页。

损害。承接更加高端的产业或产品生产环节,必然意味着无论是从要素投入层面看,还是从污染排放层面看,均有助于绿色化转型。虽然目前关于绿色化转型并无统一定义,但推动生产和生活方式向更加"节能减排"方向发展,无疑是其中的本质和核心。从这一意义上说,更高水平开放下向价值链中高端的攀升,实质上就意味着在融入的国际生产网络中所从事的生产环节和阶段,总体上是更加具有"节能减排"的产业或产品生产环节。当然,高水平开放对绿色化转型带来的影响,还不仅仅是价值链分工地位变化带来的产业结构调整效应,更重要的是技术进步和创新能力提升效应。从根本上看,绿色化转型的生产和生活方式,实质上是建立在技术进步和创新基础上的,比如清洁能源的开发和利用,污染治理的水平和能力等,均有赖于创新能力的提升和技术的进步。上述分析指出,高水平开放有助于在全球范围内吸引、集聚、整合和利用高端要素,尤其是创新要素,其中,当然包括能够推动绿色化转型的创新要素。比如,伴随着数字经济的快速发展,数字赋能已经成为推动绿色化转型的重要动力,而从开放角度看,以数字规则等为主要内容的制度型开放,显然是有助于数字技术在开放创新中实现进步,从而提升数字赋能绿色化转型的能力的。总之,高水平开放更加有助于实现绿色发展。

(四)高水平开放推动共享发展的作用

发展中的问题需要在继续发展中加以解决,包括在不断缩小收入差距过程中更好地促进共享发展。如果说,在以往发展中未能解决好收入差距问题,从而未能实现共享发展,一定程度上是由传统开放模式的不足所引起的话,那么,想要进一步缩小收入差距水平从而促进共享发展,就需要在开放发展战略转型和模式调整中寻找答案和出路。以开放促改革、促发展,是中国改革开放以来取得的宝贵经验。那么,转向高水平开放能否有助于实现共享发展呢?应该说答案是肯定的。实现共享发展,其实仍然存在两个层面的含义,一是"发展",二是"共享",也就是说,实现"共享"并不是简单的"平均主义",而是要通过进一步"发展"使得成果更好地惠及人民大众,即一方面要继续"做大蛋糕",另一方面要使得"蛋糕分配"能够更加均衡和平衡。从"做大蛋糕"角度看,高水平开放的作用毋庸置疑,因为无论是从提升创新能力角度看,还是从促进价值链攀升角度看,它都会提升开放发展的利益和效益,改善贸易条件,获取更多的分工和贸易利益,夯实共享发展的物质利益基础。从"蛋糕分配"角度看,无论是区域发展的更加协调,还是产业发展的更加协调,都意味着不同地区的生产要素,或者不同产业领域的生产要素的协调发展,这些将促使收入水平朝着更加均衡和平衡方向发展,从而有利于改善收入分配。进一步地,从高水平开放的制度型开放角度看,诸如要素市场化改革等均是制度型开放的重要内容,因此,这也就意味着对要素市场化改革下的要素自由有序流动等的推动,而这些将同样有助于要素收入分配问题的解决。可见,与传统开放发展模式相比,高水平开放更加有助于实现共享发展。

第二节
经济全球化发展新特点与中国式现代化

所谓经济全球化,是指经济活动跨越国界和区域、世界各国经济相互依赖程度不断加深的过程。按照生产力与生产关系、经济基础与上层建筑的辩证分析,经济全球化是人类历史发展到一定阶段的必然结果,有其客观性和规律性。对经济全球化演变进程,习近平总书记沿着世界市场的发展脉络将其划分为以下三个阶段:一是殖民扩张和世界市场形成阶段,二是两个平行世界市场阶段,三是经济全球化阶段。[①] 当前,经济全球化出现了一些新趋势、新特点,这些新趋势、新特点,对全面建设中国式现代化,应该说既带来了挑战,也蕴含了重要的战略机遇。

一、 当前经济全球化发展新特点

概括地看,当前经济全球化发展具有如下几个方面的突出特征。

第一,全球价值链成为国际分工的主导形态。大致来说,当代国际分工主要有三种基本形式:产业间分工、产业内分工和全球价值链分工。所谓产业间分

---

① 习近平:《深入理解新发展理念》,《社会主义论坛》2019 年 6 月第 414 期, 第 4—8 页。

工,是指不同产业部门之间生产的国际专业化,促使不同要素密集型的产业在不同区域集聚,国际分工的基础是国家间要素禀赋的差异,通过国际分工实现全球生产要素的优化配置。它是第二次世界大战以前,即第一阶段世界经济发展过程中国际分工的基本形态和主导形式,主要表现为亚、非、拉国家专门生产农业原料、矿物原料及某些食品,而欧美等国家则专门生产工业制成品。所谓产业内分工,是指相同生产部门内部各分部门之间生产的国际专业化,主要是指同类产品的差异化分工。这类国际分工的基础是规模经济和不完全竞争的市场结构,通过产业内分工能够实现诸如规模经济的收益。第二次世界大战前后发生的第三次科学技术革命推动了产业内国际分工的快速发展,并成为第二阶段世界经济发展期间国际分工的主导形式。这突出表现为发展水平、要素禀赋结构以及消费结构等相似的工业国之间所进行的差异化产品的产业内贸易。无论是传统的产业间分工还是产业内分工,都是以产品为界限的国际分工。

20 世纪 80 年代以来,尤其是 20 世纪 90 年代以来,伴随科学技术的发展、国际范围内市场经济体制的基本建立和贸易投资壁垒的逐渐降低,国际分工和贸易的形式发生了巨大变化,突出表现为产品的价值链被分解了,从而导致了国与国之间按同一产业或产品的生产环节或工序进行分工的现象,学术界把这种新的国际分工称为价值链分工,也有学者将之称为产品内分工、地点分散化、价值链切片、中间品贸易、垂直专业化以及片段化生产等。在全球价值链分工体系下,要素禀赋结构所决定的比较优势仍然发挥着主要作用,但各国无需在整件的完整产品生产具有比较优势,而只需要在价值链特定环节上具有比较优势即可参与国际分工,从而进入了各国专业化生产的产品价值链条上具有不同要素密集度特征,诸如劳动密集型、资本密集型、技术密集型等的环节和阶段。这正是第三阶段世界经济发展的突出特征之一。

以全球中间产品出口贸易在全球出口贸易总额中所占比重表示全球价值链现实状况的话,那么从图 1-1 报告的数据容易看出,[①]中间产品出口占全球货物

---

① 根据联合国 COMTRADE 数据库统计数据整理计算而得。 按照联合国《广义经济类别分类》(*Broad Economic Categories*,*BEC*)的分类标准,其中第 111、121、21、22、31、322、42 以及第 53 基本类为中间产品。 如无特别说明,本研究所使用的中间产品贸易数据均来自联合国 COMTRADE 数据库。

出口总额的比重近年来一直较高。在所选取的 2011—2022 年的样本期间,最高年份的比重高达 58.83%,之后虽然有所下降,但比重最低也维持在 55% 左右。实际上,自 20 世纪 80 年代以来,伴随全球价值链分工的深度演进,全球中间产品出口贸易所占全球出口贸易总额一直呈现上升趋势,直到 2008 年全球金融危机的暴发致使全球价值链受到一定程度冲击,才使全球中间产品出口贸易所占全球出口贸易总额呈现出在波动中下降之势。众所周知,2008 年爆发于美国进而波及全球的金融危机,本质上是世界经济长周期规律作用的结果,是前一轮科技革命和产业革命所能形成的推动国际分工演进的动能逐步消逝的必然逻辑。受此影响,全球价值链分工发展的速度减缓、停滞,乃至呈现一定程度的收缩。更为重要的是,诸如美国等部分西方国家兴起的逆全球化思潮,也对全球价值链形成了一定的破坏作用。总之,分工演进的客观因素变化叠加美西方采取的贸易保护主义措施的主观因素影响,导致近年来全球产品内分工的演进受到一定的负面冲击,在贸易层面即表现为全球中间产品出口占全球货物出口总额的比重出现下降趋势。尽管如此,中间产品贸易的主导地位并未发生实质性改变。

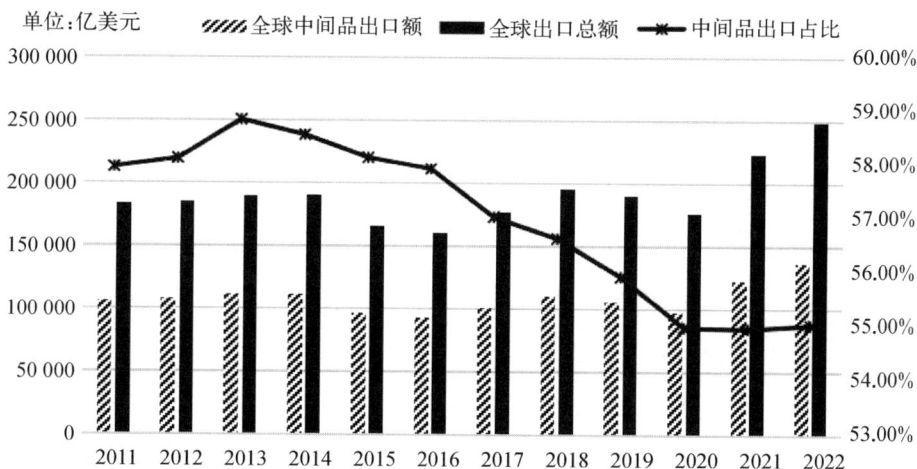

图 1 - 1　2011—2022 年全球中间产品出口占比情况

第二,要素跨国流动性日益增强。经济全球化的传统理论分析,尤其是经典的国际贸易理论分析,均假定生产要素不具备跨国流动性。虽然从实践角度看,在世界经济形成和发展的初期,也伴有生产要素的跨国流动,尤其是垄断资本的跨国流动。但是在资本主义垄断时期的资本跨国流动,主要还是一种巧取豪夺、强权占领的殖民主义行为,其经济层面的理论意义并不是十分突出,也无须予以专门的探讨。这或许正是为什么传统国际经济理论分析鲜有提及要素流动的重要原因所在。当世界经济进入第三发展阶段后,不仅商品贸易得到了迅猛发展,而且以对外直接投资为重要特征的生产要素跨国流动性不断增强,成为经济全球化的重要特征和主要运行机制。尤其是 20 世纪 80 年代末以来,全球对外直接投资的增长速度超过了全球贸易的增长速度,成为经济全球化最重要的推动力量。在所有的生产要素中,产业资本的跨国流动最为活跃。从全球对外直接投资的发展规模角度看,根据联合国贸易和发展会议的统计资料①,20 世纪 80 年代初全球对外直接投资流量(Global FDI Outward)仅为 515 亿美元,而到了 2008 年国际金融危机暴发前的 2007 年,全球对外直接投资的流量已经上升至 2.26 万亿美元。27 年间全球对外直接投资流量增长了 43.89 倍,年均增速高达 115.03%。受到 2008 年国际金融危机冲击,全球对外直接投资流量虽然有所下滑,但伴随世界经济的缓慢复苏,全球对外直接投资流量从 2010 年起开始呈恢复性增长。此外,全球劳动力的跨国流动(Global Migrant Workers)以及跨国技术转移等,均呈现稳步上升态势。总之,以资本为纽带的一揽子生产要素的跨国流动性日益增强,已经成为第三阶段世界经济发展的另一突出特征。

第三,新的生产力因素不断涌现。和第一次以及第二次工业革命一样,20 世纪后期以计算机和互联网为标志的第三次工业革命,推动了生产力的大发展。并且与第一次和第二次工业革命相比,互联网革命的意义不仅仅在于节约生产成本,更重要的是节约了交易成本。交易成本下降的意义不仅仅在于市场规模的扩大,促进了网络电商包括跨境电商的大发展,也在于使得生产领域的分工发生根本性变化。以互联网为基础的现代信息通信技术的发展,推动了机器人、电子技术及人工智能所实现的跨越式进步,使得工业生产进入自动化与物联网及服务网络结合的时代,生产过程中的一切环节都可以实现变换,工厂完全变为信

---

① 数据来源于联合国贸发会议的《UNCTAD 统计手册 2010》(UNCTAD: Handbook of Statistics 2010),http://www.unctad.org/Templates/WebFlyer.asp? intItemID=5771&lang=1。

息物理融合系统(CPS)中的"智能空间",是集成生产、仓储、营销、分销及服务于一体的数字信息链。21世纪初酝酿的以人工智能和生命科学为标志的第四次工业革命,即所谓"工业4.0版",可以说也是建立在互联网技术革命基础之上的。交易成本的下降使得企业可以通过企业间更加细化的分工合作实现最终产品的生产,而这种分工合作也可能是跨越国境的国际合作。目前,"互联网+"逐步从消费领域转向生产领域,推动着生产技术不断进步,极有可能推动新一轮科技革命和产业变革。目前,生产力技术最重要的变化就是数字经济的出现,即以互联网、物联网、大数据和云计算为新技术基础的应用,广泛进入社会生产、分配、交换和消费领域,推动着人工智能、纳米技术、生物医药等新兴和前沿产业快速发展,不断催生出新产业、新业态和新模式。新的生产力因素集中而快速涌现是当前世界经济发展的突出特征之一。

第四,区域经济一体化方兴未艾。经济全球化和区域经济一体化是世界经济发展的两个显著趋势,这两个趋势既有区别又有联系,从最直接的方面看,区域经济一体化是经济全球化的一个实现路径和表现形式。20世纪90年代末期以来,世界范围内掀起了新一轮区域经济一体化浪潮,双边自由贸易协定和区域贸易协定大量涌现。按照世界贸易组织(WTO)的统计,区域性贸易协定(RTA)的实施数量,最开始的时候发展很缓慢,但从20世纪80年代末、90年代初开始进入了快速发展的时期,特别是进入21世纪以后,以平均每年10个以上的速度增加。区域经济一体化蓬勃发展之所以成为世界经济中另一突出特征,可能的原因在于:一方面,全球价值链分工的深度演进使得国家有动力形成更为紧密的经济合作关系,促进了相关国家区域生产网络构建,实现优势互补互利共赢;另一方面,经济全球化发展所涉及的领域逐步向投资自由化、竞争政策、知识产权保护、环境和劳工等方面拓展,从而不断超出关税及贸易总协定(GATT)/世界贸易组织(WTO)所覆盖贸易自由化以及关税减让和非关税壁垒的消除等传统范围。不同的国家集团为了实现诸如上述等不同利益诉求,必然激励其通过区域经济一体化方式来实现。此外,由于世界贸易组织越来越不适应全球治理的新需求,全球经贸规则高标准化发展是必然趋势,而争取主导权成为获取未来竞争优势的关键。通过区域经济一体化提升博弈力量是争夺规则制定主导权的途径之一,对大的经济体尤其如此。

二、 当前经济全球化发展新趋势

虽然受到 2008 年全球金融危机的冲击和影响,当前经济全球化出现了梗阻,经济逆全球化有一定表现,但历史地看,经济全球化是社会生产力发展的客观要求和科技进步的必然结果。况且,越来越多的国家和地区逐步认识到,困扰世界的很多问题,并不是经济全球化造成的,相反,经济全球化为世界经济增长提供了强劲动力,促进了商品和资本流动、科技和文明进步、各国人民交往。受此影响,加之当前以数字技术为代表的新一轮信息技术革命及其所推动的产业革命正在孕育之中,经济全球化发展出现了一些新趋势。

概括而言,当前经济全球化演进已经呈现出如下几个方面的新趋势。

第一,全球经济格局正在发生新变化。在本轮全球化浪潮中,随着中国等新兴市场和发展中经济体的崛起,世界经济格局在近 40 年出现重大变化。从经济增速上看,20 世纪 90 年代中后期以来,新兴市场和发展中国家经济体的 GDP 实际增速一直高于发达经济体的增速;从经济体量上看,新兴市场和发展中国家经济体 GDP 占发达国家经济体的比例,从 20 世纪 80 年代中期的 20% 迅速上升到 2022 年的 67.81%,上升幅度达到 3 倍之多(具体可参见图 1-2);从对世界经济增长的贡献上看,根据世界货币基金组织的统计,近十余年来新兴市场和发展中经济体的贡献一直大于发达经济体,特别是在 2008 年全球金融危机期间,相比发达国家,新兴市场和发展中经济体对全球经济贡献更加凸显,发达经济体严重"拖累"全球经济,新兴经济体却发挥着强劲的拉动作用。全球经济实力朝着更加均衡的方向发展。世界经济秩序通常是由国家经济等实力对比和博弈的结果,比如二战后的世界经济秩序就是以美国经济的巨大领先优势为重要条件的,因此由美国主导。同理,伴随着新兴市场和发展中经济体的崛起,全球经济新格局对原有治理体系也必将产生重要影响。

第二,商品和一般性生产要素跨国流动已基本实现自由化。第二次世界大战以后,在关贸总协定(GATT)及其后的化身世界贸易组织(WTO)的积极推动下,以关税和非关税壁垒降低乃至消除的"边境开放"措施得到了巨大发展,即基

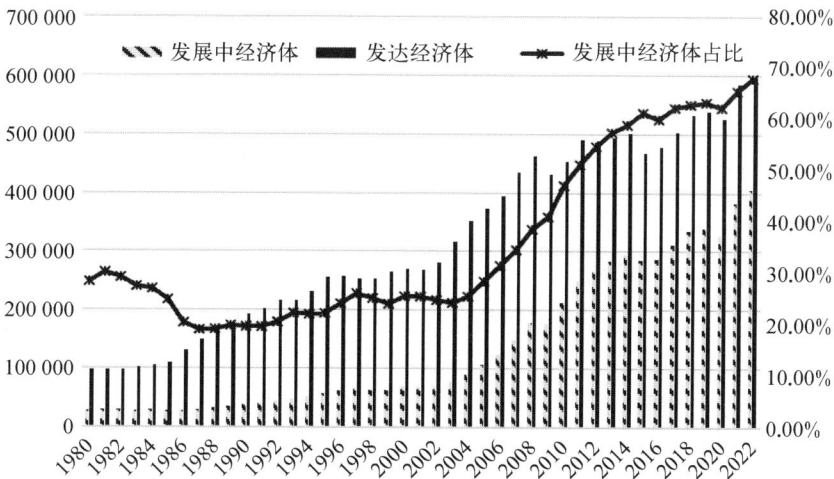

图1-2　1980—2022年发展中经济体与发达经济体GDP变化趋势及占比情况

本实现了贸易和投资的自由化。在这一制度保障作用下,全球贸易增长实现了有史以来的高速增长成就,而以外商直接投资(FDI)为主要表现的生产要素跨国流动也得到了巨大发展,甚至超过了贸易的增长速度。由于关税和非关税壁垒的大幅度削减乃至消除,"边境开放"措施的作用空间已经非常有限,或者说,进一步降低关税和非关税壁垒,对贸易和投资促进作用的边际效应已经不大。从这一意义上说,商品和要素的跨国流动已经基本实现了自由化。当然,需要指出的是,商品和要素跨国流动基本实现自由化,并非说已经没有进一步提升和发展空间,而是指"边境开放"措施所能推动的商品和要素跨国流动,作用空间和边际效应已十分有限。毕竟,经济全球化无论如何发展,商品和要素的跨国流动都不外乎是其主要内容和表现形式。因此,可以预期的是,未来经济全球化的进一步发展,同样必将反映在商品和要素跨国流动在规模和频率方面的进一步提升上,只不过,这一提升需要有新的生产力作用因素,也需要有新制度作用因素。当然,已经实现的商品和要素跨国流动的自由化,尤其是生产要素的跨国流动,从既有经验和现实状况看,主要还是一般性生产要素的跨国流动。这一点突出表现为发达国家跨国公司推动的产业和产品生产环节国际梯度转移,具有"边际产业"转移特征,因而以资本为纽带而向全球转移和扩散的技术,也大多是成熟技术乃至边缘技术。因此,从这一意义上说,商品尤其是生产要素的跨国流动,主要还停留在一般性生产要素阶段,创新性生产要素的跨国流动仍然不足。

第三,创新要素的跨国流动正成为新一轮经济全球化发展的新趋势。针对近年来全球贸易增速下降现象的有关研究表明,全球价值链分工格局基本定型,即产业和产品不同价值增值环节分布于具有不同优势要素的国家和地区,所形成的既有分工程度,在原有技术和生产力作用下进一步细化和深化难度加大。① 换言之,依托原有的一般性生产要素流动所推动的产业和产品价值增值环节的国际梯度转移,已经难以引致新一轮全球经济的繁荣发展。而要实现上述突破,实际上从要素分工层面看,就是要实现生产要素的跨国流动从原有的一般性生产要素向创新性生产要素的拓展和延伸。令人欣慰的是,创新性生产要素的跨国流动已经出现了曙光,并必将成为要素分工进一步深度演进的重要发展方向和趋势。比如,有些研究指出,伴随全球经济格局的深刻调整和变化,发达国家跨国公司的全球化战略也在进行相应调整,其中一个较为突出的变化就是基于新兴市场经济体和发展中国家的"逆向创新",正成为许多发达国家跨国公司的重要战略抉择之一。② 所谓"逆向创新"主要是指跨国公司将更多的创新活动置于新兴市场经济体和发展中国家,进而将其取得创新成果向全球扩散的一种新的生产组织模式。毫无疑问,与以往中低端生产环节和阶段的梯度转移不同,"逆向创新"必然要求甚至说以创新性生产要素跨国流动为主。高端人才和创新型人才的国际化发展趋势尤其日益明显。③ 一些国家和地区已开始重视人才国际化战略等新动向和新举措,体现的正是"逆向创新"的需求和表现,正是要素分工向创新性生产要素跨国流动转变的表现和结果。此外,诸如研发国际化发展趋势等方面的快速推进,也无不说明了要素分工正在从传统意义上的一般性生产要素向创新性生产要素跨国流动演变的拓展和深化。

第四,适应创新要素跨国流动的全球经济规则正在形成之中。如果说,世界贸易组织(WTO)包括其前身关贸总协定(GATT)在推动全球关税和非关税壁

---

① 戴翔、张二震:《全球价值链分工演进与中国外贸失速之"谜"》,《经济学家》2016 年 1 月,第 75—82 页。

② 戴翔、张为付:《全球价值链、供给侧结构性改革与外贸发展方式转变》,《经济学家》2017 年 1 月,第 39—46 页。

③ 魏浩、袁然:《国际人才流入与中国企业的研发投入》,《世界经济》2018 年 12 月第 41 期,第 144—166 页。

垒的下降和削减方面,作出了历史性巨大贡献,为贸易和投资自由化的发展提供了基本和必要的制度环境和保障体系,进而促进了商品和一般性生产要素跨国流动迅猛发展的话,那么这种以扩大"边境开放"为主要特征的传统模式,已经难以适应要素分工进一步向创新性生产要素跨国流动演变新趋势的需要。这也是为什么当前世界贸易组织(WTO)如不进行大幅度的改革,可能就会面临破产风险的主要原因,也是为什么众多国家和地区抛开世界贸易组织(WTO)而商讨区域贸易协定,从而推动全球经济贸易规则向高标准化方向发展的原因。因为与一般性生产要素的跨国流动不同,创新性生产要素的跨国流动,所要求的不仅仅是"边境开放",即仅仅削减和撤出流动壁垒是远远不够的,还需要为其提供适宜性的运营环境,这就需要开放也必须随之延伸至"境内开放"。也就是说从创新性生产要素流入的角度看,必须为其生产经营活动更确切地说为其创新型活动,提供更加优越的制度环境。这是因为越是创新性生产要素,对制度环境所决定的交易成本就会越敏感,对制度环境所影响的创新氛围就会越看重。显然,制度环境的优化和设计安排,已经不是"边境开放"而是属于"境内开放"问题了。实际上,"境内开放"不仅是创新性生产要素对其所在地制度环境较为敏感所带来的现实需求,更是在全球生产分工条件下,实现分布于不同国家和地区价值增值环节"无缝对接"的基本要求。尤其是在"逆向创新"战略下,创新活动及其成果的全球扩散和全球化生产组织,必然要求其国内规则制度等与国际高标准对接。从这一角度而言,所谓的"境内开放"实质上就是要形成与国际高标准通行规则体系相衔接的国内规则制度,这也是新一轮全球经济规则调整和完善的主要方向和发展趋势。

第五,全球经济和分工格局进入重塑和调整发展新阶段。20世纪80年代以来,全球分工的快速发展,虽然是发达国家跨国公司主导和推进的,而发达国家实际上仍然是经济全球化的最大受益者,但必须承认的是,这种新型国际分工模式也为发展中国家,尤其是像中国这种政治稳定、具备基本条件、战略得当的发展中国家带来了发展机遇。[1] 伴随全球要素分工的演进,广大新兴经济体和发展中国家群体性崛起就是明证。这种变化使得世界经济格局出现了巨大变化

---

[1] 张二震:《条件具备,战略正确,全球化对发展中国家更有利》,《世界经济研究》2018年3月,第23—24页。

和调整,尤其是 2008 年全球金融危机冲击之后,发达国家处于"重灾区"而发展中国家表现相对良好,使得世界经济重心进一步呈现"东升西降"的变化。当然,如前文分析指出的,此间由于全球经济进入深度调整期,新一轮科技革命和产业革命正在孕育之中,发达国家实施了产业"高端回流"和"重振制造业"的计划,而发展中国家同样期望能够在新一轮产业和技术革命中实现率先突破,从而在某个或某些领域占据新一轮全球化发展的制高点。因此,无论是发达国家的"重振制造业"和产业"高端回流",还是正在孕育中的新一轮产业革命和技术革命,都将对全球产业和组织范式带来深刻影响,全球经济和分工格局尤其是全球价值链即将甚至可以说已经进入一个重塑和调整发展的新阶段。这也是当前世界经济发展表现出的新趋势和新特点之一。

第六,逆全球化下世界经济环境日趋复杂,不稳定性和不确定性因素明显增加。2008 年全球金融危机冲击之后,伴随英国脱欧、特朗普当选美国总统、意大利修宪公投失败、美国不断升级对华贸易摩擦、俄乌战争爆发等一系列标志性"黑天鹅"事件的出现,与前期经济全球化迅猛发展之势相背离的"逆全球化"浪潮日渐兴起。需要指出的是,当前"逆全球化"主要兴起于美、英、德、意等发达经济体,与之相反的是,以中国等为代表的发展中国家和新兴经济体反而成为经济全球化的积极倡导者和拥护者,全球化进程动能呈现出由发达经济体转向发展中经济体的重要趋势。受到经济逆全球化的影响,世界经济发展的总体环境日趋复杂并充满挑战,不稳定性和不确定性因素明显增加。

三、 经济全球化新形势下全面建设中国式现代化面临的挑战

对于已经深度融入全球分工体系的中国而言,经济全球化出现的上述新特点和新趋势等,尤其是愈演愈烈的"逆全球化"浪潮,无疑对传统开放发展道路和战略带来了一定冲击和挑战,不利于全面建设中国式现代化。概括地看,其不利影响主要包括如下几个方面。

第一,经济逆全球化下,产业回流动摇中国产业发展之基,不利于中国式现代化建设的推进。全球价值链分工条件下,中国产业尤其是制造业规模的迅速扩张,乃至实现一定意义上的转型升级,应该说得益于以开放的姿态承接了西方

发达国家的产业国际梯度转移和技术扩散。目前,在经济逆全球化发展趋势下,叠加全球经济增长动能不足以及新冠疫情等因素影响,世界经济下行趋势较为明显。与此同时,我国当前正处在转变经济发展方式、优化经济结构、转换经济增长动力的关键时期,显然,结构性调整的过渡阶段往往会伴随着经济增长下行压力的加大。而全球价值链重构背景下,本土化发展趋势下产业回流,尤其是发达国家企图诱使本国跨国公司将生产环节迁回国内,无疑会对中国产业发展特别是产业链供应链升级带来巨大的调整压力。更为重要的是,产业回流包括制造业回流,并不是以往的劳动密集型产业或者生产环节的回迁,而是高端环节和阶段的回迁。比如通用电气公司选择美国肯塔基州路易斯维尔市取代中国。这是因为,一方面,结构性调整的过渡期本身就会面临经济下行压力,如果加之产业外迁的"浮萍经济"效应叠加影响,会进一步加大经济下行压力,"稳增长"和"促升级"之间的矛盾就会更加凸显。在巨大的下行压力下,为更好地平衡"稳增长"和"促升级"之间的关系,往往会采取放缓"促升级"的步伐,以达到缓解经济下行压力的目的。另一方面,承接产业转移从静态看,似乎只是一个具体的项目或者企业落地,但是从动态角度看,带来的更多是一种产业配套发展效应、技术和知识溢出效应以及相关经济活动产生的长期动态效应。比如与生产相关的技能培训、研发活动等,不仅有助于跨国公司投资项目自身或者说企业自身的升级,进而在中观层面上表现为产业升级,更为重要的是还可以通过外溢等外部性因素促进产业链供应链升级。而这种效应显然在本土化发展趋势下因产业回流而弱化。更何况,相比较而言,发达国家推动的"产业回流"更多觊觎中高端环节,因此,对中国产业链供应链升级可能产生的抑制作用会更大。

第二,经济逆全球化趋势下,技术之争会抑制中国产业发展之速,不利于中国式现代化建设的推进。众所周知,推动分工演进包括全球价值链分工演进的主要因素无非有三,一是要素禀赋结构,二是制度安排,三是技术变迁。三者共同作用推动着全球价值链分工演进。[①] 比如,全球价值链前一轮的快速发展,就

① 黄先海、王煌、刘堃:《新全球化背景下中国外贸战略重构——基于要素跨国自由流动视角》,《社会科学战线》2019 年 12 月,第 67—75 页。

是得益于国际生产分割等技术快速进步,以及贸易和投资自由化等提供的制度保障,从而产业和产品不同生产环节和阶段,依据不同国家和地区要素禀赋优势,呈现地理空间分散和集聚的特征。因此,受到经济逆全球化发展趋势的影响,区域化发展不仅是未来一段时期内各主要国家的政策选择偏好,与此同时还会受到其他诸如技术变迁等因素的影响。也就是说,经济逆全球化趋势下的经济区域化方向,除了受到地区要素禀赋结构的竞争性和互补性因素以及诸如区域贸易协定等制度保障因素影响外,还会受到技术变迁的影响。况且,由于前一轮经济全球化的推动力已经基本衰竭,新一轮经济全球化将有赖于新一轮产业革命和技术革命而发展。为了在新一轮全球价值链分工演进中抢抓发展机遇和抢占制高点,各主要国家在产业革命和技术革命方面展开了白热化竞争。这种白热化竞争不仅体现在各国制定的产业发展规划和技术创新政策支撑方面,在逆全球化条件下还表现在一些不正当竞争如部分发达国家企图抑制其他国家技术进步而保持自身相对优势所采取的贸易保护主义措施等方面。典型案例如当前美国对中国发起的技术排挤战等经贸摩擦。在技术进步日新月异的情况下,各国之间更应进行分工协作推动技术进步,共同解决经济全球化动能不足问题。然而,诸如此类的技术竞争却在一定程度上阻碍了技术进步,阻碍了推动新一轮经济全球化发展动能的形成步伐,对中国产业链供应链升级无疑也会带来消极影响。

　　第三,经济逆全球化趋势下,布局调整会弱化中国产业发展之力,不利于中国式现代化建设的推进。经济逆全球化趋势下,原有的产业链供应链分工体系可能会遭到一定破坏,尤其是逆全球化趋势下美国企图开展的"脱钩断链",必然推动产业链供应链多元化发展。这一方面固然是化解产业链供应链风险的一种重要方式,但是在实践中不乏部分发达国家以产业链供应链安全问题之名,实施贸易保护之实。尤其对于中国来说,在逆全球化推动的产业链供应链多元化发展背景下,上述两种情况均存在,并且后者的影响可能更甚。王鹏权认为,美国重塑全球价值链的三重目标,基本上均是针对中国。[①] 第一重目标就是前文分

---

① 王鹏权:《中美对外经济行为特征及其比较》,《当代世界社会主义问题》2020 年 2 月,第 155—166 页。

析指出的通过产业回流,妄图实现与中国产业分工的"脱钩";第二重目标就是实施近岸外包,比如《美墨加协议》中的原产地规则就是美国推动并企图实现这一目标的重要手段之一;第三重目标就是"中国多元化"(China Diversification),即将部分价值链环节从中国迁移到其他亚洲国家和地区,实现"中国+1"甚至"中国+N"的多元化模式。如果说第一重目标很难完全实现,并且在价值链区域化发展趋势下,第二重目标的影响也并非只限于中国的话,那么第三重目标不仅实现的概率非常之高,而且所产生的影响对中国而言有很强的针对性。产业链供应链多元化发展趋势,无疑会对产业协同发展之力产生弱化效应。特别是,在成本优势逐步丧失情况下,产业集聚等所产生的分工细化效应、知识溢出效应、技术进步效应、规模经济效应、产品异质性效应等,都将受到一定程度的抑制,对产业链供应链升级带来不利影响。

四、 经济全球化新形势下全面建设中国式现代化面临的机遇

在明晰经济全球化新形势尤其是逆全球化对中国式现代化建设带来挑战的同时,也应看到其蕴含的机遇。换言之,新趋势和新特点为中国发展新一轮高水平开放型经济带来了新的战略机遇,从而蕴含了助力全面建设中国式现代化的新机遇。对此,我们可以从如下几个方面进行简要分析和认识。

第一,创新要素的跨国流动,为发展高水平开放型经济提供了微观基础条件。在全球要素分工条件下,一国开放型经济发展水平和层次,不仅取决于自身拥有的要素质量和层次,还取决于能够利用到什么样层次和质量水平的全球要素。实际上,在全球要素分工条件下,由于生产要素具备了跨国流动性,因此,一国所拥有的要素禀赋优势,不完全归本国企业所利用,其他国家和地区的企业同样可以通过 FDI 或者外包等方式加以利用;同理,本国企业所能利用的要素也不再局限于本国自身拥有的生产要素,也通过"引进来"和"走出去"的方式利用全球要素。[①] 20 世纪 80 年代以来在全球要素分工快速发展的背景下,大量跨国公司进入中国,实际上就是利用了我们的丰富廉价的劳动力禀赋优势;而从我们自身角度看,则是通过"引进来"解决了发展初始阶段面临的资本和技术不足的

① 张二震、戴翔:《高质量利用外资与产业竞争力提升》,《南开学报(哲学社会科学版)》2018 年 5 月,第 1—10 页。

约束,从这一意义上看,中国融入全球要素分工体系,发展的是互利共赢的开放型经济。正如习近平总书记所指出的,中国既是经济全球化的受益者,也是经济全球化的贡献者。[①] 但正如前述分析表明,由于受到自身要素质量和层次,以及所能"引进来"的要素质量和层次的影响,中国开放型经济虽然在规模上实现了快速扩张,仍然面临着效益不够好、水平和层次还不够高的问题。应该说,中国开放型经济发展的历史实践经验,充分印证了要素质量和层次对开放发展水平和层次的决定性作用。当前,进入全面建设现代化新阶段,中国亟待发展新一轮高水平开放型经济。我们应该很欣慰地看到,全球要素分工从一般性生产要素跨国流动向创新性生产要素跨国流动,给我们带来了新的战略机遇。从 40 多年改革开放中,中国有着宝贵的成功经验可以汲取。在前一轮全球要素分工发展中,我们正确地把握了机遇,实现了开放型经济的高速增长,因此我们有理由相信,在全球要素新一轮演进和发展进程中,只要战略得当,就能像以往大量引进外资和成熟技术一样,通过吸引和集聚更多的先进和创新性生产要素,推进开放型经济迈向高质量发展。

第二,高标准化的全球经济规则重塑和调整,为提升中国制度性话语权带来战略机遇。如果说,全球要素分工是生产力和产业组织范式在全球内的具体表现的话,那么贸易和投资自由化等制度规则和体系,则代表和反映着国际生产关系。平心而论,现行全球经济规则和治理体系,在协调各国经济关系、推动贸易和自由化等方面,发挥着极为重要的作用,从而在推动以往经济全球化发展方面作出了巨大的历史性贡献。但是,现行的国际经济秩序毕竟是在美国等发达国家主导下构建的,更多代表和反映了发达国家的利益诉求,对发展中国家的利益考虑和关注不够。尤其是伴随当前国际经济格局的演变,现行国际经济治理规则和体系由于未能"与时俱进",已经难以适应全球要素分工新一轮要素分工发展的需要。从这一意义上说,当前逆全球化思潮兴起和贸易保护主义抬头、经济全球化发展进程受阻,实际上是国际生产关系不适应生产力发展所致。为适应以创新性生产要素跨国流动为主要表现和特征的新一轮全球要素分工发展的需

[①] 习近平:《在"一带一路"国际合作高峰论坛圆桌峰会上的闭幕辞》,《中国经济周刊》2017 年 2 月,第 60—61 页。

要,目前,新一轮的高标准全球经济规则正在形成之中。当前的经济全球化发展总体环境可谓是复杂、严峻和多变的,但其中"不变"的是高标准化的国际经贸规则重塑和调整。这种发展趋势显然为中国争取更为有利的发展环境和制度条件,带来了新的战略机遇。在新一轮全球经济规则的形成和制定中,中国可以通过积极参与而提升自己的制度性话语权,可以在积极推动规则调整和完善中,争取到更能反映发展中国家利益诉求的制度设计和制度安排,从而为新一轮高水平开放创造更加适宜的外部环境和条件。

第三,全球经济和分工格局重塑和调整,为中国构建自己的全球价值链带来新机遇。众所周知,中国在前一轮开放型经济发展中,是以"低端嵌入"的方式加入全球分工体系的。这种发展模式和路径虽然在特定的发展阶段具有合理性和必然性,甚至可以说也是非常成功的,但与此同时也带来了不平衡、不充分和不可持续性。甚至在实现价值链攀升和国际分工地位提升中,还面临着"低端锁定"和发达国家跨国公司"封锁"的风险和困境。特朗普当选美国总统后,频频挥动贸易保护主义大棒,发起了对中国等多国的贸易摩擦,本质上看就是一种产业链发展的排挤战、一种技术发展的排挤战。因此,在实现十九大报告提出的"促进我国产业迈向全球价值链中高端"这一战略目标上,我们显然还面临着诸多挑战和困难。换言之,在既有的全球产业链分工格局、模式和路径下,实现突破性发展可能会面临着许多障碍。但是,当前全球经济和分工格局的重塑和调整,又可能为中国实现新一轮国际分工地位的提升,提供了一个突破口和新机遇。因为在全球价值链重塑过程中,我们可以借助 40 多年开放发展积累和形成的一些新优势,突破以往"低端嵌入"的发展路径,突破以往主要通过"引进来"的单循环发展模式,突破以往作为"被整合者"和"被利用者"身份而被动融入发达国家跨国公司主导的全球要素分工体系的局限性,通过着力打造和构建"以我为主"的区域价值链乃至全球价值链,实现全球分工地位的提升和跃迁,更好地服务中国式现代化建设。我们应当看到,全球经济和分工格局重塑和调整带来的外部被动之"破",为中国培育和利用开放发展新优势,从而提升分工地位的主动之"立",带来了新的战略机遇;为中国更好地利用国内国际两个市场两种资源,从而助力中国式现代化建设带来了新机遇。

第四,经济逆全球化趋势蕴含的错位发展机会。从本质上看,2008年全球金融危机的暴发,乃至当前经济逆全球化的兴起,是世界经济长周期规律作用的结果。世界经济的这一新变化,对于以美国为首的发达经济体来说,意味着前一轮产业革命和技术创新所推动的经济繁荣动力机制已经衰竭,而新的产业革命和技术创新尚未取得实质性突破的"青黄不接"阶段。不过,对于诸如中国这样的发展中国家来说,尚未走完前一轮产业革命和技术创新的完整生命周期。何况,目前发达经济体正在孕育的新一轮产业革命和技术创新,必然推动原有成熟技术产业新一轮大规模国际梯度转移,即将逐步丧失比较优势的中高端产业技术加速向其他国家和地区扩散。总之,从产业革命和技术创新的生命周期演进角度看,时间差形成的"错位发展"战略机遇依然存在,对于中国等发展中国家而言,前一波经济全球化红利尚未结束。中国工信部部长苗圩通过对全球各主要国家科技实力的分析认为,全球制造业基本形成了四级梯队的发展格局,即美国为主导的科技创新中心的第一梯队,欧盟和日本等发达经济体控制的高端制造业领域的第二梯队,中国等新兴国家所处的中低端制造领域的第三梯队,以及OPEC和拉美等主要资源输出国的第四梯队。因此,抓住"错位发展"的战略机遇,对于推动产业和经济发展转型升级,从而助力中国式现代化建设,仍有重要意义。

第三节
以融入全球化经济推动中国式现代化

化解挑战,把握机遇,在进一步深度融入乃至推动和引领经济全球化发展中,谋划中国式现代化,一方面,我们需要调整开放战略,即要从以往的融入向推动和引领方向转变;另一方面,还要注重中国的开放与世界实现互利共赢,更加注重开放发展的包容性。正如习近平总书记在第三届"一带一路"国际合作高峰论坛开幕式上的主旨演讲中指出的,"世界好,中国才会好;中国好,世界会更好。"[1]

---

[1] 习近平:《建设开放包容、互联互通、共同发展的世界》(在第三届"一带一路"国际合作高峰论坛开幕式上的主旨演讲),中华人民共和国中央人民政府网,https://www.gov.cn/gongbao/2023/issue_10786/202310/content_6912661.html。

一、 以中国发展为新动力推动经济全球化，助力中国式现代化建设

改革开放 40 多年来，中国走完了发达国家几百年走过的发展道路，经济总量跃升到全球第二位，国内生产总值（GDP）占全球的份额由 1978 年的 2.3％上升到 2022 年的 18％，7 亿多贫困人口摆脱贫困，人均国民总收入从 190 美元增长到约 1.2 万美元，从低收入国家跨入上中等收入国家行列，14 亿中国人的生活水平实现了质的飞跃。2009 年以来，中国连续多年成为世界货物贸易的第一大出口国和第二大进口国，中国成为拉动世界经济增长的最大引擎，近年来对世界经济增长的贡献率接近 30％，超过美国，居全球第一位。毫无疑问，中国经济发展的巨大成就和中国在世界经济体系中的重要影响力，是中国推动全球化的重要前提。在改革开放以来的很长一段时期内，中国主要充任着全球经济中的"因变量"，中国的发展主要看世界。但随着中国的迅速崛起和经济体量的逐渐增加，世界的发展也开始看中国。中国已经从全球化受益者的身份，逐步向经济全球化受益者、贡献者和推动者的身份转变。中国经济的强大已经成为推动经济全球化的内在动力，也必将对全球经济治理体系带来积极影响。

经济全球化发展离不开中国，新阶段中国全面建设现代化也离不开世界。因此，在世界经济走到"十字路口"的关键阶段，中国亟待，也有能力，为推动经济全球化贡献新动力，并据此来更好地谋划现代化建设。

二、 以中国道路为新选择推动经济全球化，助力中国式现代化建设

中国开放发展 40 多年的经验表明，中国始终坚持开放发展的理念，坚持走合乎世界潮流、符合本国实际的开放道路，把对外开放与建立我国现代产业体系结合起来，在融入全球化过程中获得了巨大的发展利益。回顾世界 500 年来的历史可以看到，每一个新兴大国的崛起，莫不与殖民扩张和战争密切相关，从葡萄牙、西班牙、荷兰、英国、法国，至德国、日本、俄国和美国，概莫能外，以至于有每一个新兴大国的崛起都必然改变世界秩序并引起战争的"论断"。目前，伴随全球经济格局的调整和国际经济力量的对比变化，发达国家呈"内顾"倾向和贸易保护主义抬头的原因中，不乏这种担忧。但中国崛起的过程中没有对外殖民，也没有发动战争。中国坚持走和平发展的道路，并且永远不谋求称霸。正如习近平总书记在十九大报告中指出的：中国的发展道路和成就，"给世界上那些既希望加快发展又希望保持自身独立性的国家和民族提供了全新选择"[①]。更为重要的是，这种和平发展的道路选择可以以榜样的力量，向世界表明经济全球化发展进程完全可以是和平的进程，因为担忧在经济全球化过程中崛起的大国会走殖民扩张乃至战争的道路，进而采取抵制经济全球化措施的传统思维和做法是完全没有必要的。

更为关键的是，这种榜样的力量可以有效地应对"逆全球化"，让世界上更多的国家和地区看到中国毅然决然地扩大开放的决心，以榜样的力量带动更多的国家地区融入经济全球化进程，壮大应对经济逆全球化的力量。如此，中国便能够以中国道路为新选择，推动经济全球化发展，以中国更好融入经济全球化来助推全面建设现代化。

三、 以中国态度为新力量推动经济全球化，助力中国式现代化建设

"以贸易和投资自由化便利化为代表的经济全球化，促进了世界和平、稳定和繁荣，符合世界各国的共同利益，代表了人类文明发展的方向。"[②]但随着中国等新兴经济体的崛起，西方发达资本主义国家转向"逆全球化"，而社会主义中国则成了经济全球化坚定推动者，成为贸易和投资自由化的忠实倡导者和维护者。习近平总书记在各种场合明确表态，反对各种形式的保护主义，要维护自由、开放、非歧视的多边贸易体制，不搞排他性贸易标准、规则、体系，避免造成全球市场分割和贸易体系分化。要探讨完善全球投资规则，引导全球发展资本合理流动，更加有效地配置发展资源，并在十九大报告中再次强调"中国开放的大门不会关闭，只会越开越大"。中国推动经济全球化深入发展，一方面表现为尊重和维护现有国际经济秩序中合理的成分，即现有国际经济秩序中能够反映社会生产力发展的客观规律和要求、适应经济全球化发展的多边贸易体系和规则，另一方面表现在为推动全球经济治理体系进一步完善而贡献中国智慧、中国理念和

---

① 习近平：《决胜全面建成小康社会，夺取新时代中国特色社会主义伟大胜利——在中国共产党第十九次全国代表大会上的报告》，人民出版社 2017 年 10 月版，第 10 页。
② 汪洋：《推动形成全面开放新格局》，《党的十九大报告辅导读本》，人民出版社 2017 年版，第 57 页。

中国方案。

作为全球经济中的重要一员,中国坚定拥护和倡导以贸易和投资自由化为主要表现的经济全球化,无疑成为推动经济全球化的一支新生力量。在经济逆全球化兴起的关键阶段,中国坚决扛起贸易和投资自由化的大旗,必将能够在继续推动经济全球化健康持续发展中,更好地利用经济全球化服务于全面建设现代化。

四、 以中国贡献的新理念推动经济全球化,助力中国式现代化建设

全球化面临的诸多挑战,乃至当前兴起的逆全球化思潮,其根源在于现有的经济治理体系未能从根本上解决"不平衡"的问题,既不能解决发达国家与发展中国家之间的不平衡,也不能解决发达国家内部贫富分化引起的不平衡。这是资本主义基本矛盾在全球进入要素分工时代的具体表现。全球化推进了全球经济的增长,但并未妥善解决好经济利益的分配。在经济全球化处于十字路口的关键时期,2017 年 1 月 18 日,国家主席习近平在联合国日内瓦总部作了题为《共同构建人类命运共同体》的主旨演讲,提出中国关于全球治理的"人类命运共同体"新理念,为推动全球化提供了新思路,贡献了中国智慧。这与以往西方资本主义强国不顾一切地逐利,整个世界成为跨国公司和少数利益集团的投资场所,崇尚"优胜劣汰""适者生存""弱肉强食""赢者通吃"的做法,有着根本的不同。"人类命运共同体"的新理念,实质上就是让各国都能平等参与其中,让各国经济更加平衡、协调、联动地发展,通过共同发展、共享发展让普通百姓有更多、更广的参与感、获得感和幸福感。应该说,这是经济全球化发展到现阶段的内在需求,反映的是对全球经济治理规律的正确认识,既是对当代世界经济发展实践的理论总结,也是对当代经济全球化发展方向的正确的理论指引。

目前,这一理念已经被写入联合国文件,说明得到了全世界的赞同,必将成为推动世界经济治理体系变革和完善、推动经济全球化发展的重要理念。在这一新理念当然也是更先进理念的引领下,经济全球化必将顺应历史潮流和客观规律继续向前演进,这也就意味着中国能够在以先进理念推动和引领经济全球化发展进程中,更好地利用国内国际两个市场两种资源建设中国式现代化。

五、 以中国实践打造新平台推动经济全球化，助力中国式现代化建设

如果说作为推动经济全球化所需的内生力量的中国经济实力的提升和经济体量的增大，体现的是推动的能力；积极倡导贸易和投资自由化以及为经济全球化贡献"人类命运共同体"新理念，体现的是推动的意愿；那么，中国倡导和实施的"一带一路"倡议，则是积极推动经济全球化的具体实践，标志着我国应对经济全球化已经从以往的"融入"向"推动"实施了重大转变，已经落实到实践层面上。习近平总书记在第三届"一带一路"国际合作高峰论坛开幕式上的主旨演讲中指出，10 年来，我们坚守初心、携手同行，推动"一带一路"国际合作从无到有，蓬勃发展，取得丰硕成果。"一带一路"合作从亚欧大陆延伸到非洲和拉美，150 多个国家、30 多个国际组织签署共建"一带一路"合作文件，举办 3 届"一带一路"国际合作高峰论坛，成立了 20 多个专业领域多边合作平台。[①] "一带一路"倡议的实施和项目工作的开展，秉持的正是"人类命运共同体"新理念。项目的实施本着"坚持对话协商、坚持共建共享、坚持合作共赢、坚持交流互鉴"的基本原则，对当前全球经济治理体系的不足之处有着较强的针对性，能够通过"不平衡"的相关方的利益协调机制，在做大蛋糕的同时更要分好蛋糕，着力解决公平公正问题。这一倡议的实施反映了社会主义中国"兼济天下"的宏大抱负，有助于消除由于发展水平、意识形态、制度差异、国家实力不同而产生的不平等、不公正、不公平现象，能够让经济全球化发展的成果惠及所有国家和所有人民。通过共同发展、共享发展让普通百姓有更多、更广的参与感、获得感和幸福感。这正是中国在开放发展进入新阶段、经济全球化面临新形势时，兼顾自身与世界两个大局，在开放思路上作出的重大转变。中国从此从全球化的积极融入者，已然转变为全球化的大力推动者。

应该说，"一带一路"倡议是逆全球化条件下，中国版的经济全球化，有助于中国在继续放大向东开放优势的同时，做好向西开放的文章，不断扩大开放合作的"朋友圈"，推动经济全球化更加健康和可持续发展，最终有助于中国借助经济

---

① 习近平：《建设开放包容、互联互通、共同发展的世界》（在第三届"一带一路"国际合作高峰论坛开幕式上的主旨演讲），中华人民共和国中央人民政府网，https://www.gov.cn/gongbao/2023/issue_10786/202310/content_6912661.html。

全球化的力量全面建设中国式现代化。

六、 以中国开放的包容性营造和谐共赢国际环境，助力中国式现代化建设

无论是从未来经济全球化所要求的"善治"角度看，还是从营造和谐共赢的国际环境角度看，新阶段的中国开放都需要更加注重开放发展的包容性。所谓包容性开放发展之路，主要是指参与全球合作与竞争，在关注自身利益的同时，也应关注他国的利益。实际上，在全球要素分工体系下，任一个国家均作为全球生产网络中的一个和部分节点而与其他国家形成彼此之间的利益交织和交错，逐步形成了一个"你中有我、我中有你"，"你我中有他、他中有你我"的相互依赖和共生性发展格局。在这种新型国际分工模式下，经济全球化的红利创造效应不仅取决于资源优化配置的程度，还取决于全球化红利的分配方式，因为作为全球生产网络中的任何一个或者部分节点，如果因为获利较少甚至受损而导致其自身发展的不可持续性，已经不完全是该节点自己的问题，而是必将变成全球生产网络顺利运转的"瓶颈"，从而影响着全球红利的创造。经过 40 多年的改革开放，中国已经从一个国际经济意义上的"小国"发展成为一个"巨型"经济体，从世界经济中"因变量"的单一身份转变为"既是因变量又是自变量"的双重角色。应当看到，正是因为中国经济实力不断增强，对世界经济发展的影响力越来越大，并逐渐成为具有全球影响力的经济和贸易大国，从而导致世界经济发展中出现的一些困难和问题被人为或客观地与中国因素关联起来，将诸如全球经济失衡等问题归咎于中国，"中国威胁论"因此也甚嚣尘上。而诸如这些因素在特定情形下即被异化为所谓"逆全球化"的"口舌"和"依据"。然而，不可否认的是，作为一个巨型开放经济体，对"产业空心化"以及就业压力剧增的部分发达国家来说，以及对于处于相似发展阶段的其他发展中经济体来说，中国的确具有一定的冲击性。因此，在进一步开放发展中，在经济全球化视野下秉持包容性发展理念，营造和谐共赢的国际环境，以实际行动树立起"全球增长共赢链"的榜样和模范，为中国的开放发展铺垫一条科学、和谐、可持续道路，是中国以推动全球化建设现代化的必然要求和必然选择。

第二章

"双循环"新发展格局下的开放发展

构建双循环新发展格局,是新的历史阶段中为推进中国式现代化而出现的开放战略重大转型。双循环推进中国式现代化的历史逻辑在于,曾经创造卓越历史成就并助力全面建成小康社会的"传统开放发展格局",已经无法适应现代化建设的内在要求,因而需要加快构建以国内大循环为主体、国内国际双循环相互促进的新发展格局;双循环推进中国式现代化的理论逻辑在于,高质量发展是全面建设社会主义现代化国家的首要任务,而双循环引领高质量发展,是贯彻新发展理念的理论使然;双循环推进中国式现代化的实践逻辑在于,扩大内需和供给侧结构性改革以畅通国内大循环,以及扩大开放范围、拓展开放领域和深化开放层次以实施更高水平开放是增创发展新优势的实践使然。

第一节
新发展格局与中国式现代化

对外开放是中国的基本国策,是实现国家繁荣富强的必由之路,也是全面建成社会主义现代化强国的必由之路。自党的十一届三中全会以来的 40 多年间,中国屡屡创造举世瞩目的经济奇迹,其中,对外开放战略的实施厥功至伟。毫不夸张地说,过去几十年中国经济的高速增长进而全面建成小康社会,正是得益于开放发展的引领作用。需要指出的是,与改革开放以来尤其是中国加入 WTO以来,中国主要依托人口红利等低成本优势,通过大量利用外资和大力发展加工贸易等"借船出海"的方式,"低端嵌入"全球价值链,并依赖强劲的国际需求市场支撑,形成"大进大出、两头在外"的国际循环模式(不妨称其为"传统开放发展格局")不同的是,进入新发展阶段后,引领全面建成社会主义现代化强国,需要的是"以国内大循环为主体、国内国际双循环相互促进"的新发展格局。

一、 双循环推进中国式现代化的历史逻辑

双循环新发展格局是新时期党和国家从更好推进中国式现代化的现实需求出发,对开放发展提出的新要求和新调整,既是对 40 多年来形成的"传统开放发展格局"在我国经济发展中的卓越表现和不凡成就的肯定,也更加证明了迈入新

发展阶段后"中国开放的大门只会越开越大"的决心。通过分析全面建成社会主义现代化强国新要求下"传统开放发展格局"的局限，能更加清晰地明确新阶段双循环新发展格局在历史演进层面的合理性和必要性，从而阐述在"传统开放发展格局"基础上，优化调整转型后的双循环新发展格局展现出的更适应于新时代推进中国式现代化的理论内涵和基本特征，以此明晰其推进中国式现代化的历史逻辑。

（一）"传统开放发展格局"的特征、作用及成就

20 世纪 80 年代以来，我国抓住全球要素分工深度演进带来的战略机遇，通过发挥自身劳动力禀赋优势等，与发达国家的诸如资本和技术等优势要素相结合，以开放的姿态积极承接产业和产品生产环节的国际梯度转移，逐步奠定了"世界工厂"的地位，推动了出口贸易的高速发展、产业尤其是制造业规模的快速扩张。客观而言，"传统开放发展格局"的形成对国民经济和产业发展有显著促进作用。我国积极主动地扩大对外开放，在统一的国际经济规则下参与国际市场竞争，与世界各国开展商品和服务的进出口贸易，利用国际国内"两种资源"和"两个市场"，推动了开放型经济快速发展。参与全球要素分工带来的产业国际梯度转移以及国外先进技术、管理和营销等，进一步带动了国内产业发展乃至一定程度上的升级。改革开放以来的经济实践，拓宽了开放型经济发展的创新路径，通过逐步降低关税和非关税壁垒，消除非必要市场保护，不断扩大对外开放，依托区域非均衡式开放的示范先行，逐步探索出具有中国特色的开放发展模式。这一开放倒逼改革的过程，其实就是社会主义市场经济体制逐步建立和不断完善的过程。有研究指出，改革开放以来中国经济社会发展形成的重要经验就是两个词："改革"和"开放"。[①] 二者在相互促进过程中产生了显著的发展效应。为适应经济全球化发展演变新形势，不断解决开放发展过程中的新问题，化解外部环境变化带来的各种挑战，改革和开放始终相并而行。

改革开放 40 多年来我国取得的令世人瞩目的发展成就，充分证明了以往

---

① 张二震、李远本、戴翔：《从融入到推动：中国应对全球化的战略转变——纪念改革开放 40 周年》，《国际贸易问题》2018 年 4 月，第 1—10 页。

"传统开放发展格局"的成功。特别是党的十八大以来,在我国面临的外部环境发生深刻变化以及出现了前所未有的挑战的背景下,开放发展依然取得了骄人成就。从开放型经济统计指标看,中国多年来不但外汇储备居世界第一,还是最大的货物出口国。2021年,我国货物和服务贸易总额达到了6.9万亿美元,连续两年位居世界第一,相较十年前增长56%。同时,我国双向投资稳居世界前列,尤其是2021年利用外商直接投资比2012年增长了62.9%。对外投资流量稳居全球前三位,尤其是在"一带一路"高质量建设背景下,对外投资稳步增长,高质量共建"一带一路"稳健推进。开放型经济的快速发展助力国家更快实现了全面建成小康社会的历史性目标,距离实现共同富裕更进了一步。国内产业振兴创造出不凡成果,制造业综合实力持续提升,工业增加值2010年开始超过美国,中国成为世界第一制造业大国,是全球唯一拥有联合国产业分类目录中所有工业门类的国家。中国制造业增加值占全球比重从2012年的22.5%提高到2021年的近30%,持续保持世界第一制造大国地位。经济社会的快速发展促使中国在世界经济中的地位不断上升,中国的国际地位也不断攀升,为参与全球经济治理作出了新贡献,包括积极参与世贸组织改革,坚定维护多边贸易体制等。

(二) 中国式现代化视角下"传统开放发展格局"的局限

"传统开放发展格局"取得的卓越发展成就是值得肯定的,也说明了这一模式在特定发展阶段的适用性。然而,近年来贸易保护主义抬头、霸权主义和强权政治的日益凸显、单边主义和霸凌行径日益甚嚣尘上,逆经济全球化带来的挑战愈发严峻。总之,在百年未有之大变局叠加当前世纪疫情的影响下,世界经济格局进一步加速调整,动荡和变革成为当前世界经济的重要特征。外部的动荡变革给国内经济发展形势带来了更多的不确定性。从内部环境看,产业经济面临着需求收缩、供给冲击和预期减弱三重压力,关键核心技术短板、结构性矛盾突出等制约问题依然较大。在此背景下,"传统开放发展格局"已无法应对时代变迁带来的新发展要求,亟待构建新发展格局。

理论和实践研究均表明,充分发挥低成本要素优势,虽然有助于我国快速而全面地融入发达国家跨国公司主导的全球价值链分工体系之中,但是"低端嵌入"的方式决定了在全球产业链供应链分工格局中,我国大部分产业处于从属性和依附性地位。[①] 出现了产业规模之大尤其是制造业规模之大与主导力和控制力缺乏并存的发展局面。这显然与以全面建设社会主义现代化国家为首要任务的高质量发展的内生需求不匹配。在诸如前文分析指出的如此复杂严峻的国际形势下,我国"大进大出"的发展模式又受到新冠疫情的冲击,一旦出现"黑天鹅"事件,"传统开放发展格局"对于外部经济和全球产业链的依赖性,会对发展的稳定性和可持续性形成极大的潜在性风险。

这意味着在动荡和变革的世界经济形势下,虽然参与经济全球化实施开放发展仍然是正确的选择,但需要打破"低端锁定"和"受制于人"的发展困境和局面,以更高的开放效益服务于以全面建设社会主义现代化国家为首要任务的高质量发展。此前,我国在产业发展过程中,很多低端加工组装制造行业急剧发展,技术研发上形成了短平快的"拿来主义",造成了贸易附加值不高、贸易条件持续恶化等问题。"传统开放发展格局"参与的是以西方发达国家为主导的全球价值链,由此带来了贸易和投资的双重锁定效应:一是承接产业和产品生产环节多为低附加值和高耗能,从而不利于贸易和产业结构升级;二是跨国公司在全球范围内布局生产网络,对包括中国在内的比较优势挖掘,容易形成固化效应,加剧技术变迁和产业发展的路径依赖和低端锁定问题。

此外,"传统开放发展格局"中形成的非均衡问题,与以全面建设社会主义现代化国家为首要任务的高质量发展也是不相适应的。我国外贸依存度经历了倒U型变化,东部地区企业高度集聚,我国的"传统开放发展格局"也形成了从空间上逐步由东到西,内容上有序渐进开放的总体格局,在成为世界第一大商品贸易国之后,如何将开放带来的局部地区发展红利和阶段性商贸繁荣,转变为稳定持久的发展内生动力,实现贸易的以全面建设社会主义现代化国家为首要任务的高质量发展,已经成为新时期必须解决的首要问题。渐进式和非平衡开放策略,加剧了地区发展不平衡,尤其是拉大了东部沿海地区与中西部地区开放发展的

---

① 郑江淮、郑玉:《新兴经济大国中间产品创新驱动全球价值链攀升——基于中国经验的解释》,《中国工业经济》2020年5月,第61—79页。

差距;制造业"单兵突进"的开放模式加速形成了"世界工厂",但制造业转型升级需要的服务业尤其是先进生产性服务业支撑不足。按照经济合作与发展组织(OECD)公布的 2016 年外资限制性指数,中国在调查覆盖的 62 个国家中,综合限制性指数值排名第四,服务业限制性指数更是高居第二位。[①]"传统开放发展格局"带来的诸如上述问题,成为新时期以全面建设社会主义现代化国家为首要任务的高质量发展亟待解决的关键问题。

总之,当高质量发展成为全面建设中国式现代化的首要任务后,由于"传统开放发展格局"已不适应创新、协同、绿色、共享等发展需要,导致在推进全面建设中国式现代化方面出现了显著的局限性问题。这是进入全面建设中国式现代化新阶段,转向双循环新发展格局的历史逻辑。

二、 双循环推进中国式现代化的理论逻辑

特定的发展战略总是与特定的发展阶段相适应,这是中国特色社会主义发展进入新阶段后,作为具有引领作用的开放发展,从"传统开放发展格局"向"双循环新发展格局"战略转型的历史逻辑。那么现在的问题在于,"双循环新发展格局"何以能够推进中国式现代化,或者说其中的理论逻辑是什么?实际上,以全面建设社会主义现代化国家为首要任务的高质量发展,就是体现五大新发展理念的发展。因此,理解双循环新发展格局推进中国式现代化的理论逻辑,可以分别从上述五个方面作简要阐释。

(一) 双循环推进中国式现代化的理论逻辑:创新维度的分析

作为以全面建设社会主义现代化国家为首要任务的高质量发展,创新是其第一动力。创新能力不足,正是"传统开放发展格局"面临的关键技术领域"卡脖子"和全球价值链分工低端锁定问题的核心所在。何况,科技自立自强本身就是具有"大国"特征的中国式现代化的内在要求。随着新一轮产业技术革命发展风口的到来,未来全球价值链将更多地向发展中国家和地区转移,因而在部分国家鼓吹逆全球化势头愈演愈烈的背景下,中国构建双循环新发展格局,能够进一步

---

① 赵晋平、文丰安:《自由贸易港建设的价值与趋势》,《改革》2018 年 5 月,第 5—17 页。

提高国际竞争与合作的国际地位,在引领和推动经济全球化向机会更加均等化方向发展方面,彰显全球治理责任和担当,从而推进和引领全球第四次工业技术革命进程。而双循环新发展格局本身也能够促成我国在全球价值链地位的攀升,加快国内产业链、创新链、价值链与全球价值链融合并相互促进,激活并打通国内大循环的产业创新升级,从而构建双循环相互促进的新发展战略格局。[1]具体来看,双循环新发展格局推行更大范围开放,一方面,要与更多的发展中国家展开国际合作,实现全球价值链拓展延伸,提升参与全球价值链分工的程度,切实"固链""强链",从而解决产业中低端领域拥挤、产能过剩问题,在全球范围内拓展各产业链的核心技术领域和高端生产环节的发展空间,实现创新引领发展;另一方面,基于国内视角,则要更多地落在推进全域深度开放,推进中西部地区国际经济贸易合作,并畅通区域间产业转移,将东部沿海地区的劳动要素密集型产业,逐步向中西部资源富集类地区转移,通过引致高技术类型人才和区域间技术溢出效应,实现内陆开放和产业升级。相应地,发达地区也能够集中发展力量,通过试点先行开放政策,集中地区资源和人力资本展开关键技术攻关及高科技产业技术革新,更好地发挥示范引领带头作用。

(二) 双循环推进中国式现代化的理论逻辑:协调维度的分析

协调作为发展是否可持续的重要考量标准,也是以全面建设社会主义现代化国家为首要任务的高质量发展的内生特点,体现在区域协调、产业协调、城乡及收入协调等各层面,表现为经济体系运行的内部平衡性。构建双循环新发展格局,相对"传统开放发展格局",更加注重打通区域间及各生产部门间的市场体制及制度规则壁垒,能够使资源在各部门和各地区间得到合理配置,畅通区域间资源流、产品流、信息流、技术流,进一步缩小地区间发展差距,实现区域间产业结构协同共生的演变规律,产业形态不断向高级化演进攀升,逐步展现出趋向于多元化、合理化与高级化的产业结构特征。[2] 从产业层面看,双循环新发展格局

---

[1] 戴翔、缪燕妮:《高水平开放促进高质量发展的机理探析》,《开放导报》2022年5月,第82—89页。
[2] 任保平、李梦欣:《中国经济新阶段质量型增长的动力转换难点与破解思路》,《经济研究参考》2021年10月,第85—95页。

下的更宽领域开放,能够有效解决传统发展模式遗留的供给侧产业单一、产能过剩等问题,通过产业层面的技术升级,有针对性地补短板、强弱项、促提升,大力培育第三产业成为国民支柱产业,有力推进中国产业协同发展,实现以全面建设社会主义现代化国家为首要任务的高质量发展。双循环新发展格局能够针对原有的贸易投资所引致的城乡发展及要素收入差距问题,逐步将开放扩大至乡村振兴发展战略实施层面,以国际化资源和制度要求为农业现代化赋能,密切城镇化与农业现代化互为支撑保障的作用,实现城乡区域协调发展。构建双循环新发展格局能够推进较为滞后的要素市场化改革,加强国际生产、技术、人才要素集聚,密切国内国际资源分配交流,提升各行业就业层次和质量,实行要素收入协调。

(三) 双循环推进中国式现代化的理论逻辑:绿色维度的分析

以全面建设社会主义现代化国家为首要任务的高质量发展,绿色发展是其普遍形态和基本要求。以人与自然和谐共处为目标取向,通过绿色发展规划、标准、技术和体制、机制,加快社会经济活动的生态文明体制改革,将生态保护的理念渗透进以全面建设社会主义现代化国家为首要任务的高质量发展路径规划,实现物质财富与生态财富目标的统一,在达成以全面建设社会主义现代化国家为首要任务的高质量发展的同时,满足人民对绿色低碳、环境优美、人与自然和谐共处的美好生活的需要。[①] 能够更加积极地顺应、参与和引领全球可持续发展建设,打破绿色贸易壁垒,扩大绿色生态产品服务的进出口贸易,强化绿色经贸合作交流,完善绿色生态领域的贸易合作协定商议谈判,是双循环新发展格局下高水平开放的题中应有之义。同时,推进绿色产业要素资源的双向开放,普及推广资源节约和环境友好型的生产措施和技术手段,促进节能减排和产业结构升级,积极构建清洁绿色产业链。实际上,清洁绿色的生产生活理念的推广,作为实现以全面建设社会主义现代化国家为首要任务的高质量发展的重要举措,在我国仍然属于践行普及阶段的重要工作。转向双循环新发展格局的开放,有助于统筹国家总体生态资源分布情况,重新调整布局污染治理,重点监管企业建

---

① 戴翔、杨双至:《数字赋能、数字投入来源与制造业绿色化转型》,《中国工业经济》2022年9月,第83—101页。

厂标准和排污规范,以更加统一可行的排污净化标准,规范部分监管薄弱地区的企业排污行为,尤其使部分生态较为脆弱、环境承载能力较低的欠发达地区,能够借助开放带来的先进理念和外部资源,恰当地引进经济效益与社会效益相统一的生态环保技术项目,通过技术赋能精准管理外向型开放和社会化生产带来的环境效应。

(四) 双循环推进中国式现代化的理论逻辑: 开放维度的分析

开放发展是实现国家繁荣富强的必由之路,对于推进以全面建设社会主义现代化国家为首要任务的高质量发展而言,同样是必由之路和必然选择,是我国实现自身发展的内在要求,也是融入世界发展大势的迫切需要。开放发展注重解决的是国内国外市场资源联动的问题。充分利用我国资源、市场、制度优势,充分释放内需潜力,形成内外联动、开放发展的新格局。新时期以全面建设社会主义现代化国家为首要任务的高质量发展中的开放发展,相对"传统开放发展格局",更加注重提升开放的质量,以更加全面广泛的开放范围、更加创新深入的开放程度、更加稳定安全的开放标准,加快构建以国内大循环为主体、国内国际双循环相互促进的新发展格局,从而以更高水平的开放规划高质量开放发展的实现路径。针对双循环新发展格局的理论内涵及其主要特征,包括与"传统开放发展格局"的关键差异,前文已有分析,此处不再赘述。需要强调的是,基于双循环新发展格局的新内涵和新特征可知,无论是从畅通国际大循环角度看,还是以国内大循环为主体看,双循环新发展格局都是更高水平和更高层次的开放。比如,就畅通国内大循环而言,双循环新发展格局有助于深化东部沿海地区以外区域的开放水平,以更高质量的普遍性区域交往和世界性国际交流,畅通国内产业链范围内的要素流动和技术交流,提升双循环新发展格局的内外联动机能,融入国际大循环实现交互、竞争和重组,从而推动开放型经济迈向更高层次和更高水平,提升开放发展的效益,夯实中国式现代化的物质基础。

(五) 双循环推进中国式现代化的理论逻辑: 共享维度的分析

以全面建设社会主义现代化国家为首要任务的高质量发展,实现共享发展是其根本目的,即在提升收入水平和缩小收入分配差距中实现发展成果由人民共享,早日实现共同富裕的战略目标。双循环新发展格局相对"传统开放发展格局"具有的"非均衡"特征开放模式,力图建立更加合理完善均衡的开放发展格局,切实缩小地区发展差距,促进区域间协调均衡发展。比如,双循环新发展格局下不断扩大产业领域的开放,可以助力农业融入全球价值链分工体系,通过产业赋能推动乡村振兴,缩小城乡发展差距,以农业现代化推进四化同步发展,实现城乡融合,从而可以推动以全面建设社会主义现代化国家为首要任务的高质量发展。针对共享发展面临的要素收入差距问题,双循环新发展格局下有关扩大内需和供给侧结构性改革的政策举措,从以促进商品要素流动为主的边境开放,向注重完善制度性开放的境内开放转变,建设统一开放、竞争有序的市场经济体系,吸引高端创新要素集聚,激发要素资源活力,实现共享发展。双循环新发展格局通过创新升级发展模式,提升富裕度,为共享发展夯实物质基础。进一步地,双循环新发展格局下发挥超大本土市场规模优势,依托国内市场构建完善本土价值链,能够不断提升改善在全球价值链中的分工地位,创造更多财富,夯实共同富裕共享发展的物质基础,完善价值链的双重嵌入和良性互动,促进区域均衡协调发展,实现以开放促进共享发展。

三、 双循环推进中国式现代化的实践逻辑

双循环新发展格局本质上是国内大循环与国际大循环相互促进的新开放发展观,前者主要表现为消费层面的扩大内需和供给层面的供给侧结构性改革,后者主要表现为高水平开放,即扩大开放范围、拓展开放领域以及深化开放层次。[1] 因此,理解双循环新发展格局推进中国式现代化的实践逻辑,其实就是明晰上述五个方面的实践变化,对以全面建设社会主义现代化国家为首要任务的高质量发展的作用。

(一) 双循环推进中国式现代化的实践逻辑: 扩大内需

从实践层面看,"传统开放发展格局"下对国际市场需求的依赖程度较高;转向双循环新发展格局后,国内本土市场需求因素将成为参与国际合作与竞争的

---

[1] 张二震、戴翔:《更高水平开放的内涵、逻辑及路径》,《开放导报》2021 年 1 月,第 7—14 页。

重要依托。实际上,以"本土市场效应假说"为代表的共识,已经充分肯定了需求侧的积极作用,但需要指出的是,传统国际经济理论阐释的需求作用,主要强调的还是需求对产业发展和国际竞争力提升的核心受力点,仍然在于引发了供给侧变动。此外,为抓住有效需求,争取市场份额,企业不得不顺应日渐提升的需求变化,从而在知识、技术和品牌等方面求取进步,在产业微观层面上即表现为产业结构演进和发展乃至国际竞争力提升。在这个意义上,传统的理论和实证研究,主要关注到消费需求的"药引子"作用,认为促进产业发展依然是靠技术创新的核心动力完成的。其本质与泽威姆勒等所提出的"需求引致创新"理论具有高度一致性,还没有真正深入到"需求"本身可能蕴含的内在动力机制层面进行探讨。实际上,除了传统作用机制外,在全球价值链分工条件下,尤其是依托超大本土市场规模优势构建的双循环新发展格局背景下,需求对高质量发展的引领有了新的作用。因为在全球价值链分工条件下,跨国公司布局全球生产网络考虑的不仅是成本因素,与此同时还会考虑到市场需求因素。更确切地说,市场需求规模越大,对跨国公司目标市场定位越有吸引力,跨国公司就越是倾向于将价值链高端环节配置到该国或者地区,以尽可能缩短生产地和消费市场的距离以节约成本。比如,针对消费者需求而进行的研发活动,显然更加需要贴近市场而不是远离市场。由此,需求因素成为促进价值链分工地位改善,进而促进经济高质量发展的重要驱动因素。以扩大内需为战略基点的双循环新发展格局,是推进中国式现代化的重要实践逻辑之一。

(二) 双循环推进中国式现代化的实践逻辑:供给侧结构性改革

早在 2015 年 11 月 10 日召开的中央财经领导小组第十一次会议上,习近平总书记就强调,在适度扩大总需求的同时,着力加强供给侧结构性改革,着力提高供给体系质量和效率,增强经济持续增长动力,推动我国社会生产力水平实现整体跃升。在党的二十大报告中,习近平总书记再次强调,"把实施扩大内需战略同深化供给侧结构性改革有机结合起来,增强国内大循环内生动力和可靠性。"长期以来,尤其是中国加入世界贸易组织(WTO)后创造的开放型经济快速发展奇迹,实质就是通过融入发达国家跨国公司主导的全球价值链分工体系,实现了产业尤其是制造业长足的表现。然而,金融危机后随着全球经济进入深度调整期,以及中国经济发展进入新常态,特别是在当前经济全球化遭遇逆流以及全球新冠疫情暴发的叠加影响下,中国融入全球价值链分工体系形成的"传统开放发展格局",所依托的两个重要条件正在发生深刻变化。一是全球价值链分工深化的速度正在趋缓,甚至停滞乃至倒退;二是中国自身的要素禀赋优势正在改变,传统比较优势在逐步丧失的同时,新型比较优势包括国内超大规模市场优势正在逐步形成。加快形成这一竞争新优势,不仅需要扩大内需,还需要供给侧结构性改革以形成创新驱动和高质量供给。这正是以供给侧结构性改革作为重要内容的双循环新发展格局推进中国式现代化的重要实践逻辑之二。

(三) 双循环推进中国式现代化的实践逻辑: 实施更大范围开放

从中国改革开放的具体实践看,传统开放发展格局的一个重要特征,就是对国际市场的依赖主要侧重于发达经济体,换言之,"向东开放"是以往传统开放发展格局的重中之重。这与经济全球化发展的实践逻辑是相一致的。这是因为,以往包括中国在内的发展中国家和新兴市场经济体参与经济全球化,本质上就是融入发达国家主导和推动的经济全球化,因此开放范围主要也就侧重于向西方发达国家开放,市场也就高度集中于和依赖于发达国家市场。这不仅表现为在前一轮经济全球化发展过程中,国际分工形态的演变以及主要由发达国家跨国公司主导推动的特征事实,决定了中国在融入国际分工体系发展开放型经济时,开放范围必然主要体现为向发达国家开放,还表现为在财富和利润主要集中于发达国家从而决定了消费主要集中在发达国家时,诸如中国等发展中国家在产出的"出路"上,也必须更加倚重发达经济体市场。构建双循环新发展格局,实施更大范围的开放,不仅要继续放大向东开放优势,还要努力做好向西开放文章,这有助于中国积极推进区域合作,更大范围参与区域经济一体化,把我们开放合作的"朋友圈"越做越大。不仅有助于在更为广阔的空间范围内参与乃至构建生产网络体系,而且在需求层面上,也可以逐步挖掘其他市场的潜力。在更加完善的外部开放空间格局中,推动开放发展迈向更高层次和更高水平。这是以实施更大范围开放为重要内容的双循环新发展格局推进中国式现代化的重要实践逻辑之三。

（四） 双循环推进中国式现代化的实践逻辑：实施更宽领域开放

中国"传统开放发展格局"另一重要实践特征就是，前一轮开放发展主要发生在制造业领域，具有"单兵突进"的突出特点，并且即便在制造业领域内部，先进制造业开放也相对不足。[①] 当然，上述实践特征的形成既与前一轮全球价值链分工演进的阶段有关，也与中国自身所处发展阶段有关。如前文分析指出，全球价值链分工主要是由发达国家跨国公司推动的，而从具体的产业和产品生产环节梯度转移的角度看，首先转移的必然是发达国家已经失去比较优势的诸如劳动密集型制造业产业，或者劳动密集型产品生产环节，并按此规律依次推进。而中国作为发展中国家，从要素禀赋优势看，在承接产业和产品生产环节国际梯度转移过程中，具有的比较优势也正在于劳动密集型等制造业或产品生产环节。这种特征模式的形成纵然有其特定发展阶段的必然性和合理性，但产业领域开放的失衡，显然不符合现代化建设中高质量发展的要求。构建双循环新发展格局，推动开放的大门越开越大，当然包括在产业领域从传统的制造业不断向先进制造业和服务业领域的开放拓展。产业领域开放的扩大，尤其是先进制造业和服务业对外开放，可以吸引和集聚更多的全球高端和先进生产要素，不仅对国内产业链供应链现代化水平有着直接的推动作用，也会因为更宽开放领域下，国内产业发展有更大范围选择"中间投入"，从而推动产业转型升级和高质量发展，甚至在扩大开放中强化竞争、推动技术进步，实现高质量发展。这是以实施更宽领域开放为重要内容的双循环新发展格局推进中国式现代化的重要实践逻辑之四。

（五） 双循环推进中国式现代化的实践逻辑：实施更深层次开放

中国开放型经济发展的实践表明，改革开放尤其是中国加入世界贸易组织（WTO）以来，逐步兑现了入世时的降低关税和非关税壁垒的承诺。这种以"边境开放"为主要举措的开放发展与 WTO 框架下推动的贸易和投资自由化也是

---

① 金碚：《关于"高质量发展"的经济学研究》，《中国工业经济》2018 年 4 月，第 5—18 页。

相一致的。换言之,WTO 框架下主导的国际经贸规则主要侧重于降低关税和非关税壁垒的"边境开放"。这种开放举措和规则体系,对于保障产品和生产要素的跨国流动提供了重要的保障作用,由此也推动了全球价值链分工的迅速演进。但是当全球价值链分工进一步深度演进,产业和产品生产环节的国际梯度转移向先进制造业乃至服务业领域拓展,甚至包括当前数字经济兴起背景下,向所谓全球数字价值链领域拓展时,传统的"边境开放"措施已经难以适应国际分工发展的新需要。因为更高端的生产环节和阶段,更高端和更先进的生产要素,其跨境流动的影响因素不仅在于"边境壁垒",更会受到"境内壁垒"的影响。尤其是服务业领域的开放,实际上涉及的更多是境内规则、管制、规制等措施为表现的"境内壁垒",而不是关税和非关税的"边境壁垒"。因此,无论是适应迈向全球价值链中高端的实践需要,还是为了吸引和集聚全球高端和先进生产要素的实践需要,都要求在开放举措上作出重大战略调整和转型,及时实施更深层次的开放。所谓更深层次的开放,本质上看,就是习近平总书记在党的二十大报告中强调的"稳步扩大规则、规制、管理、标准等制度型开放"。这也正是以实施更深层次开放为重要内容的双循环新发展格局推进中国式现代化的重要实践逻辑之五。

第二节
新发展格局下开放发展的新特征

当前,中国不仅处于高度空前的历史站位,而且已经走进了世界舞台中心;中国开放型经济发展不仅面临着外部环境的深刻变化,也面临着国内经济发展步入从以往高速增长阶段转向高质量发展新时代的阶段性变化。正是诸如上述一系列变化,推动着中国转向双循环新发展格局。在双循环新发展格局下,对外开放在开放战略、开放理论、开放格局、开放理念以及开放规则等方面作出一系列调整和变化,新时代中国对外开放呈现出五大新特征。

一、 开放战略:从简单融入到推动引领

如果说,自改革开放以来很长一段时间内,中国实施的开放战略,主要是简

单融入甚至可以说是被动融入发达国家跨国公司推动的经济全球化的话，那么，新时代中国开放战略的一个重要特征，就是转向了积极推动甚至引领经济全球化新发展。第一章的分析表明，尤其是在逆全球化条件下，中国必须通过推动和引领经济全球化，才能更好地谋划中国式现代化建设。

改革开放以来，中国以开放的姿态积极承接西方发达国家推动的技术和产业的全球扩散，并且在很长一段时期内，主要借助于大量利用外资和大力发展加工贸易的方式，快速而全面地融入发达国家跨国公司主导的全球要素分工体系之中，由此实现了开放型经济的快速发展。在这一发展阶段，中国实施了开放战略，恰好迎合了西方发达国家跨国公司整合和利用全球资源的需要，充任了它们的产业和产品价值增值环节的创造地和全球出口的重要平台。全球要素分工的特点以及改革开放之初中国要素禀赋的现实状况，很大程度上决定了中国只能以"被整合者"的身份融入全球价值链，对国际分工尚无主导和掌控能力，更谈不上推动和引领。因此，中国前一阶段的对外开放表现出的重要特征之一，就是简单融入甚至可以说是被动融入跨国公司主导的全球要素分工体系，由此带动的中国对外贸易的迅猛扩张，包括出口贸易的增长奇迹，实际上很大程度上也是"被出口导向"的结果。[1] 这也是为什么部分学者和实际工作部门误将中国前一轮出口贸易的井喷式增长误读为出口导向的根本原因所在。[2] 毋庸置疑，全球要素分工的快速演进，虽然为诸如中国等发展中国家充分发挥人口红利等初级要素优势提供了机遇，但是国际分工深度演进中存在的"机会不均等"和"地位不平等"问题和矛盾的不断积累，逐步成为制约经济全球化发展的重要因素。尤其是发达国家将其内部利益分配失衡的治理失序和治理能力的缺失归咎于经济全球化，并兴起了逆全球化思潮，采取了贸易保护主义措施，对经济全球化进程产生了严重的阻碍作用，使得经济全球化走到了"十字路口"的关键阶段。与部分发达国家采取贸易保护主义完全不同的是，中国在各种重要的国际会议和场合，多次强调和重申要坚决拥护多边贸易体制，积极维护和推动贸易和投资自由化。

---

① 裴长洪：《全面提高开放型经济水平的理论探讨》，《中国工业经济》2013 年 4 月，第 5—16 页。

② 张二震、戴翔：《当前开放型经济发展的几个认识问题》，《现代经济探讨》2012 年 1 月，第 23—27 页。

正如习近平总书记曾多次强调的,反对各种形式的保护主义,要维护自由、开放、非歧视的多边贸易体制,中国开放的大门不会关闭,只会越开越大。① 实际上,步入新时代的中国,正在通过中国自身的发展为经济全球化贡献新动力、通过中国自身的道路为推动经济全球化贡献新选择、通过中国态度为推动经济全球化贡献新力量、通过中国智慧为推动经济全球化贡献新理念、通过中国实践为推动经济全球化打造新平台,②从而为处于"十字路口"的经济全球化指明方向和道路,已然成为推动和引领经济全球化发展的时代担当者。

中国开放战略,实现从简单融入经济全球化到推动引领经济全球化的转变,从成因上看既有外部因素的影响,更有内部因素的作用。从外部环境角度看。众所周知,前一轮经济全球化发展,主要是在美国等发达国家推动和引领下进行的。然而,2008 年全球金融危机之后,尤其是近年来主要源自发达国家的逆全球化思潮,呈现出从暗流涌动到浊浪滔天的发展变化趋势。上述趋势突出表现在特朗普政府执政以来对多国发起的贸易摩擦,包括对华贸易摩擦及其不断升级。显然,原本作为经济全球化主要推动者的发达国家,现在转身褪变成为经济全球化的搅局者,这不仅影响了经济全球化的正常进程,也恶化了中国开放型经济发展的外部环境。此时,中国继续走简单融入发达国家推动和主导的经济全球化老路,显然面临着可持续困难。当然,如果进一步深究美国逆全球化思潮兴起尤其是不断升级对华经贸摩擦的根本原因的话,现有研究已经表明,伴随中国经济实力的强大和国际影响力日益提高,遏制中国崛起是美国对华战略转变进而发动经贸摩擦的根本原因。③ 其背后的逻辑意蕴显然是"中国已经走进了世界舞台中心",在受世界经济影响的同时也在深刻改变着世界经济,在享受经济全球化红利的同时越发需要为推动经济全球化发展担当更多的责任和义务。因此,面临经济全球化发展新形势或者说外部环境的深刻变化,中国开放战略从简

---

① 习近平:《开放合作命运与共》,《人民日报》2019 年 11 月 6 日第三版。
② 张二震、李远本、戴翔:《从融入到推动:中国应对全球化的战略转变——纪念改革开放 40 周年》,《国际贸易问题》2018 年 4 月,第 1—10 页。
③ 陈继勇:《中美贸易战的背景、原因、本质及中国对策》,《武汉大学学报(哲学社会科学版)》2018 年 5 月第 71 期,第 72—81 页;余永定:《中美贸易战的深层根源及未来走向》,《财经问题研究》2019 年 8 月,第 3—12 页;张二震、戴翔:《关于中美贸易摩擦的理论思考》,《华南师范大学学报(社会科学版)》2019 年 2 月,第 62—70 页。

单融入发展到推动引领，不仅是推动和引领经济全球化更好发展的需要，也是中国基于改善开放型经济发展外部环境的自身需求。从内部因素角度看，应该说，经过40多年改革开放的发展，中国不仅在经济体量上实现了快速扩张，成为世界第二大经济体，而且在其他许多方面和领域也为经济高质量发展奠定了基础，包括完备的工业体系、强大的产业配套能力、人力资本的积累效应，以及诸如被称为中国"新四大发明"的某些领域的技术赶超等等。经济体量上已经取得的在位规模优势，以及企业参与国际竞争与合作能力的不断提升，这些内部因素的变化或者说由此带来的要素禀赋结构的调整，决定了中国参与经济全球化合作与竞争，必须从以往简单融入的被动嵌入经济全球化，向主动推动和引领经济全球化的新战略转型。

基于上述分析可以看出，实际上中国开放战略从简单融入向推动引领经济全球化发展，不仅具有中国意义，更具有世界意义。对于中国的意义应该说是不言而喻的。正如习近平总书记所坦言的，"过去40年中国经济发展是在开放条件下取得的，未来中国经济实现高质量发展也必须在更加开放的条件下进行。"[1]从这一意义上说，新时代中国经济转向高质量发展，需要在更加开放的条件下进行，当然也就需要更加优越的外部开放环境。而在经济全球化处于"十字路口"的关键阶段，中国积极推动和引领经济全球化发展，本质上有助于构建和营造更加有助于中国开放发展的外部环境。此外，从简单融入到推动引领，反映的也是一国分工地位的变迁以及由此在国际分工体系中获取分工和贸易利益能力的变化，是开放型经济高质量发展的重要表征。而所谓的"低端嵌入"甚至"低端锁定"下中国在全球价值链分工中获益有限，一直是中国融入经济全球化、发展开放型经济的诟病所在。这也是为什么十九大报告明确提出"促进我国产业迈向全球价值链中高端"发展目标的重要原因。由此可见，转向推动引领经济全球化的开放战略转型，对于新时代中国自身高质量发展具有极为关键的意义。至于其中的世界意义，习近平总书记曾指出："历史地看，经济全球化是社会生产

---

[1] 习近平：《共建创新包容的开放型世界经济》（在首届中国国际进口博览会开幕式上的主旨演讲），中华人民共和国中央人民政府网，https://www.gov.cn/gongbao/content/2018/content_5343724.htm。

力发展的客观要求和科技进步的必然结果。"①但是,当前部分发达国家有悖历史发展大势和经济全球化发展的客观规律,兴起了逆全球化思潮,采取的贸易保护主义措施冲击、破坏和割裂了全球已经构建起来的价值链分工体系,对世界经济的繁荣发展产生了极具破坏力的作用和效果。而在经济全球化进程遭遇严峻挑战的关键阶段,中国敢于勇立潮头,积极推动和引领经济全球化发展,本身就是顺应发展大势的表现,对维护和推动世界经济健康和可持续发展具有极为重要的作用和意义。当然,更为重要的是,伴随中国经济发展体量和规模的不断扩大,以及中国融入经济全球化程度不断加深,为了能够使得其他更多国家搭乘中国经济发展的快车,构建开放型世界经济是首要前提。② 没有开放型世界经济体系,也就无从谈起开放发展的积极外溢效应,中国也就无法基于商品流、要素流、资金流、人员流等各种贸易和投资关联,更好地向世界其他国家和地区溢出中国经济发展成果。正如已有研究指出的,中国经济增长对世界经济的贡献绝非停留于在世界经济增长中贡献了多少的统计意义,更为重要的是究竟能够在多大程度上促进其他国家和地区的经济发展。③ 这正是中国开放战略实现上述转型的世界意义所在。

二、 开放理论:从对外开放到双循环

对外开放是我国的基本国策,也是实现繁荣发展的必由之路。任何开放发展战略实际上都是与特定发展阶段相适应的,并且是在发展着的开放发展理论指导下不断调整和完善,以更加符合新实践发展的需求的。因此,中国开放战略从以往简单融入到当前主动推动引领经济全球化的转型,实际上伴随的是对外开放理论的演变和发展。具体而言,为了适应世界经济新变化、全球要素分工演进新趋势以及新阶段中国开放型经济高质量发展的现实需求,习近平总书记进一步发展了邓小平对外开放思想,并提出了内容广泛、内涵丰富的开放发展思想,即双循环新发展格局的思想,这标志着中国的开放理论实现了从对外开放到

---

① 习近平:《共担时代责任 共促全球发展》,《人民日报》2017 年 1 月 18 日第三版。

② 张二震、戴翔:《构建开放型世界经济:理论内涵、引领理念与实现路径》,《江苏师范大学学报(哲学社会科学版)》2019 年 2 月第 45 期,第 83—94 页。

③ 戴翔:《要素分工新发展与中国新一轮高水平开放战略调整》,《经济学家》2019 年 5 月,第 85—93 页。

开放发展的深化。①

　　1978 年中共十一届三中全会的召开,结束了长达十年的"文化大革命"的动乱,党的工作重心转移到经济建设上来,我国也结束了封闭半封闭的状态,逐步走向开放发展的新阶段。邓小平同志曾明确指出:"对外开放具有重要意义,任何一个国家发展,孤立起来,闭关自守是不可能的,不加强国际交往,不引进发达国家的先进经验、先进科学技术和资金,是不可能的。"②1980 年 6 月,邓小平同志在接见外宾时,第一次将"对外开放"作为我国对外经济政策公之于世。③ 1982 年,中共十二大确立了以经济建设为中心、坚持四项基本原则、坚持改革开放的基本路线,对外开放成为基本路线的重要内容之一。根据邓小平的对外开放思想,对外开放的目的是利用国际国内"两种资源"和"两个市场"推动中国经济的快速发展,其中,利用国际市场主要是扩大出口,利用国际资源主要是利用外资。④ 概括而言,邓小平对外开放思想的内容主要包括建设经济特区、从沿海向内地逐步推进对外开放、利用外资、积极发展对外贸易和开展对外经济合作、正确处理对外开放和独立自主以及自力更生关系等六个方面,具体指导着中国对外开放的实践。党的十八大以来,世界经济进入深度调整,我国经济进入了新时代,对外开放也进入了新时代。在世界新格局和新形势下,进一步扩大开放,既面临机遇,也要应对挑战。站在新的历史起点上,习近平总书记把开放发展作为引领我国未来五年乃至更长时期发展的"五大发展理念"之一,向世界表明中国开放的大门永远不会关上,中国经济发展将继续为世界带来巨大的正面外溢效应。根据习近平总书记的阐释,新时代双循环新发展格局理论大体可概括为:"面向未来,我们要把满足国内需求作为发展的出发点和落脚点,加快构建完整的内需体系,大力推进科技创新及其他各方面创新,加快推进数字经济、智能制造、生命健康、新材料等战略性新兴产业,形成更多新的增长点、增长极,着力打

---

① 戴翔、张二震、王原雪:《习近平开放发展思想研究》,《中共中央党校学报》2018 年 2 月第 22 期,第 12—22 页。
② 《邓小平文选》第 3 卷,人民出版社 1993 年版,第 117 页。
③ 林荆州:《学习邓小平对外开放理论的体会》,《经济学动态》1998 年 4 月,第 10—12 页。
④ 洪银兴:《改革开放以来发展理念和相应的经济发展理论的演进——兼论高质量发展的理论渊源》,《经济学动态》2019 年 8 月,第 10—20 页。

通生产、分配、流通、消费各个环节,逐步形成以国内大循环为主体、国内国际双循环相互促进的新发展格局,培育新形势下我国参与国际合作和竞争新优势。"

毋庸置疑,就像市场化改革一样,我国的对外开放也是在探索中前进的。在不断对外开放中,逐步形成了中国特色的社会主义政治经济学的开放发展理论。中国特色社会主义开放理论,是中国人民在中国共产党领导下对外开放实践的理论总结,必然表现为一个发展过程,必须能够反映和迎合中国开放型经济发展实践需求。因此,习近平总书记开放发展理论的提出,其实是有着深刻的实践背景和原因的。换言之,习近平总书记开放发展理论的提出,正是为了适应世界经济新变化、全球要素分工演进新趋势以及新阶段中国开放型经济高质量发展的现实需求。2008年全球金融危机冲击之后,全球经济进入深度调整期,世界经济出现了一些新形势、新变化,突出表现在三个方面。一是前一轮产业革命和技术革命对经济全球化形成的推动力,基本已经衰竭,但新一轮产业革命和技术革命尚未暴发,推动新一轮经济全球化发展的新动力机制尚未形成,在此背景下,各国为抢占新一轮经济全球化发展的制高点,产业和科技竞争可谓进入到白热化阶段。美国对华发起的经贸摩擦表现出的价值链排挤战和科技排挤战,可以看作是其中的典型表现之一。二是世界经济格局已经出现了重大调整和变化。在全球要素分工带来的战略机遇下,一批新兴市场经济体实现了相对于发达国家的快速发展,对世界经济的贡献逐步提高。尤其是相对于处于2008年全球金融危机"重灾区"的发达国家而言,大部分新兴市场经济国家表现更为出色,从而使得全球经济重心进一步转移,其中,中国成为推动全球经济重心"东升西降"转移的重要引擎。三是逆全球化因素增多,全球贸易保护主义尤其是源自发达国家的贸易保护主义日益抬头,经济全球化发展中的复杂性、多变性以及不确定性等因素增多,世界面临百年未有之大变局。[①] 在全球要素分工演进新趋势方面,已有研究发现,尽管面临着逆全球化等因素的阻断作用,但在社会生产力发展等客观规律作用下,当前全球要素分工演进仍然呈现出"逆向创新""研发国际化"等新趋势和新特点,作为要素分工演进重要保障的经济规则正在从以往"边境开

---

① 习近平:《坚持可持续发展　共创繁荣美好世界》,《人民日报》2019年6月8日第二版。

放"向"境内开放"的高标准化方向发展。① 至于国内经济发展阶段的变化,在中国经济迈向高质量发展的新时代,一方面不仅表现为劳动力等初级要素价格不断上升,从而传统低成本优势逐步消逝,另一方面还表现为通过多年的快速发展,中国已经摘掉了"贫穷落后"的帽子,基本完成了从站起来到富起来的转变,并正在向实现强起来努力的伟大飞跃。② 上述内外条件的深刻变化,使得"未来中国高质量发展必须在更加开放的条件下进行",也呼唤着新时代指导中国开放型经济发展实践的新理论。这正是习近平总书记双循环新发展理论应时代需求而诞生的历史和实践成因。

应该说,习近平双循环新发展格局理论的提出,是对社会主义政治经济学的对外开放理论的深化和发展,开拓了政治经济学开放发展理论的新境界,成为新时代中国全方位升级开放型经济的指导思想和理论总结,并且为经济全球化的良性发展提供了理论指导和理论依据。具体而言,习近平总书记提出的双循环新格局的开放发展理论,将从如下几个方面对中国开放型经济发展实践乃至经济全球化健康持续发展提供理论指导。一是以解决发展内外联动问题为核心,全面提升开放型经济水平。习近平总书记指出,要"实现更大范围、更宽领域、更深层次上全面提高开放型经济水平"。③ 经过 40 多年的开放,我国对外开放的基础和条件已经发生了根本性变化,开放布局需要完善,更需要创新,以深化开放程度、提高开放水平。二是以完善法治化、国际化、便利化的营商环境为主要内容,健全有利于合作共赢并同国际贸易投资规则相适应的体制机制。2018 年年底中央经济工作会议指出:要适应新形势、把握新特点,推动由商品和要素流动型开放向规则等制度型开放转变;2019 年初国务院总理李克强在政府工作报告中也强调指出:进一步拓展开放领域、优化开放布局,继续推动商品和要素流动型开放,更加注重规则等制度型开放,④实际上进一步阐释了优化营商环境以及完善体制机制在新时代的重要意义。三是益于以打造陆海内外联动、东西双

---

① 戴翔:《要素分工新发展与中国新一轮高水平开放战略调整》,《经济学家》2019 年 5 月,第 85—93 页。

② 金碚:《中国改革开放 40 年的制度逻辑与治理思维》,《经济管理》2018 年 6 月第 40 期,第 5—16 页。

③ 《习近平同出席博鳌亚洲论坛年会的中外企业家代表座谈》,《人民日报》2013 年 4 月 8 日。

④ 戴翔、张二震:《"一带一路"建设与中国制度型开放》,《国际经贸探索》2019 年 10 月第 35 期,第 4—15 页。

向开放的全面开放新格局为抓手,推动互利共赢的国际发展合作关系。互利共赢是习近平总书记双循环开放发展理论的核心思想。习近平总书记曾多次强调指出,我们要秉持亲诚惠容,坚持共商共建共享原则,完善双边和多边合作机制,以企业为主体,实行市场化运作,推进同有关国家和地区多领域互利共赢的务实合作,打造陆海内外联动、东西双向开放的全面开放新格局。四是指导中国积极参与全球经济治理,推动国际经济治理体系改革完善。由现行国际经贸规则的遵守者向制定和改变规则的参与者转变,是习近平双循环开放发展理论的重要内容。当前,全球经济规则治理体系和规则未能与时俱进,已经成为影响经济全球化发展的制约因素,亟待补充和完善。[1] 中国在融入全球化的过程中获得了开放发展的利益,中国应该也有能力承担相应的国际责任,提供更多的国际公共产品,勇于承担国际义务,为完善国际经济体系作出贡献。这正是习近平总书记反复强调的思想。

三、 开放格局:从单一开放到全面开放

伴随中国对外开放理论的演变和发展,以及开放战略的转型,发展高层次、高水平的开放型经济成为新时代中国开放型经济发展的主要目标,而实现上述目标的关键就在于,贯彻落实党的二十大报告明确提出的重要战略部署:"必须完整、准确、全面贯彻新发展理念,坚持社会主义市场经济改革方向,坚持高水平对外开放,加快构建以国内大循环为主体、国内国际双循环相互促进的新发展格局。"这一重要战略部署是以习近平同志为核心的党中央准确判断国际形势新变化、深刻把握我国新时代开放型经济发展需求而作出的。

改革开放以来很长一段时期内,中国开放型经济发展格局具有单一开放的突出特征。所谓单一开放格局,主要是指在各种层面上以单维度开放为主导。比如在要素流动层面上,主要表现为利用外资为主导,而开展对外直接投资严重不足;在贸易层面上,主要表现为发展出口贸易为主导,对进口贸易在促进经济增长尤其是高质量发展中的作用重视和发挥不够;在产业领域层面上,对外开放主要发生在制造业领域,并由此带动形成了庞大的制造业生产能力和出口能力,

---

① 张二震、戴翔:《完善全球经济治理与中国新贡献》,《世界经济研究》2017年12月,第9—14页。

具有"单兵突进"的突出特征;在外部市场的空间格局上,主要依托发达经济体强劲的需求市场,特别是依赖于美欧日三大传统市场,对其他发展中国家的市场开拓明显不足;在内部区域的开放格局上,主要是利用优惠政策和区位地理优势,率先实现和促成了东部地区开放发展高地,但与之相比的是中西部地区陷入了开放洼地;在价值链分工维度上,主要表现为集聚在附加值创造能力相对较低的全球价值链中低端环节和阶段,与高附加值的全球价值链中高端等环节和阶段的专业化发展水平还相距甚远;在依托的比较优势上主要凭借人口红利等初级要素形成的低成本竞争优势,但是对高端和先进生产要素的培育和利用严重不足,等等。上述单一开放格局的传统模式在特定阶段具有一定的合理性和必然性,也创造了巨大的开放发展成就。但是伴随内外环境的深刻变化,推动形成全面开放新格局成为新时代中国开放发展的必然选择。与单一开放的传统格局相比,所谓全面开放新格局,不仅表现在要在横向维度上不断扩大开放范围和拓宽开放的领域,还表现为在纵向维度上要创新开放方式、提高开放层次等"全面开放"。[①] 具体而言,就是要优化区域开放布局,即在进一步加大和强化沿海地区开放力度和优势的同时,不断向沿江、内陆、沿边以及中西部地区等拓展蔓延;拓展对外开放空间,即在进一步巩固对传统市场开放优势的同时,加快拓展发展中国家市场,放大向东开放优势,做好向西开放文章;加快走出去步伐,即在高水平"引进来"的同时,还要大踏步地"走出去";扩大开放发展范围,即继续拓展和深化制造业领域开放的同时,逐步放开服务对外开放;培育创新发展动能,即在继续发挥和利用好传统优势的同时,更加注重培育创新驱动等竞争新优势;加快推动形成制度型开放,即在继续推动商品和要素流动型开放的同时,更加注重规则等制度型开放。

　　新时代中国国情决定了推动形成全面开放新格局,符合中国开放发展的根本利益,换言之,新阶段中国国情的"双重性"是加快推动形成全面开放新格局的根本原因。应该说,新时代中国国情具有的"双重性"特征在全球独一无二,这种特殊情况决定了高水平全方位的对外开放,是特定发展阶段进一步获取开放发

---

① 姜荣春、江涛:《新时代全面开放新格局思想的逻辑关系研究》,《国际贸易》2018 年 7 月,第 11—15 页。

展利益的需要,同时也是能够更好地在互利共赢的合作模式中使全球受益的需要。所谓中国国情的"双重性"特征主要是指,一方面,从经济总量角度看,中国已经成为仅次于美国的第二大经济体,体量和规模上超过了大部分发达国家的水平;但是从人均收入水平角度看,仍然处于全球中等发展水平的阶段,甚至低于很多发展中国家和新兴经济体的人均收入水平。在世界经济中"人均中等,总量第二"的"双重性"正是新时代中国的特殊国情,而这一特殊国情正是推动形成全面开放新格局的现实背景和实践基础。"总量第二"的现实国情意味着,中国拥有庞大的市场规模优势,而充分利用本部市场规模优势,可以突破以往本土市场需求不足从而过度依赖外部市场需求的单一发展模式,据此吸引全球更为优质的要素和资源,促进开放型经济迈向更高层次和更高水平。现有研究指出,包括体量规模在内的国家层面优势可以成为一国参与国际竞争的重要优势依托,[①]而且中国"引进来"也有助于更加有效地促进"走出去"。[②] 因此,从引进来的角度看,中国依托自身巨大的体量优势集聚全球更为先进的资源和要素,必然有助于培育创新驱动的竞争新优势,必然有助于提升中国在全球价值链分工中的地位,必然有助于延长价值链环节的国内分工部分,从而促进区域更加协调发展,推动内部区域开放格局更加完善。依托庞大体量规模的在位优势,从促进走出去的角度看,同样有助于在全球范围整合和集聚优质要素和资源,推动中国开放型经济发展迈向更高层次和水平,推动形成全面开放新格局。可见,"总量第二"形成的规模优势能够推动中国开放发展向纵深方向发展。与此同时,"人均中等"的现实国情又决定了中国在现有优势产业上具有巨大的发展空间,不仅意味着可以在未来一段时期内继续发挥传统优势,尤其是通过产业和产品生产环节在国内不同地区的梯度转移,拓展和延伸产业链长度,延长产业、产品和技术的生命周期,也意味着中国仍然具备产业升级的巨大空间,尤其是在继续承接发达国家现有成熟技术和产业的进一步梯度转移,进一步摘取全球价值链中"高悬

---

① 裴长洪、郑文:《国家特定优势:国际投资理论的补充解释》,《经济研究》2011 年 11 月第 46 期,第 21—35 页。
② 李磊、冼国明、包群:《"引进来"是否促进了"走出去"? ——外商投资对中国企业对外直接投资的影响》,《经济研究》2018 年 3 月第 53 期,第 142—156 页。

的果实"方面。[1] 还有很大的发展空间。可见,"人均中等"的特殊发展阶段决定了中国开放发展可以同时在横向维度和纵向维度两个方向进行拓展和深化。总之,正是"总量第二"和"人均中等"的双重性特征,使得新时代中国的开放发展既具备一般发达国家所不具备的优势,也拥有了一般发展中国家所没有的优势,双重性特征带来的双重优势的叠加效应,使得新时代中国推动形成全面开放新格局不仅具有可能性,同时也具有了必然性。

推动形成全面开放新格局,不仅对于新时代中国开放发展有着极为重要的意义,有助于解决长期以来的单一开放发展模式积累起来并日益突出和严峻的诸如不平衡、不协调等问题,从而推动中国开放型经济迈向更高层次,服务中国经济高质量发展的现实需求,而且同样符合世界其他国家和地区的根本利益。尤其是在解决前文所述的全球价值链分工存在的"地位不平等"和"机会不均等"方面的问题上,中国推动形成全面开放新格局,有着特殊的作用和意义,或者说,能够为其他更多的发展中国家提供融入全球价值链分工的机会,能够促进经济全球化朝着更加开放、包容、普惠、平衡、共赢的新型模式方向发展。这是因为,中国推动和引领的新一轮经济全球化发展,是有别于前一轮发达国家推动的经济全球化发展的。对此,我们在后文将会进行进一步阐释。

四、 开放理念:从比较利益到人类命运共同体

理念是行动的先导,其引领作用通常随实践发展而"与时俱进"。实际上,无论是中国开放战略的转型,还是开放理论的演进,抑或完善开放格局的战略部署,都离不开先进理念的引领。在对当代经济全球化发展规律有着深刻认识和把握、对当前中国开放型经济发展解读有着精准研判的基础之上,习近平总书记提出了"人类命运共同体"先进理念;以双循环新发展格局引领中国开放发展乃至经济全球化发展的先进理念,本质上是对经济全球化发展实践的理论总结和发展,是对马克思主义政治经济学关于国际经济论述的新拓展。

---

[1] 刘梦、戴翔:《中国制造业能否摘取全球价值链"高悬的果实"》,《经济学家》2018年9月,第51—58页。

与第二次世界大战之前以"占地为王"为主要特征的经济全球化发展不同，第二次世界大战之后由美国等发达国家推动的经济全球化，是在世界"和平与发展"大环境和大背景下进行的，因此，经济全球化的发展也是以相对"和平"的方式，而不是靠殖民掠夺和发动战争的"占地为王"方式推进的。而以相对"和平"的方式让世界各国打开国门，所依赖的主要理论指导就是自由贸易理论的代表性理论——比较优势论。即各国按照比较优势参与国际分工和贸易，均能够在经济全球化中获取比较利益。应该说，第二次世界大战结束后尤其是冷战结束后的经济全球化快速发展，正是在这一自由贸易理论的指导下以及包括世界贸易组织等国际组织和机构提供制度保障的大力推动下进行的。改革开放以来，中国融入经济全球化也正是基于比较优势理论，在产业和产品生产环节的国际梯度转移中，选择和承接了具有比较优势的诸如劳动密集型产业和产品生产环节，通过获取比较利益，促进国内经济社会发展。平心而论，获取比较利益正是中国前一轮发展开放型经济的重要目的。况且，在中国成长为巨型开放型经济体之前，中国经济发展对世界经济的影响也极其有限，中国还没有足够的能力在获取比较利益的同时，更多地关切世界其他国家的发展利益。这也是处于"穷则独善其身"发展阶段的必然选择，具有一定的合理性。更为重要的是，中国融入发达国家主导的经济全球化进程时，本质上是国际分工体系中的"弱势者"，"低端嵌入"全球价值链分工体系的路径选择就是明证，因此发展利益实际上更加需要国际社会尤其是来自发达国家的关切。总之，各种复杂因素的综合作用，决定了中国一贯秉持的"互利共赢"开放战略，自改革开放以来的很长一段时间内，只能局限于被动融入全球要素分工体系以获取简单的比较利益。然而，伴随经济全球化发展形势的演变，以及中国开放型经济进入新时代，中国一贯秉持的"互利共赢"也从简单地注重比较利益，升华到关注整个世界和人类社会发展的新境界，即创新性地提出和贡献"人类命运共同体"的先进理念，以引领中国新一轮开放发展和新时代经济全球化发展。实践中，中国已经践行这一开放发展理念，比如积极推动的"一带一路"建设，就是中国谋求与周边共同发展、推动经济全球化朝着更加开放、包容、普惠、平衡、共赢方向发展的明证。

"人类命运共同体"先进理念的提出，主要是因为以往推动经济全球化发展的传统思维和认识,其固有的局限性日益明显并难以继续发挥推动和引领作用。① 实际上,以美国等发达国家为首推动的经济全球化,有意或者无意地过度重视市场经济功能和作用,特别是"华盛顿共识"下,更加关注资本所有者利益而对劳动者利益关注不够,更加侧重于满足发达国家的利益诉求而对发展中国家的利益关照不够,使得市场经济的内在缺陷在经济全球化快速演进过程中不断放大,从而当经济全球化发展到特定阶段后,其内在局限性及其由此所积累的矛盾和问题,就成为阻碍经济全球化发展的重要因素。新时代经济全球化发展,需要突破发达国家以往传统认识的局限性,需要提出更为先进的理念来引领新一轮经济全球化发展,并且在此过程中,作为已经走近世界舞台中央的中国,理应发挥应有的角色和作用,这也是适应中国开放型经济发展阶段的必然选择。正是基于时代的呼唤和现实需求,习近平总书记创新性地提出了建设"人类命运共同体"的先进理念。这一先进理念能够突破以往经济全球化传统思维模式的局限,尤其是有效克服"华盛顿共识"的痼疾,因而将成为引领新一轮经济全球化发展的重要理念。如果我们把传统"华盛顿共识"的痼疾和思维局限性概括为零和博弈的二元对立、赢者通吃的丛林法则,以及利己主义的以偏概全三个主要方面的话,那么"人类命运共同体"理念的先进性就在于,能够有效克服上述三个方面的局限性。换言之,"人类命运共同体"先进性理念的"合和共生"突破了传统二元对立的思维模式,更加符合新时代世界经济发展的现实需要;"合作共赢"突破了赢者通吃和丛林法则的传统思维局限,更加契合世界经济发展新阶段"开放"的本质内涵;"共商共建共享"打破了利己主义的傲慢与偏见,更加适应世界经济新格局变化对完善全球经济治理的需要。②

从简单获取比较利益到构建人类命运共同体的开放发展理念转变,最主要的时代意义之一就在于,从经济全球化发展角度看,能够有助于中国引领新时代

① 戴翔、张二震:《"人类命运共同体"理念引领下的新时代经济全球化》,《江苏行政学院学报》2018 年 1 月,第 51—57 页。

② 张二震、戴翔:《构建开放型世界经济:理论内涵、引领理念与实现路径》,《江苏师范大学学报(哲学社会科学版)》2019 年 2 月第 45 期,第 83—94,123—124 页。

经济全球化新发展。更确切地说,有助于中国推动构建全球增长共赢链,[①]实现真正的合作共赢、共生发展。实际上,20 世纪 80 年代以来,全球要素分工的兴起逐步构建起来的全球生产网络,加之需求的全球化,已经使得世界各国之间形成了"你中有我,我中有你,你我中有他,他中有你我"相互依赖格局。在这种复杂的生产和需求网络中,各国之间的开放利益不再具有独立性,而是呈现出彼此之间的依存性。换言之,利益创造和利益获取更加具有了"一荣俱荣、一损俱损"的典型特征。无论是生产过程还是需求层面,都已经通过各种要素流和商品流等形成的链条关系而紧密地连接在一起。传统的贸易条件改善论等能够让本国获取更多利益的理论,可能不再具有适用性,因为在利益创造具有复杂链条的新型关系和格局下,"损人利己"的传统获利方式反过来也会影响自身利益。同样地,传统的贸易保护主义等看似伤及对方的举措,反过来同样也会使自己遭受损失。当前美国发起并不断升级的对华经贸摩擦就是典型例证,即美国在损害中国开放发展利益的同时,同样也在损害自己的生产者和消费者的利益。总之,在全球要素分工这一新型国际分工形态下,世界各国由于共同处于生产和消费的复杂网络之中,或者说生产、分配、交换和消费等环节和阶段无不通过各种链条链接在一起,经济全球化的开放发展对"共赢"有着更加本质的内生需求。也就是说,只有真正实现更加公平公正的"共赢",各国才能够实现更好的增长,任何一个国家或地区都将无法通过压榨和剥削其他国家利益实现自身"一枝独秀"。这正是人类命运共同体得以形成的分工演进的历史逻辑和理论逻辑。从这一意义上说,中国贡献的"人类命运共同体"开放发展先进理念,对于引领中国乃至世界各国走向全球增长共赢链的新型经济全球化发展道路,具有极为关键的作用和意义。

五、 开放规则:从被动接受到补充完善

全球经济规则为经济全球化顺利运行提供了必要的制度保障,也是各国开放发展的基本遵循。改革开放以来,中国融入经济全球化发展开放型经济,就是

[①] 戴翔:《"全球增长共赢链"的若干基本理论问题》,《中共中央党校(国家行政学院)学报》2019 年 1 月第 23 期,第 113—122 页。

在遵守现行全球经济规则下进行的。实际上，前文所述的中国简单融入或者说被动融入发达国家推动的前一轮经济全球化，其中"被动"的另一层含义就包括中国只是充任现行规则的接受者。然而，伴随着诸如上述各方面的一系列开放转型，中国要在新一轮经济全球化中发挥更好的作用和扮演更重要的角色，更好地利用经济全球化推动中国式现代化建设，必然要求在开放规则上具有一定的话语权。目前，在新一轮全球经济规则处于调整和重塑的关键阶段，中国从原有的被动接受到补充完善，正是在双循环新发展格局下在开放规则方面实现重大转型的重要表征。

习近平总书记在世界经济论坛 2017 年年会开幕式上发表题为《共担时代责任　共促全球发展》主旨演讲指出，"全球产业布局在不断调整，新的产业链、价值链、供应链日益形成，而贸易和投资规则未能跟上新形势，机制封闭化、规则碎片化十分突出。全球金融市场需要增强抗风险能力，而全球金融治理机制未能适应新需求，难以有效化解国际金融市场频繁动荡、资产泡沫积聚等问题"，"全球经济治理体系变革紧迫性越来越突出，国际社会呼声越来越高。全球治理体系只有适应国际经济格局新要求，才能为全球经济提供有力保障"，[①]打造公正合理的治理模式需要与时俱进。为了适应全球经济治理体系和规则调整的需要，中国不仅通过积极参与世界贸易组织（WTO）改革、参与各种区域经济一体化谈判等方式，力图补充和完善全球经济规则，更重要的是正在依托"一带一路"建设为全球经济规则和治理体系的补充和完善贡献智慧和力量。如同现有研究指出的，"中国倡导和推动的'一带一路'建设，始终以新的合作观为指导，坚持以相互尊重、平等合作为重要基础，按照市场规则和商业原则确保合作的可持续性，充分尊重合作伙伴的意愿和选择，既不强人所难，也不勉为其难，不附加任何政治条件，不把自己的主张强加于人，不包办代替合作伙伴的事务"。[②] 实际上，中国倡导的"一带一路"建设，不仅以"共商、共建、共享"的方式，补充和完善当前全球治理机制的不足和缺陷，即解决着现行经济规则中平等参与不够、联动发展

---

① 习近平：《共担时代责任　共促全球发展》，《人民日报》2017 年 1 月 18 日第三版。
② 于洪君：《一带一路为世界贡献新理念》，《人民日报》2019 年 10 月 22 日第七版。

不够以及包容性增长不够等问题,也拓展了全球经济治理的理论哲学基础,即以共存、共赢、共享的哲学思想,替代传统的"优胜劣汰""适者生存""弱肉强食""赢者通吃"的功利哲学思想。需要指出的是,中国倡导的"一带一路"建设,对全球经济规则和治理体系是一种补充和完善,而不是另起炉灶。正如习近平总书记所坦言的:"一带一路"建设不是另起炉灶、推倒重来,是在维护自由贸易和多边贸易体制中实现战略对接、优势互补。

中国在开放规则方面从被动接受到补充完善的转型,一方面当然是基于中国自身开放发展的需求,即为中国为代表的发展中国家在全球经济治理体系中,争取更加公平的制度和规则,提升发展中国家在全球经济治理体系中的话语权和参与能力;另一方面也是为全球提供公共产品的需要,在全球经济治理规则作为公共产品面临缺失以及无法适应当前世界经济格局变化条件下,为继续保障经济全球化的顺利和持续健康运行,补充和完善制度规则方面的公共产品的供给,不仅必要而且紧迫。因此,上述两个方面的因素,是推动中国开放规则从被动接受到补充完善的重要原因。众所周知,现行的全球经济规则和治理体系,是二战后在美国等西方国家主导下建立起来的,其有诸多合理成分和因素,比如世界贸易组织规则中的开放、透明、包容、非歧视性的多边贸易体制等,对推动和促进第二次世界大战后经济全球化的繁荣发展,对商品和要素的跨境流动,尤其是对全球要素分工的快速演进,起到了非常重要的作用。然而,如前文分析指出的,伴随世界经济格局的调整、国家间和国家内部尤其是发达国家内部收入分配差距的不断扩大、全球经济失衡问题的加重,全球治理赤字问题日益凸显,现行全球经济规则和体系在维护全球经济秩序方面表现出严重的功能不足、治理失序和应对乏力。更为严重的问题是,在全球经济规则亟待补充"公共产品"供给的特殊时期,作为现行规则体系构建和推动者的部分发达国家如美国等,却兴起了逆全球化思潮、单边主义、保护主义和霸凌主义,公然挑衅包括世界贸易组织(WTO)规则在内的国际法规则,破坏国际法治和国际贸易秩序。可见,无论是从代表发展中国家自身利益诉求角度看,还是从保障经济全球化持续健康发展的现实需求角度看,中国都需要在完善全球经济治理体系和规则中贡献智慧和力量。这正是中国当前在开放规则上从以往的被动接受到现在的补充完善转变的现实逻辑。

第三节
新发展格局下开放发展的实现路径

全面建设社会主义现代化国家的首要任务是高质量发展。基于前文分析可见,双循环新发展格局对于引领高质量发展有着极为关键的作用和意义,这是双循环新发展格局推进中国式现代化的根本逻辑。因此,以助力全面建设社会主义现代化国家为目标导向构建双循环新发展格局,需要围绕"畅通国内大循环"和"实施更高水平开放",亟待走上以高质量共建"一带一路"为重点的扩大开放范围、以先进制造业和服务业为抓手的拓展开放领域、以制度型开放为主要内容的深化开放层次的具体路径。

一、 高质量共建"一带一路":扩大开放范围的实现路径

扩大开放范围,不仅要继续向发达经济体市场开放,更要以"一带一路"建设为平台和抓手,加快向其他发展中国家开放。国家统计局发布的最新统计数据表明,截至 2021 年年底,我国已经与共建"一带一路"的 145 个国家以及多个国际组织,共签署了超 200 份高质量共建"一带一路"的合作文件,这为扩大开放范围、扩大经贸交流和合作的"朋友圈"奠定了政策支撑和政策对接,进而在高质量共建"一带一路"方面取得了初步成果。《中华人民共和国 2021 年国民经济和社会发展统计公报》发布的统计数据显示,在 2021 年全球遭遇世纪疫情肆虐的大环境下,在各种贸易保护主义措施等不断频出的条件下,中国在对共建"一带一路"国家的进出口、开展对外直接投资,以及吸引来华投资等方面,均取得了喜人成就。比如,2021 年完成对共建"一带一路"国家进出口总额 115979 亿元,比2020 年增长 23.6%,其中,出口 65924 亿元,增长 21.5%;进口 50055 亿元,增长26.4%;在利用外资方面,来自共建"一带一路"国家的外商直接投资新设企业5336 家,相比 2021 年增长 24.3%,实际投资金额 112 亿美元,相比 2021 年增长36.0%;在对外直接投资方面,实现对共建"一带一路"国家非金融类直接投资额203 亿美元,增长 14.1%。无论是进出口、利用外资还是开展对外直接投资,上

述增长指标均超过了全国平均水平,这一方面说明高质量共建"一带一路"确实取得了初步成效,另一方面也显示了继续深化与共建"一带一路"国家合作的巨大潜力。未来,更好发挥构建新发展格局、推动中国式现代化,要按照党的二十大报告进行的战略部署,推动共建"一带一路"高质量发展,继续走好不断扩大开放范围的实践道路。

二、 先进制造业和服务业:拓展开放领域的实现路径

在第三届中国国际进口博览会开幕式上的主旨演讲中,习近平总书记强调指出,"下一步,中国将秉持开放、合作、团结、共赢的信念,坚定不移全面扩大开放,将更有效率地实现内外市场联通、要素资源共享,让中国市场成为世界的市场、共享的市场、大家的市场。"①实际上,"让中国市场成为世界的市场、共享的市场、大家的市场"背后的重要逻辑蕴涵之一,就是要扩大产业领域的开放,不仅要继续深化先进制造业领域开放,更要逐步放开服务业领域,这是拓展开放领域的必然选择。近年来,依托自由贸易试验区建设和北京、天津、上海、海南、重庆等地方进行的服务业扩大开放综合试点建设,我国在地区局部层面上的扩大服务业开放方面,已经取得了一些新进展,包括在科技、文化、电信等行业领域以及高新技术产业发展、金融服务实体经济等方面采取了一系列开放措施和政策创新,但总体来看,距离构建双循环新发展格局所要求的高水平开放还有较大差距。毕竟,依托自由贸易试验区和服务业扩大开放综合试点建设进行的扩大服务业开放探索,所形成的一些经验举措尚未在全国范围内推广,因此,目前扩大服务业开放的政策举措和政策措施,仍然算不上真正意义上的扩大服务业开放。未来,要尽快将"自由贸易试验区"和"综合试点"探索的经验举措,包括在产业开放、贸易投资自由化便利化、体制机制改革等领域取得的经验做法,尽快向全国范围推广,另一方面,还要根据实践的发展进一步探索扩大开放范围,包括在数字经济和数字服务领域的扩大开放,如此,才能加快走上服务于中国式现代化建设的双循环新发展格局构建之路。

① 习近平:《在第三届中国国际进口博览会开幕式上发表主旨演讲》,《人民日报》2020 年 11 月 5 日第一版。

三、 制度型开放：深化开放层次的实现路径

习近平总书记在党的二十大报告中强调指出的"稳步扩大规则、规制、管理、标准等制度型开放"，为深化开放层次指明了方向和道路。实际上，开放型经济系统是一个双向循环系统，既有"引进来"又有"走出去"，从这一意义上说，作为深化开放层次的制度型开放同样应该是一个双向循环系统。只不过，不同于商品和要素的"流入""流出"双向循环形式，制度型开放的双向循环在流入上，主要是指对标高标准国际经贸规则，即本质上是通行的高标准国际经贸规则的"引进来"；在流出上，主要是指通过规则、规制、管理、标准等方面的改革和体制机制的优化，不仅能够探索出适应自身经济高质量发展需要的制度设计和制度安排，也能够为完善全球经贸规则贡献中国智慧和中国方案，即本质上是高标准规则的"走出去"，从而能够被国际社会认可和采纳，进而形成通行的国际经贸规则。基于上述理解，未来进一步推动制度开放，深化开放层次，一方面要对标"高标准"，根据国际通行规则建设高标准市场体系，以开放倒逼改革，另一方面要注重系统集成改革，比如扩大服务业开放，不能就服务业领域外资而谈外资，不能就服务业谈服务业，必须从国内国际双循环的角度出发，跳出以往各部门"各自为政"和"单兵突进"式改革和创新的老路，更加注重系统集成改革的协同推进效应，围绕投资、贸易、服务、商务、知识产权等领域，协同海关、金融、发改等部门共同发力，推动系统集成改革，优化体制机制安排，打造国际化、法治化、市场化的一流营商环境。如此才能更好构建形成双循环新发展格局，服务于全面建设中国式现代化的宏伟目标。

第三章

中国发展新阶段的对外开放

改革开放以来，中国的经济发展和社会进步取得了令世界震惊和瞩目的巨大成就。我们可以从不同角度去回顾和总结这一影响世界格局的伟大历史进程。中国人民在中国共产党的领导下，抓住了经济全球化的历史性机遇，毅然决然地全面融入国际分工体系，以开放促改革、以开放促发展，在不断扩大对外开放中寻求发展的机会，在参与国际交换、国际合作和国际竞争中不断增强经济竞争力。实践证明，中国近四十年的发展成就得益于对外开放。一个国家能不能富强，一个民族能不能振兴，最重要的就是看这个国家、这个民族能不能顺应时代潮流，掌握历史前进的主动权。

第一节
中国对外开放的历史进程和伟大成就

关于中国开放型经济发展历程或者说发展阶段的划分，可以从不同的角度或者以不同的标准进行。迄今为止，国内很多学者都作出了有益尝试。了解现有研究对中国开放型经济发展阶段的划分，对于我们更加全面地认识中国开放事业历史进程和伟大成就，无疑大有裨益。

一、中国对外开放的历史进程

以对外开放的重大标志性事件为依据，把中国对外开放大致分为四个阶段：第一阶段，1978—1991年，对外开放的探索性阶段，其重要标志是经济特区的设立和浦东的开发和开放。第二阶段，1992—2001年，全方位对外开放格局的形成阶段，其标志性事件是邓小平同志南方谈话的发表。第三阶段，2002—2007年，中国开放发展的经济国际化阶段，其标志是中国加入了世界贸易组织。第四阶段，2008年至今，中国开放发展的质量提升阶段，其标志是2008年全球经济危机的爆发。

（一）对外开放的探索阶段

与"摸着石头过河"的"渐进式"体制改革相类似，这一阶段的对外开放总体上走的是一条"大胆地试、大胆地闯"（邓小平语）的"渐进式"开放道路，采取的是

"梯度开放"的战略。1980年深圳、珠海、汕头和厦门经济特区的设立,标志着中国对外开放正式起步。之后,从1984年开放大连、秦皇岛、天津、烟台、青岛、连云港、南通、上海、宁波、温州、福州、广州、湛江、北海14个沿海港口城市,再到1988年设立海南经济特区,开辟长三角、珠三角等沿海开放区;从1990年浦东新区的开发和开放,到1991年开放满洲里、丹东、绥芬河、珲春4个北部口岸,及至批准上海外高桥、深圳福田、沙头角、天津港等沿海重要港口设立保税区,对外开放步伐渐次有序推进。

这一时期,中国的对外开放的特点是发展"外向型经济",即改变原来的与世界经济隔绝的封闭式发展模式,充分发挥自身的比较优势,利用发达国家和地区劳动密集型产业外移的机遇,大力吸引外资,发展出口导向的劳动密集型制造业。在开放目标上,主要是解决大多数发展中国家存在的储蓄和外汇的"缺口",以解决国内经济发展资源瓶颈。在开放区域上,以特区、保税区等"点"状开放为主,沿海、沿边推进,基本定位于建立中国和世界相联系的"通道"。在开放政策上,推行的是进口替代和鼓励出口并举的贸易政策。在进口政策上,鼓励引进适用技术,采取各种保护贸易的政策和措施诸如关税、配额等保护国内市场,推动本国工业化进程,实现一般劳动密集型消费品的进口替代;在出口政策上,主要通过奖售、本币低估等措施来扩大出口,以解决国内经济发展外汇紧缺问题,同时改革外汇资源配置制度,实行汇率双轨制,并且于1985年引入出口退税制度,对加工贸易实行特殊优惠政策;在外资政策上,逐步下放外资投资项目审批权,为外资企业提供优惠减免税待遇,改善投资和生产经营环境,并对产品出口型、技术先进型外资企业给予更优惠的待遇。总体来说,这一时期对外开放的最大成就是在沿海(主要是珠江三角洲)发展了"三来一补"型的工业,推动了加工贸易的发展,使中国开始以要素和资源优势融入国际分工体系。

中国的对外开放从一开始就是改革的产物,开放也是改革。中国的对外开放,打破了中国长期存在的高度集权式和行政式的经济管理体制,突破了传统计划经济体制和观念的障碍。中央政府通过兴办一系列的经济特区和沿海开放区进行经济体制改革试点,并通过设立经济特区引入国际通行的经济管理体制和市场运行机制,起着引导国内的体制改革的重要作用。

（二）全方位对外开放格局的形成阶段

1992 年邓小平南方谈话，确立了社会主义市场经济体制的改革方向，中国的对外开放也进入了全面加速推进的时期。1992 年，以上海浦东为龙头，开放芜湖、九江、黄石、武汉、岳阳、重庆 6 个沿江城市和三峡库区，实行沿海开放城市和地区的经济政策。同时开放哈尔滨、长春、呼和浩特、石家庄 4 个边境和沿海地区省会城市，开放珲春、瑞丽、凭祥等 13 个沿边城市，进而开放太原、合肥、成都、西安、银川等 11 个内陆省会城市。2000 年，国家又实施西部大开发战略，对外开放进一步扩大到广大西部地区。至此，中国全方位的对外开放地域格局基本形成。

这一时期，中国的对外开放的特点是发展"开放型经济"，即利用国际国内两种资源、两个市场，加快国内的经济发展。在开放目标上，主要是抓住发达国家先进制造业转移的历史性机遇，建设国际先进制造业加工中心，大力推进中华民族经几代人努力尚未完成的工业化、现代化进程。在开放区域上，由特区到沿海、从沿海到沿江，从沿江到沿边，进而到内陆，实现由点状开放向全国区域全面开放。在开放政策上，引进外资，利用外资带动出口成为出口导向战略实施的重点，主要表现为对外资的政策由管理型转向全面鼓励型，实施了更大力度、配套性更强的外资政策，并鼓励跨国公司在中国市场上进行竞争。各级政府在中央扩大对外开放的政策引导下，为了吸引更多的外资促进本地经济的发展，纷纷出台一系列优惠政策，吸引外国直接投资的流入。"招商引资"，发展开放型经济，成为各级地方政府经济工作的重点。这一时期，中国政府采取了更为开放的外贸政策，逐渐放宽对进口的限制，积极鼓励引进先进技术和其他国际先进生产要素，极大地提高了国内的生产效率，特别是提高了制造业的劳动效率。在出口政策上，实施出口优惠信贷政策，通过税制改革进一步提高出口退税税率，使出口退税成为促进出口的一项最重要的政策措施。1994 年，中国政府开始了以汇率并轨为核心的新一轮外贸体制改革，实行以市场供求为基础的、单一的、有管理的人民币浮动汇率制度，建立银行间外汇市场，改进汇率形成机制，保持合理的、相对稳定的人民币汇率。1996 年 1 月 1 日，中国接受国际货币基金组织（IMF）第八条款规定的义务，实现人民币经常项目下可自由兑换。总体来看，这一时期对外开放的最大成就是成功构筑了承接国际资本产业转移的平台,在中国特别是长江三角洲、珠江三角洲形成了国际先进制造业的加工中心,"中国制造"迅速风靡世界市场,中国工业化的进程以前所未有的速度迅猛发展。

大力发展开放型经济的这一时期,也是中国积极申请"复关"和"入世"的时期。在邓小平同志南方谈话精神指引下,中国加快了市场化改革的步伐,逐渐建立起既符合国际规范又适合中国国情的社会主义市场经济体制,大大促进了中国经济与世界经济的融合。

(三) 中国对外开放的经济国际化阶段

以 2001 年 11 月中国政府在多哈正式签署加入国际贸易组织(WTO)文件为标志,中国的对外开放进入了经济国际化阶段。在这一阶段,中国对外开放出现三个主要转变:中国由有限范围和有限领域内的开放,转变为全方位的开放;由以试点为特征的政策主导下的开放,转变为法律框架下可预见的开放;由单方面为主的自我开放,转变为与世界贸易组织成员之间的相互开放。中国经济全面而深入地融入了国际分工体系。

在加入 WTO 以前,中国的对外开放总体上表现为自主控制下的局部性开放,开放的领域主要集中在生产性投资领域,大部分的服务行业都未对外开放,只是在上海、广州、深圳等少数几个城市进行了开放银行、保险业的试点工作。而在加入WTO 之后,中国的对外开放领域则开始由局部性对外开放转变为全方位的对外开放,服务业成为这一阶段中国对外开放的重点领域,包括电信和金融保险等领域的对外开放力度都在不断扩大。中国加入世贸组织时,在服务贸易市场准入方面作了广泛的承诺。在这个阶段,中国已全面履行了开放服务业的承诺,按世贸组织分类,中国的 100 多个服务贸易部门已向外资开放,贸易、分销、物流、金融、快递、通信、旅游、运输、法律和建筑等服务领域吸引外资以前所未有的速度大幅度增长。开放程度与发达国家的平均开放水平相差无几,有的领域甚至高于一些发达国家。

作为 WTO 正式成员,中国积极遵守 WTO 为国际贸易所指定的被各成员国普遍接受的规则,按照 WTO 非歧视、更自由、可预见、鼓励竞争等原则,逐步削减关税和非关税壁垒,推动商品和服务贸易、投资和金融等领域的自由化,按照多边自由贸易框架的规定开放市场。

在入世后的几年中,中国依据 WTO 规则,不断加大对国内与 WTO 不一致的政策、法律和法规的清理,对国内政府机构和企业进行培训,逐步建立起有中国特色而又符合国际规范的经济贸易体制和宏观经济管理体制。

(四)中国对外开放质量的提升阶段

2008 年全球经济危机以来,中国开放发展的内外部条件都发生了一些变化。外部变化主要表现在三个方面:其一,欧美等发达国家受金融危机重挫,有效需求显著下降,贸易保护增加,全球贸易增长速度放缓。其二,为摆脱危机,欧美国家开始实施再工业化战略,新一代互联网、物联网、生物技术、新能源和高端制备产业正在孕育新一轮科技革命。其三,由于多哈回合谈判进展缓慢,各种双边和区域自由贸易安排正在取代 WTO 成为全球贸易自由化的新驱动力。其四,现有国际经济规则的诸多弊端在经济危机中充分暴露,全球经济秩序进入新一轮重构和调整期。美国等发达国家企图继续主导全球经济规则,但发展中国家希望增加话语权。与此同时,中国开放发展的内部条件也发生了一些变化:第一,中国在全球经济中的地位继续上升。以总量来看,中国已成为全球第一大出口国、第二大进口国、第一大吸收外资国、第三大对外投资国和世界第二大经济体。第二,中国经济增长进入新常态,主要特点是,增长速度从高速转向中高速,发展方式从规模速度型转向质量效率型,经济结构调整从增量扩能为主转向调整存量、做优增量并举,发展动力从主要依靠资源和低成本劳动力等要素投入转向创新驱动。[①]

为适应内外部环境的改变,中国的开放政策在这一时期进行了相应调整。

第一,外资政策更加公平化和法治化。一方面,中国在努力改变过去依靠土地和税收等优惠政策招商引资的做法,为不同所有制企业提供更加公平的竞争环境。2008 年,外资企业和内资企业的企业所得税税率正式统一,外资企业长期享受的超国民待遇彻底结束。另一方面,中国的外资管理更加法治化。长期以来,中国一直以《外商投资产业指导目录》为准对外资进行管理,外商投资项目

---

① 习近平:《在省部级主要领导干部学习贯彻党的十八届五中全会精神专题研讨班上的讲话》,《人民日报》2016 年 1 月 18 日。

分为鼓励、允许、限制和禁止四类,所有外商投资活动需要通过审批并在指定行业和范围内进行。2013 年 9 月,上海市率先公布《中国(上海)自由贸易试验区外商投资准入特别管理措施(负面清单)》,标志着中国首次以负面清单管理替代正面清单管理。在负面清单管理模式下,按照国民经济行业分类列出不予开放的行业和受限商业活动清单,推行"以准入后监督为主,准入前负面清单方式许可管理为辅",变投资项目核准制为备案制(国务院规定对国内投资项目保留核准的除外),合同章程审批改为备案管理。2015 年,广东、天津、福建自由贸易试验区方案通过。负面清单管理模式的实施将有效推动国内投资规则与国际投资新规则的接轨和融合,从而促进中国积极参与并引领国际投资新规则的制定。

第二,外资政策从以"引进来"为主转变为"引进来"与"走出去"并重。坚持引进来和走出去并重,是开放型经济发展到较高阶段的重要特征,也是更好统筹国际国内两个市场、两种资源、两类规则的有效途径。在政策引导方面,国务院2004 年 7 月作出的《关于投资体制改革的决定》改革了项目审批制度,对于企业不使用政府投资建设的项目,一律不再实行审批制,区别不同情况实行核准制和备案制,标志着中国对外投资项目从审批制向核准制(备案制)发生了根本性转变。2009 年发布并于 2014 年修订的《境外投资管理办法》和 2014 年发布并于 2016 年修订的《境外投资项目核准和备案管理办法》进一步大大简化了行政审批程序,将核准制为主推成了备案制为主,为企业走出去提供了更加自由、便利的政策环境。

第三,开放的主动性增强。在过去相当长一段时间之内,中国都是全球经济规则的学习者和适应者,但近年来正在努力参与和推动现有体系的改革。当前运行的国际经济秩序,亦称战后国际经济秩序,于 1944 年在美国布雷顿森林建立。这套秩序在过去 70 多年对世界经济的稳定和发展作出了巨大贡献,但近年来暴露出诸多弊端。欧美等发达国家启动并主导了一系列贸易和投资谈判,其中最主要的有跨太平洋经济战略伙伴关系(TPP)、跨大西洋贸易和投资伙伴关系(TTIP)、多边服务贸易协定(TISA)、美国 2012 年双边投资协定范本(BIT)等。新规则的导向逐渐由边境贸易转向边境后壁垒,如知识产权保护、劳工标准、环境标准、促进竞争政策、国有企业条款、经济立法、市场透明、中小企业发展、金融监管等。中国也逐渐认识到,要在全球竞争中获得更多的利益,必须主动参与全球经济治理体系改革,努力使全球治理体制更加平衡地反映大多数国家的意愿和利益。

在全球经济治理机构这一问题上，中国一方面在寻求对现有机构的改革，例如 IMF 投票份额的重新分配；另一方面也在尝试建立其他机构，例如金砖国家新开发银行、上合组织开发银行、亚洲开发银行和亚洲基础设施投资银行。在国际储备体系改革中，央行行长周小川早在 2009 年便已提出超主权储备货币的设想，近年来中国又在加快人民币国际化的步伐，以使人民币成为国际储备货币之一。在国际贸易体系改革中，中国一面在多哈回合的谈判中发挥更大的作用，一面也在通过区域全面经济伙伴关系（RECP）和亚太自由贸易区（FTAAP）等区域贸易协定对 WTO 的现有规则作出尝试性的改进。

从发展出口导向的外向型经济到全面引进国际先进生产要素发展开放型经济，进而到实现"双向开放"，全面融入国际分工体系的经济国际化，经过 30 年改革开放的艰辛探索，中国实现了由封闭经济向开放经济，由计划经济向社会主义市场经济的历史性转变。在改革开放的推动下，中国总体上实现了中华民族几千年的"小康"社会的梦想，正在向着全面建成小康社会和实现基本现代化的宏伟目标迈进。

二、 中国对外开放的伟大成就

改革开放 30 年来，中国开放型经济飞速发展。1978 年，中国的国内总产值（GDP）只占全球的 1.8％，但 2014 年大幅上升至 12％，成为仅次于美国的世界第二大经济体。[①] 1978 年，中国是全球最贫穷的国家之一，当时的人均 GDP 仅相当于美国的 1/40、巴西的 1/10、撒哈拉以南非洲国家的 1/3。如今，经历 30 多年的追赶之后，中国已成功进入中等收入国家行列，当前的人均 GDP 已达到美国的 1/5，和巴西持平，是撒哈拉以南非洲国家的 3 倍。1978 年，中国的第一产业占比高达 28.2％，2014 年下降至 9.2％。1978 年，中国有 80％的人生活在农村，但 2014 年这一比例下降到 46％。接下来，我们从对外贸易、外商投资和对外投资、开放对中国经济的贡献、开放对世界经济的贡献四个方面来简要总结中国开放发展的成就。

（一）对外贸易

从新中国成立到改革开放以前，中国基本处于封闭半封闭阶段，对外贸易始终

---

① 根据世界银行、国际货币基金组织的报告，2023 年 10 月按照购买力评价指数，大陆超过美国，变成全世界最大的经济体。

处于低水平。1978年改革开放以后,开放水平不断提升,对外贸易迅速发展。如图3-1所示,从1978年到2022年,中国的货物出口总额从9750百万美元增加至3593601百万美元,进口总额从10890百万美元增加至2715998百万美元,年均增长率分别高达14.03%和13.04%,远高于全球平均增长率。自2009年开始,中国已连续14年成为世界货物贸易第一大出口国。外贸的快速发展积累了大量外汇储备。改革开放之前,中国的外汇储备一直处于短缺的状态。改革开放以来,随着出口规模迅速扩大,外贸顺差也大幅增加。1978年,中国的贸易顺差是-11.4亿美元,1995年贸易顺差首次突破百亿美元大关,达到167亿美元,2022年增加到877602百万美元。从2008年开始,中国已连续15年成为全球外汇储备第一大国。

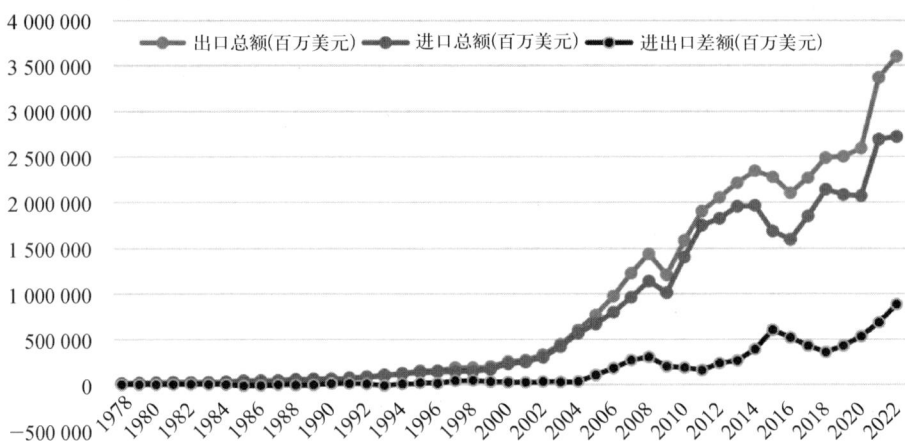

图3-1 1978—2022年中国进、出口及其差额

数据来源:中国国家统计局

在进出口额快速增长的同时,中国进出口结构也不断优化。改革开放以前,中国出口以初级产品为主,进口则以机器设备等生产资料为主。改革开放以来,中国的出口结构经历了三次转型,20世纪80年代从初级产品向纺织品转变,90年代从轻纺产品向机电产品转变,2001年加入世贸组织以来以电子和信息技术为代表的高新技术产品出口比重不断增加。根据Hausmann等[1]和Schott[2]的测算,改革开放之后中国出口复杂度迅速上升,与发达国家的出口相似度越来越

① Hausmann R., Hwang J., Rodrik D., "Why Your Export Matters", *Journal of Economic Growth*, 2006, 12(1): pp. 1-25.

② Schott, P. K., "The Relative Sophistication of Chinese Exports", *Economic Policy*, 2008, 23(53).

大。与出口结构一样,中国进口结构也在不断提升。20 世纪 80 年代进口以原材料和机械设备为主,90 年代以机电产品为主,2001 年加入世界贸易组织后高新技术产品进口比例增加。

中国的货物贸易方式不断创新。改革开放之前,中国的贸易方式以易货贸易和现汇贸易为主。改革开放以后,中国在一般贸易的基础上,采用了来料加工、来样加工、来件装配、补偿贸易和进料加工等多种贸易方式。在各种贸易方式中,加工贸易的发展尤为突出。1981 年加工贸易只占中国进出口总值的 6%,此后迅速上升,1998—2007 年期间一度保持在 50% 左右。2007 年之后,中国开始加快贸易转型升级,加工贸易比例下降。

中国的贸易伙伴也不断多元化。在新中国成立的相当长一段时间内,中国的主要贸易伙伴都是苏联、东欧及亚洲社会主义国家。从 1952 年到 20 世纪 50 年代末,中国同这些国家的贸易占贸易总额的比例都在 70% 以上。20 世纪 80 年代末提出"市场多元化"战略之后,中国的对外贸易伙伴开始不断增加,目前已遍及世界 220 多个国家和地区。

图 3-2 2005—2022 年中国与全球服务出口及其占比

和货物贸易相比,中国服务贸易发展相对滞后,但自 2001 年底加入 WTO 以后,服务贸易发展速度加快。2005 年中国服务贸易出口总额为 784 亿美元,占世界服务贸易出口总额的 2.91%,2022 年达到 4240 亿美元,占世界服务贸易出口总额的 5.95%。从服务贸易结构来看,旅游、运输和建筑三大传统服务仍然占据服务贸易的半壁江山,但金融、通讯、计算机和信息等高附加值新兴服务贸易近年来增长迅猛。

(二) 外商投资和对外投资

中国开放发展的另一伟大成就表现在外商投资和对外投资。改革开放最初几年,中国利用外资的主要形式是对外借款,特征是规模小数量低。直到 20 世纪 90 年代之前,中国吸引外资都处于低水平。1992 年春邓小平南方谈话之后,中央确立了积极合理有效利用外资的方针,吸收外资进入高速发展时期。从 1992 年到 2000 年,外商直接投资从 110.1 亿美元增加到 407.2 亿美元。2001 年中国加入世贸组织之后,中国利用外资进入第二个高速增长阶段。2022 年中国吸引外商直接投资 1891 亿美元,比 1982 年增长了 439 倍。自 1992 年以来中国一直是世界吸收外资最多的发展中国家,2014 年一举超越美国成为全球吸引外资最多的国家。

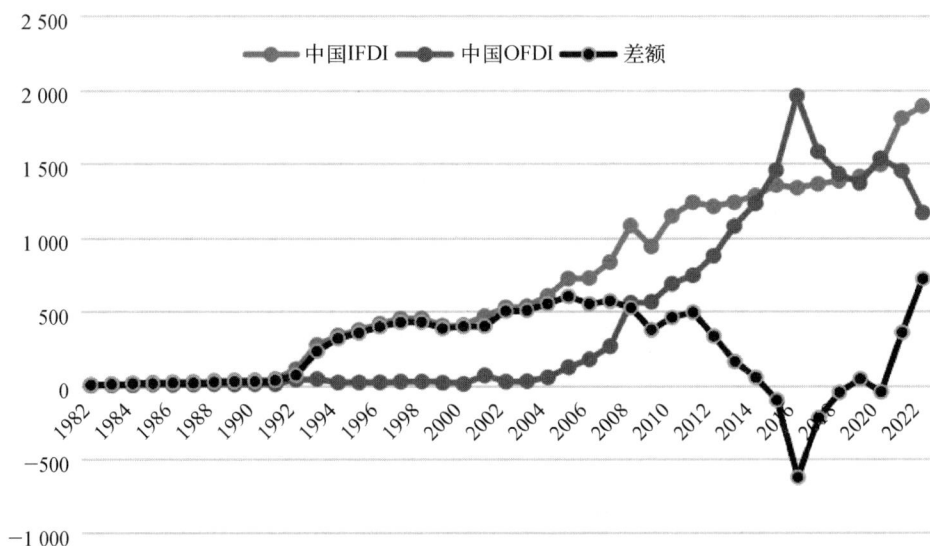

图 3 - 3 1982—2022 年中国的外商直接投资和对外直接投资

数据来源:国家统计局。

近几年,外商投资产业结构正在变得更加平衡。在中国加入 WTO 之前,外商主要集中在制造业和房地产两个行业。随着中国服务业扩大开放,商业、外贸、电信、金融、保险等服务业正逐渐成为外商投资的新热点。从 2011 年开始,服务业利用外资比重已连续 12 年超过制造业。随着中国产业结构的升级,外商在制造业的投资也开始从低端制造业转向高端制造业,从价值链低端攀升至价值链中高端,研发中心、集成电路、计算机和通信产品等高技术项目明显增加。

此外,外资的来源地分布和外资在中国的地区分布也变得更加分散。中国香港、中国台湾、日本和韩国等东亚国家和地区仍然是对华投资的主力,但来自欧盟等发达国家的投资近年来也有明显增加。目前,全球已有 200 多个国家和地区在华投资。东部地区仍然是外商在华投资的主要目的地,但随着西部大开发、中部崛起等战略的实施,中西部地区吸引外资的规模和比例也显著增加。

与外商投资相比,中国的对外投资起步更晚。在 2004 年之前,中国的对外投资规模都非常小。2004 年之后,中国企业开始加快“走出去”的步伐。2004年,国家对外商投资的管理方式由审批制改为核准制和备案制,当年中国的对外直接投资即从 28.6 亿美元增加到 55.0 亿美元。从 2004 年到 2022 年,中国的对外直接投资规模增加了 21.26 倍,年均增长率高达 18.51%。2022 年,中国的对外直接投资达到 1169 亿美元。虽然中国“走出去”比“引进来”开始得更晚,但由于近几年的快速发展,对外投资规模部分年份已经超过外商投资规模。比如在图 3-3 的样本期间内,2016 年、2018 年和 2020 年中国对外直接投资额均超过了利用外资额。除了规模增加,中国企业的对外投资形式也逐步多样化,由单一的绿地投资向跨国并购、参股、境外上市等多种方式扩展,跨国并购已经成为对外投资的重要方式。

中国企业的对外投资领域也不断拓宽,对外投资层次和水平不断提升。资源、电信及石油化工等行业成为中国对外投资的主要领域,金融业也成为继采掘业、制造业和商务服务业之后又一对外投资的重要领域。一批境外研发中心、工业产业集聚区逐步建立,境外经济贸易合作区域建设取得重要进展。

（三）开放对中国经济的影响

对外开放一方面促进了国内经济的快速发展,一方面加强了中国同世界经济的联系,从而对中国式现代化建设具有积极的推动作用。从 1978 年到 2022 年,中国的 GDP 从 3678.7 亿元人民币增长至 1197250 亿元人民币,年均增长 14.76%,[①]创下了举世瞩目的中国奇迹。在其中,外贸和外资发挥了巨大作用。根据林毅夫和李永军以及沈利生和吴振宇的估计,中国出口每增长 10% 能推动 GDP 增长 1%。[②] 根据姚树洁等的研究,技术进步对中国经济增长的贡献率达 3.5%—4.3%;在总的技术进步中,外商直接投资的贡献高达 30%。[③]

从微观层面看,外贸对中国经济的贡献可以概括为以下几方面:第一,出口企业在同外国生产者和消费者的互动过程中学习到先进的知识和技术,提升了生产率。[④] 第二,进口为生产企业带来更多样化和更高质量的中间投入。[⑤] 在改革开放初期,机电产品进口对加快中国企业技术改造步伐、促进产业结构升级发挥了重要作用。第三,进口加剧了企业在中间品和最终产品市场面对的竞争,促进了资源优化再配置。Kee 和 Tang 的研究发现,2000 年前后的贸易自由化和外资开放政策使得中国企业在中间投入部门的竞争力显著提升,进而导致本国生产的中间投入对进口中间投入的替代性增强,出口增加值提高。[⑥]

外商投资的作用主要包括:第一,外国资本在改革开放初期弥补了中国经济发展中资金的短缺,并且为中国创造了大量税收。第二,外资为中国本土企业带来前沿技术和先进的管理经验,也就是学术界通常讲的水平溢出效应。新技术的研发和应用往往需要大规模的资金和时间投入,中国企业在改革开放的初期没有足够的资金开展研发活动,引进和学习外国企业的成熟技术是快速获得生产能力的最佳途径。通过吸收外资,中国引进了一大批国外先进技术、设备和管理经验,填补了国内部分高新技术领域的空白,促进了国内的产业升级和机构调整。在全国高技术产业研发经费、新产品开发经费和产值中,外商投资企业所占

① 数据来源于世界银行,GDP 以 2000 年美元不变价格衡量。
② 林毅夫、李永军:《出口与中国的经济增长:需求导向的分析》,《经济学季刊》2003 年第 4 期;沈利生、吴振宇:《出口对中国 GDP 增长的贡献——基于投入产出表的实证分析》,《经济研究》2003 年第 11 期。
③ 姚树洁、冯根福、韦开蕾:《外商直接投资和经济增长的关系研究》,《经济研究》2006 年第 12 期。
④ 余淼杰:《中国的贸易自由化与制造业企业生产率》,《经济研究》2010 年第 12 期。
⑤ 余淼杰、李晋:《进口类型、行业差异化程度与企业生产率提升》,《经济研究》2015 年第 8 期。
⑥ Kee, H. L. and Tang, H., "Domestic Value Added in Exports: Theory and Firm Evidence from China", *American Economic Review*, 2016 Forthcoming.

比重分别从 2002 年的 32.6%、33.1% 和 61.3%，提高到 2006 年的 44.2%、45.4% 和 72.1%。目前，中国已设立的各种形式的外商投资研发中心超过 1200 家，研发的层次由低向高快速提升，从事基础研发的研发中心越来越多。第三，外国企业进入国内市场，加剧了国内企业优胜劣汰的过程，优化了国内劳动力、资本和土地等资源的配置效率。第四，外资通过产业前向关联和后向关联，间接促进了中国本土企业的效率提升。前向关联主要表现在外资企业促使其上游供应商改进生产效率；后向关联主要表现在外资企业为下游企业提供了成本更低、种类更多、质量更高的中间投入。第五，外资促进了中国对外贸易的发展，将中国的劳动力潜在比较优势充分发挥出来，为中国参与全球生产分工创造了条件。近来的研究更发现，在外资的直接和间接作用下，中国对外贸易不仅实现了量的增长，而且获得了质的提高。[①]

对外投资的作用体现在：第一，对外投资弥补了国内资源的不足。随着中国经济规模的扩大以及国际原材料价格的上涨，国内资源短缺的矛盾开始显现。到海外寻求石油、天然气和木材等原料，可以在一定程度上解决资源短缺问题。第二，对外投资对缓解人民币升值压力和减少贸易摩擦有一定帮助。贸易顺差的大量积累给人民币升值带来了巨大的压力，也使得中国成为世界贸易摩擦的主要对象国。以对外直接投资替代出口的方式进入东道国市场，能够减少人民币升值压力和贸易摩擦数量。第三，对外投资可以反过来促进中国本土企业的技术水平提升，也就是所谓的逆向技术溢出效应。中国企业普遍缺乏的是品牌、营销能力和专有技术等专有资产。通过海外投资，国内企业可以快速获得这些资产。海尔收购 IBM 个人电脑业务、吉利收购沃尔沃、华为和格兰仕在国外建立研发中心，都是近年来企业通过"走出去"获得技术提升的成功案例。对外投资使中国企业不断参与国际竞争与合作，通过国际化经营，企业逐渐发展壮大，国际竞争力得到极大增强。

（四）开放对世界经济的影响

中国的开放不仅促进了中国经济增长，而且为全球经济繁荣和稳定作出了

[①] Wang Z. and Wei S-J., "What Accounts for the Rising Sophistication of China's Exports?", *China's Growing Role in World Trade*, Chicago：University of Chicago Press, 2010.

巨大贡献。根据国务院发展研究中心的估计,在 1980—2022 年期间,中国对世界 GDP 增长的贡献率高达 13.4%。尤其是在国际金融危机爆发后的几年中,中国经济对全球经济增长的贡献率迅速上升,对带动世界经济走向复苏发挥了重要作用。同期,中国对世界经济增长的贡献率超过美国成为全球第一。在短短 42 年内,中国使全球贫困人口减少了 20%。财政部、国务院发展研究中心与世界银行联合开展研究的《中国减贫四十年:驱动力量、借鉴意义和未来政策方向》显示,过去 40 年来,按照世界银行每人每天 1.9 美元的绝对贫困标准,中国贫困人口减少了大约 8 亿,占同期全球减贫人口的 75%。2021 年,中国宣布现行贫困标准下农村贫困人口全部脱贫,历史性地解决了绝对贫困问题,全面建成了小康社会。

中国发展对全球经济增长的贡献主要表现在以下几方面:第一,中国十几亿劳动力参与全球生产分工,使得全球消费品品类增加,价格下降,消费者福利显著提升。第二,中国制造所带来的竞争为发达国家的产业升级增加了外部动力,也提高了其资源配置效率。第三,中国融入全球价值链,促进了全球分工深化。过去数十年,东亚区域形成了独特的三角贸易模式:处于价值链上游的日本向韩国和中国台湾等地提供先进技术和资本,韩国和中国台湾利用这些技术和资本生产中间品并将其出口到中国和其他东南亚国家和地区,处在价值链下游的中国和东南亚国家和地区将中间品组装好之后再出口到全球各地。这一分工模式极大地促进了东亚地区的贸易增长,进而拉动了整个地区的经济增长。第四,中国在开放发展中对原材料、中间投入以及最终消费品的巨大需求也为全球的生产企业创造了机会。第五,中国企业的对外直接投资对东道国的经济发展带来了帮助。2019 年中国对外直接投资覆盖全球 188 个国家和地区,中国境外企业向投资所在国缴纳的各种税金总额达 560 亿美元,雇用外方员工 226.6 万人。

中国发展对全球经济稳定的贡献则主要表现在:第一,中国的廉价产品有效控制了全球通胀和全球价格波动。杨继军和范从来的研究发现,全球价值链中的"中国制造"显著抑制了各国产出增长率波动,并降低了发达国家物价水平波动,使全球增长维系在"高水平、低波动"区制。[1] 第二,中国的发展为全球抵御经济危机增添了力量。在 1998 年东南亚经济危机和 2008 年全球经济危机中,中国的表现都彰显了其大国风范。在 1998 年东南亚经济危机中,当周边各国都在竞争性贬值其货币时,中国政府坚定承诺人民币不贬值,有效阻止了经济情势的进一步恶化,并且带动了危机国家的复苏。在 2008 年全球经济危机中,当全球陷入萧条、贸易保护主义开始抬头时,中国率先投入 4 万亿,通过积极的财政政策拉动了世界经济的复苏。

第二节
中国开放发展的基本经验

在许多人看来,经济全球化的收益是不言而喻的,经济开放和分工深化以及由此所引发的规模经济和技术进步能够提高整个社会的福利水平。但众多全球化中失败者的历史教训告诉我们,必须谨慎地对待全球化。总结中国对外开放近 40 年的经验,至少有几点值得我们关注。

一、 开放带来进步,封闭必然落后

习近平总书记反复强调开放的重要性,指出"开放带来进步,封闭必然落后"。[2] 无论是中国的经验还是世界范围的数据都表明,在当代全球化的环境下,对外开放是获得发展的前提,闭关锁国一定导致落后。国际货币基金组织的研究也证实了这一点,它指出:"在过去几十年中顺应全球一体化潮流、追求有纪律约束的宏观经济政策的国家,很有希望踏上与发达国家趋同之路。相反,没有顺应这种潮流的国家将面临在世界贸易中份额日趋减少、私人资本流入日益枯竭并且相对被甩到后面的困境。"[3]

---

[1] 杨继军、范从来:《中国制造》对全球经济"大稳健"的影响——基于价值链的实证检验》,《中国社会科学》2015年第 10 期。

[2] 习近平:《坚守初心　共促发展　开启亚太合作新篇章》,《人民日报》2022 年 11 月 18 日第二版。

[3] IMF, The May 1997 World Economic Outlook, p72, http://www.imf.org/external/pubs/weomay/weocon.htm, 2008 - 5 - 1.

然而,开放只是给发展中国家提供了发展的机会,并不意味着发展中国家一定能在全球化中获得发展成果。对许多发展中国家来说,如果没有做好恰当的准备,开放带来的更可能是陷入"全球化陷阱"之中。国际货币基金组织针对108个发展中国家(含亚洲新兴工业化国家)的研究证明了这一点。在以年人均收入确定的5个发展中国家组中,从1965年到1995年,最低收入组从52个国家扩大到84个,中低等收入组和中等收入组中的国家数目迅速减少,分别从34个和15个减少为17个和4个,并且这种变化主要是从20世纪80年代初起发生。① 显然,绝大多数发展中国家在1965年到1995年期间停留或者跌入到最低收入组,它们是全球化进程中的失败者。

二、 正确的开放时序至关重要

那么,为什么有些发展中国家(如中国和新兴工业化国家)通过参与全球化能够获得令人诧异的经济发展成就,而大部分全球化进程中的失败者(如大部分非洲国家)也同样积极地参与到全球化进程中,甚至在某些方面比那些成功的国家做得更好,②却仍然不能获得经济发展,甚至与发达国家的差距越拉越大? 一个流行的假说是这些失败的国家缺乏完善的市场机制和有效的制度。然而20世纪70年代以来转型国家的发展实践否定了这一假设,以建立有效的市场机制为导向的东欧国家的"休克疗法"失败了,而被大多数经济学家认为实施了一个糟糕的制度安排的中国渐进性改革却成功了。③ 那么什么样的条件能够保证在全球化中获得经济发展? 中国的经验表明,稳定的政治环境、正确的开放战略、集聚先进要素的能力至关重要。

参与全球化并不意味着需要急速地开放市场实行自由贸易,也并不意味着

---

① IMF, The May 1997 World Economic Outlook, p79, http://www.imf.org/external/pubs/weomay/weocon.htm, 2008 - 5 - 1.

② David Bevan 等的研究表明,大多数发展中国家,特别是问题最多的非洲国家,是高度开放的。 参见 David Bevan, Fiscal Implications of Trade Liberalization, *IMF Working Paper* No. 95/50,1995。

③ 根据林毅夫的总结,东欧国家的"休克疗法"包含三方面内容,即价格完全放开,由市场来决定;全面、大规模、快速地实现私有化;消除财政赤字,维持宏观经济的稳定。 这三项是西方主流经济理论所认为的一个有效的经济体系的最基本内容。 而大多数经济学家认为,中国改革过程中实行的双轨制会导致配置效率的损失、寻租行为、国家机会主义的制度化等,是一个最糟糕的制度安排。

需要立刻放松经常项目的可兑换性和资本项目的管制。因为,试图一步跳进自由贸易和全球化的汪洋大海,必然引起那些没有自生能力的制造业大范围破产,经济的崩溃和社会的动荡也就不可避免。1990 年东德和波兰的经历充分地证实了这一点。正如麦金农所指出的:"经济自由化有一个'最佳'的顺序,由于各个国家最初的国情不同,因此这种顺序可能依国家的不同而各异。"[①]但对发展中国家和转型国家而言,在融入全球化的过程中,稳步并有次序地走向商品和劳务的自由贸易,渐进性地放松金融管制,渐进性地实现经常项目可兑换性和资本项目开放至关重要。决定这种开放次序和进度的关键变量应是该国承受全球化冲击的能力,其中应以一国承受全球化冲击的总体能力决定该国的总体开放度,以各部门承受国际竞争的能力决定开放次序。

三、 在现有体系和规则中谋求最大化的收益

一个常见的批评是,现有的国际规则和国际经济秩序是以维护发达国家垄断资本利益为出发点,是不平等的,它使发展中国家处于依附、利益受损的状态,并束缚了这些国家的经济发展。因此,广大发展中国家强烈要求改革现有不公正、不合理的国际经济秩序,建立公正、合理的国际经济新秩序。对此我们有以下几点认识。

第一,稳定的国际规则和国际经济秩序是世界各个国家的共同利益。一战和二战之间的那段历史给了我们负面的证据。1919 年至 1939 年期间,主要工业国对世界霸主宝座的争夺使得国际规则处于极度混乱的状态,由此所导致的是国际贸易规模的极度萎缩、国际金融体系的崩溃以及相互间的以邻为壑。第二次世界大战则是这种混乱和不稳定的总结。

第二,在现有的体系之外人为地重新建立一套规则和秩序缺乏可能性和生命力。从二战结束到冷战结束这一段历史间,国际存在着两个平行市场和两套国际规则。以美国为主导的西方规则有着较深的历史渊源,是通过较长时期的国家博弈和市场博弈内生而成的。而以苏联为主导的社会主义阵营,人为地建起一套基于计划经济体制的国际分工模式和规则,由于其依托于苏联的霸权和

[①] [美]麦金农:《经济自由化的顺序》,中国金融出版社 1993 年版,第 4 页。

扭曲的价格体系,结果随着冷战的结束而崩溃。因此,必须承认的是,现存的规则是有生命力的,能够在主流国家经济和政治强权的作用下,维持相当一段时间,并处于相对稳定状态。

第三,对现有的国际经济秩序只能是合理的"扬弃",在容忍的前提下加以改造,而不是对现存的经济秩序进行挑战和全盘否定。由于国际规则的形成是各参与国之间相互博弈的结果,而博弈中话语权的大小又取决于参与国包含经济实力和非经济实力在内的综合国力大小,这种"丛林法则"使得只有少数国家(霸主)能够主导规则的制定,并使得国际规则呈现出"非中性"的特征。但是,国际规则向霸主国家的偏向程度,不仅取决于霸主的实力,也取决于参与规则制定博弈的广大发展中国家的实力,发展中国家能够通过发展和合作提高谈判能力。

四、 在开放中实现互利共赢

互利共赢是中国对外开放中一贯奉行的准则,也是中国取得对外开放成功的关键。在全球化趋势加快发展的新形势下,世界各国已经进入广泛交流合作的时代。经济全球化下国与国的关系是既相互竞争又相互依赖的,竞争是表象,而依赖是核心,在竞争中相互依赖,在相互依赖中激烈竞争,这使得由经济全球化和广泛的经济合作带来的相互依赖关系已成为国际经济关系的最重要形式,各种双边、多边的经济合作已成为国与国之间经济关系的中心内容,互利共赢是实现世界各国和谐共存的唯一途径。

第一,国际贸易是互有进出口的贸易,国际贸易中的竞争不是绝对竞争,而是相对竞争。世界贸易组织(WTO)中的公平竞争也强调要给各个国家的厂商以竞争的机会。在国际贸易中任何一方都不应该将对方变成自己的产品销售市场或原材料供应市场。同时,在全球化条件下,各国经济日益融合,一国在对外贸易中,除了要考虑到对方的利益外,还要考虑到其他与本国存在竞争关系的国家厂商的利益。因此,在国际贸易中不能单纯从本国出发,追求贸易利益的最大化,而应该着眼外贸的长久可持续发展,追求互利共赢。

第二,从经济学角度讲,对外开放给发展中国家弥补国内资本、技术等生产要素缺口,利用后发优势迅速地实现产业升级、技术进步和制度创新,创造了巨大机会,但同时这些进步也不可避免地需要一定的代价。在当前对外开放成本不断增加的形势下,实施互利共赢开放战略有着充分的客观必要性。单纯的出口导向的贸易发展观不能给发展中国家带来长期稳定发展,必须使进口和出口相协调,外贸政策和外资政策相协调,外资政策和产业政策相协调。

第三,经济学理论虽然早已论证了经济全球化使各国受益的可能,但对于全球化的利益分配问题一直以来存在着较大的分歧。按照传统的国际分工和国际贸易理论,由于发展中国家的产业竞争力低下,开展自由贸易虽然也能给发展中国家带来一些"比较利益",但在总体上,对于发达工业化国家更为有利。而在国际分工由产业间分工向产业内分工,进而向产品内分工发展的过程中,要素流动成为新一轮全球化的本质特征,由此引发的产业转移给具备基本发展条件的发展中国家带来了发展的机遇。新兴市场国家通过低成本优势在越来越多的生产部门和领域对发达国家形成强大的竞争压力,引发了剧烈的贸易摩擦,发达国家内外部不平衡加剧了社会内部的分化和不同阶层之间的利益冲突。互利共赢的开放战略可以通过国际合作寻求利益的最大化和争议的最小化,将贸易摩擦控制在可承受的范围,从而实现经济全球化由"零和博弈"向"正和博弈"的转变。

五、 统筹国内发展和对外开放

统筹国内发展与对外开放,是中国过去改革开放的历史经验总结,也是未来改革开放进一步深化发展的必然要求。加入世界贸易组织以后,中国国内市场与国际市场的联系更为紧密,国内经济与国际经济的互动性明显增强。新的开放格局既对中国国内经济发展提出了新的挑战,又带来了可以利用国际环境加快发展的良好机遇。

统筹国内发展和对外开放的实质,就是要用全球战略眼光来考虑中国长远发展问题,抓住战略机遇期,在对外开放中求得发展,在不断发展中扩大开放,充分利用国际国内两个市场、两种资源,拓展经济发展空间,增强国际竞争力推动经济社会和人的全面发展。就是要努力从国际国内形势的相互联系中把握发展方向,从国际国内条件的相互转化中用好发展机遇,从国际国内资源的优势互补中创造发展条件,从国际国内因素的综合作用中掌握发展全局。

统筹国内发展和对外开放，就是要通过对外开放和自主创新的结合，把引进和开发、创新结合起来，形成自己的优势，切实提高整体科技水平，促进经济结构调整、发展方式转变，实现中国经济的又好又快发展。一方面要积极引进国外适用先进技术，通过技术引进提升中国相关产业的技术水平，并带动产业结构的调整和升级；另一方面要切实提高自主创新水平，加快建设国家创新体系，建设创新型国家。

第三节
从比较优势到竞争优势：现代化建设阶段的开放发展

习近平总书记在 2016 年第十六次全面深化改革领导小组会议上明确提出：加快形成有利于培育新的比较优势和竞争优势的制度安排。所谓新的比较优势，也就是竞争优势。它不是建立在原来的资源禀赋的比较优势基础上，而是在创新驱动基础上所产生的核心技术的竞争优势。这就是习近平总书记所讲的："国际经济竞争甚至综合国力竞争，说到底就是创新能力的竞争。谁能在创新上下先手棋，谁就能掌握主动。"[1]

中国成为世界第二大经济体后，尤其是进入全面建设中国式现代化新阶段后，作为世界经济大国，面临着向世界经济强国提升的历史性任务。其中首要的任务就是由制造业大国提升为制造业强国，这时候我们参与全球化经济，要尽快缩短与发达国家的经济技术差距；全面建设现代化要求我们必须构筑竞争优势。

一、资源禀赋的比较优势

最一般地说，国际交换之所以必要，是因为存在国际分工，国际分工使得各个国家专业化地生产最适合本国生产的产品，通过国际贸易可使贸易双方获得更大的福利。

最早的比较优势理论是古典学派李嘉图（Ricardo）在 19 世纪所说的比较成本理论：不同国家生产不同产品存在着劳动生产率的差异或成本的差异，各国分

---

[1] 中共中央文献研究室编：《习近平关于社会主义经济建设论述摘编》，中央文献出版社 2017 年版，第 125 页。

工生产各自具有相对优势(劳动生产率较高或成本较低)的产品,尽管一个国家(一般是落后国家)具有相对优势的产品的成本可能会高于另一国家(一般是发达国家)同一产品的成本。

对近现代国际贸易影响最大的是赫克歇尔(Heckscher)在 1919 年、俄林(Ohlin)在 1933 年所说的资源禀赋(简称 H-O 模型)。资源禀赋学说是指,各个国家的资源禀赋存在差异,有的劳动资源丰富,有的自然资源丰富,有的资本资源丰富。各个国家分工生产使用本国最丰富的生产要素的产品,经过国际贸易,各国获得最大的福利。

比较优势理论的基本思路是,发达国家有资本和技术的优势,发展中国家有劳动力和自然资源丰富的优势,因此发达国家生产和出口资本和技术密集型产品,发展中国家生产和出口劳动和自然资源密集型产品,大家都能得到贸易利益。

按比较优势理论,我国作为发展中大国,相对于发达国家,资本、技术和产业都处于劣势,只有劳动力和自然资源(特别是土地和环境)有比较优势,因此我国的对外开放按这种比较优势来推进。在贸易结构上,致力于劳动密集、资源密集和高能源消耗、高排放产品的生产和出口。在引进和利用国际资源上,以廉价的劳动力和土地资源为条件引进外资。外商投资企业进入我国的环节在产业链上基本上属于劳动和资源密集环节,以及需要利用环境资源的生产。应该说,这种开放战略在发展的初期阶段是成功的。否则,我国不可能进入全球化经济,不可能利用国际资源和国际市场在较短的时间内实现跨越式发展。问题是这种建立在比较优势基础上的开放战略不能长期化,这里既有国际市场的外部原因,也有我国自身发展的内部原因。[①]

二、 比较优势贸易结构不可持续

目前中国的国际分工和出口结构可以用传统的比较利益理论来说明。我国初期的资源禀赋的比较优势结构主要是指直接出口资源密集型产品或劳动密集型产品。近年来,随着中国经济增长和开放型经济的深入,中国的贸易结构开始

---

① 洪银兴、任保平:《新时代发展经济学》,高等教育出版社 2019 年版,第 227—231 页。

升级，尤其是技术含量高、加工程度深、附加值较大的高新技术机电产品出口所占比重有明显提升。但是，目前的出口结构仍然依靠资源禀赋的比较优势，主要形式是依靠加工贸易出口工业品。所谓加工贸易，是指企业从国外进口原材料、零部件，在本国加工后再出口，赚取其中的附加值，即来料加工、来图加工、来料装配。这种加工贸易实际上仍然是利用中国的劳动力资源、土地资源和环境资源出口。

加工贸易形式的国际贸易结构基本上实现了劳动密集型产品对初级产品的替代。这种替代能够发挥我国劳动力资源丰富的优势，同时也有利于增加就业机会，从而缓解沉重的就业压力。更为重要的是加工贸易的技术溢出效应为我国的企业提供了学习效应。但是，建立在加工贸易基础上的贸易结构所取得的出口效益并不高。加工贸易是以引进的国际资源来利用我国低工资的劳动力和廉价的自然资源（尤其是土地和环境），即使是生产和出口的高科技产品，外商投资企业在我国的生产环节也主要是劳动和资源密集的环节，核心技术和关键技术不在我国，是国外提供的，我国企业附加的只是劳动价值，严格地说仍然是劳动密集型产品出口。因此，虽然我国的出口产品数量大，但附加值不高。据估计许多加工贸易出口收入中有 70% 是支付给进口品的。有许多出品看起来是高科技产品（如电脑），但在我国基本上是使用劳动力的加工组装环节。特别是近年来出现了"加薪潮"，再加上我国开始实施更有保障的劳工权益，部分外商投资企业的"资"难以为继。在这种条件下，开放型经济难继续建立在低劳动成本和充裕劳动力的基础上，更不能长期在国内生产利用环境资源的出口品。这些都意味着，开放经济的基础需要提升，要改变经济的廉价劳动力和自然资源的基础，以自主创新的技术替代进口中间品，以扩大附加价值。在此基础上，一般性贸易所占比重近年来超过加工贸易的比重，意味着出口效益的提高。所谓一般贸易是指中国境内有进出口经营权的企业单边进口或单边出口的贸易，按一般贸易交易方式进出口的货物即为一般贸易货物。简单地说，也就是在国内购买原材料加工后出口。

2008 年暴发的世界金融危机重创了出口需求，尤其令劳动密集型产品的国际市场需求比重下降，同时也推动了西方发达国家产业结构的转型。如美国的再工业化,其方向除了发展新兴产业外,劳动密集型产业也受到了重视。为解决就业问题,即使是技术和资金有比较优势的发达国家也要发展劳动密集型产业,提供就业岗位。它们一方面以各种壁垒阻碍国外劳动密集型产品进入,另一方面依靠其资本和技术的优势提升劳动密集型产业,以在竞争中挤压发展中国家的劳动密集型产品出口。由此,我国的劳动密集型产品的国际市场环境和贸易条件更为恶劣,这就使我国长期实施的以劳动作为比较优势的出口战略难以为继。

国际市场需求下降,反映出相当数量的出口品确实存在国际产能过剩的问题。这意味着,即使世界经济复苏了,相当多出口品仍然可能没有市场。与此同时,国际贸易摩擦日益频繁,这也反映在各个国家保护主义的抬头上。这样,对我国的挑战就不仅是劳动密集型产品出口收益低,还有保护主义的抵制。面对这些摩擦,我们的出口产品需要升级,唯有增加出口产品的科技含量,才能减少国际贸易摩擦。

特别要注意的是,伴随持续40多年的快速发展,劳动、土地等资源不可能无限供给,其价格上涨也是必然的。随着人民生活水平的提高和对健康要求的提高,发展项目的生态和环境约束也更为严格。这意味着相比其他发展中国家,我国的劳动和自然资源的比较优势正在失去。许多以利用我国劳动力、土地和环境为主要取向的外资企业开始向其他国家转移就是证明。

就我国自身发展的要求来说,中国制造业出口品的全球份额与出口品中中国附加价值的份额是很不相称的。中国成为世界第二大经济体后,作为世界经济大国面临着向世界经济强国提升的历史性任务。其中首要的任务就是由制造业大国提升为制造业强国。这时候我们参与全球化经济就不能只是谋求贸易利益,还要尽快缩短与发达国家的经济技术差距。比较优势虽然能扩大出口,但会冻结我们和发达国家的差距,不利于现代化建设中的高质量发展的现实需要。只有谋求竞争优势才能缩短与发达国家的差距。

首先,随着经济全球化发展,生产要素、资源可以在国际流动,在新技术革命浪潮推动下,资源、劳动可以被资本和技术所替代。这表明,大部分发展中国家所具有的自然资源和劳动力资源的比较优势在国际竞争中不再具有明显的竞争优势。

其次,利用本国相对充裕的资源生产的产品在国际竞争中不一定具有竞争优势。原因是在世界上可能有其他发展中国家依据资源禀赋提供相同的劳动密集型产品,如服装鞋之类的产品。我们将会发现,同样的劳动密集型产品在不同的国家生产竞争力是大不一样的。有的国家因为有较高的技术或较多的资本投入而有较高的质量或知名的品牌,这实际上是资本和技术对劳动的替代。有的国家的劳动力和资源的价格更便宜。面对这种竞争,我国许多具有资源禀赋比较优势的产品已经不具有国际竞争优势。

最后,劳动密集型产品不一定是低成本的。发展中国家主要出口劳动密集型产品的可能性是,在各个国家要素租金存在差别的条件下,劳动丰裕的发展中国家的工资/租金比率偏低。问题是经济全球化不可避免地包含了各个国家要素价格(包括劳动价格)出现均等化的趋势。就像我国,近年来特别是经济开放程度高的沿海地区,工资增长很快。这意味着,劳动密集型产品中的劳动成本有提高的趋势,这时的资源禀赋的比较优势便有下降的趋势,其结果是进一步降低了劳动密集型产品的国际竞争力。

以上说明已有的建立在利用我国资源和劳动力之上的开放型经济模式的发展效应正在衰减,而这种模式的开放型经济也难以为继,需要转型升级,其基本方向是改变以劳动密集和资源密集为比较优势的外向结构,改变单纯追求出口数量而不注重出口效益的出口导向战略,提升外商投资企业在我国的产业链环节的科技含量。

三、 由比较优势转向竞争优势的内涵

国际贸易对发展中国家是发展的引擎,这一点已经被广泛接受。现在需要研究的是,国际贸易在哪一方面起引擎作用对发展中国家是最有利的。根据钱纳里的分析,一个国家的对外贸易战略同这个国家产业结构的比较优势相联系,一个国家对外贸易战略的调整又同这个国家的产业结构的比较优势的改变相联系。这就是说,只有在国际贸易能推动本国产业结构优化和升级时,这种引擎作用才是最需要的。

　　过去各个国家特别重视产品的比较优势,其背景是存在严重的贸易壁垒。随着经济全球化的推进,这种比较优势对发展中国家的意义明显衰减。经济全球化包括自由贸易的全球化、投资的全球化、金融的全球化。全球化意味着国内市场国际化,国际竞争转向国内。外国资本进入意味着一国独有的劳动资源、自然资源可以被进入的外国资本所利用。这样,某个国家的资源优势在全球化条件下便会变得没有过去那么明显。而且所谓的国际竞争也不完全是过去意义上的民族产品的竞争,而可能是中国制造的外国品牌产品与外国制造的外国品牌产品的竞争。在国内市场上也可能出现都是利用国内资源的外国品牌之间的竞争。

　　何为竞争优势?根据迈克尔·波特的分析,竞争优势理论与比较优势理论的区别突出在三个方面:首先,竞争优势理论以国家作为经济单元,更多地指向国家层面的开放战略。其次,竞争优势理论强调依靠品质特色和新产品创新创造新的竞争优势。所以,"新的国家竞争优势理论必须把技术进步和创新列为思考的重点"。[①] 最后,竞争优势理论强调的是产业优势:"一国产业是否拥有可与世界级竞争对手较劲的竞争优势,"[②]并以此为目标,推进科技和产业创新形成国家竞争优势。这些关于竞争优势的界定,就成为由比较优势转向竞争优势的理论指导。

　　国际竞争中的竞争优势突出的是产业优势。长期以来人们讲到国际产业分工,只是停留在技术密集型、资本密集型和劳动密集型产业之间的分工。现实中出现的国际分工又有了新的类型:一类是三次产业的国际分工。有的国家还是农业国,有的国家进入工业国,有的国家则转向以服务业为主。另一类是产业链各个环节的分工,例如,某种高科技产品的生产在多个国家完成,其附加值高的研发环节在某个国家,而附加值低的制造环节则在另一些国家。

　　现代化建设新阶段,我国所要谋求的产业竞争优势,除了加大力度发展现代服务业外,需要实现两个替代:一是实现高科技含量和高附加值对低科技含量和

---

① 【美】迈克尔·波特:《国家竞争优势》(上),天下远见出版公司 1996 年版, 第 30 页。
② 【美】迈克尔·波特:《国家竞争优势》(上),天下远见出版公司 1996 年版, 第 37 页。

低附加值出口品的替代。出口品不仅要进入它们的超级市场，还要进入它们的高端市场。二是在产业链的国际分工中实现研发环节对制造环节的替代，既要提高附加值，又要减少土地资源的占用，并且节能减排。三是依靠创新培育竞争优势，由制造业大国转向制造业强国。其标志性指标是：高科技产品和创新产品的全球份额；国际品牌的"中国创造"产品和技术的数量；拥有核心高技术的国际性中国企业的数量；等等。

党的二十大提出加快建设世界重要人才中心和创新高地，着力形成人才国际竞争的比较优势。这就明确了新的比较优势的内涵。转向竞争优势实际上是比较优势的升级，就如劳动力资源丰富的优势要成为国际竞争的优势，必须有个转换过程。转换的关节点是将高新技术，包括从国外引进的高新技术与丰富的劳动力资源结合，由此产生真正的比较竞争优势。如果将引进国外生产要素和国内生产要素结合进来考虑，那应该是指，将引进的国外资金、国外先进技术，不仅要同中国丰富而高素质的劳动力相结合，还要吸引世界上的高端人才，形成国际的人才和创新高地。

总之，随着我国进入全面建设现代化新阶段，我国参与经济全球化的方式也在相应发生变化，正在由过去发挥资源禀赋所决定的比较优势，转向培育以科技创新和人才强国为基础的新的比较优势。[①]

---

① 洪银兴：《中国式现代化：目标、进程和道路》，《学海》2023年3月，第5—14页。

第四章

现代化新阶段高水平开放推进高质量发展

对外开放是中国的基本国策,是实现国家繁荣富强的必由之路,也是实现中华民族伟大复兴的必由之路。自党的十一届三中全会以来的 40 多年间,中国屡屡创造举世瞩目的经济奇迹,其中,对外开放战略的实施厥功至伟。毫不夸张地说,过去几十年中国经济的高速增长,正是得益于开放发展的引领作用。根据国际国内环境变化,特别是我国发展条件和发展阶段变化,党的十九大报告作出了"我国经济已由高速增长阶段转向高质量发展阶段"的重大战略判断。习近平总书记指出:"过去 40 年中国经济发展是在开放条件下取得的,未来中国经济实现高质量发展也必须在更加开放的条件下进行。"[①]如果说,在特定发展阶段,以往具有"两头在外"和"大进大出"等基本特征的开放发展模式,在推动中国经济高速增长中发挥了重要作用的话,那么当"我国经济已由高速增长阶段转向高质量发展阶段"后,继续发挥开放发展的引领作用,显然不能走传统老路,而是要迈向更高水平和更高层次的开放。实际上,自党的十九届四中全会以来,以习近平同志为核心的党中央多次提出实施更大范围、更宽领域、更深层次的高水平对外开放,本质上就是为了服务于高质量发展新需求,对开放发展战略作出的重大调整和指明的转型方向。那么,什么是高质量发展?什么是高水平开放?高水平开放促进高质量发展的机理逻辑究竟是什么?在实践中是否有高水平开放促进高质量发展的生动案例可以借鉴?

第一节
中国式现代化视阈下经济高质量发展新内涵

由马克思辩证唯物主义和历史唯物主义的基本原理可知,事物总是运动和发展变化的。因此,所谓高质量发展,其实并无统一范式和界定,而是要根据事物发展所处具体阶段、视事物所面临的主要矛盾而定。经济高质量发展问题也不例外。例如,在新中国成立的工业化发展初期,生产力水平极其落后,人民收

---

① 习近平:《共建创新包容的开放型世界经济》(在首届中国国际进口博览会开幕式上的主旨演讲),中华人民共和国中央人民政府网, https://www.gov.cn/gongbao/content/2018/content_5343724.htm

入水平极其低下,解决人民日益增长的物质文化需要和落后的社会生产之间的矛盾,是经济社会发展面临的首要任务。因此,只要有利于促进经济增长乃至高速增长,尽快解决人民群众的温饱问题进而实现小康的经济增长方式,就是高质量的经济发展。在早期的小学课文中,将工业化发展下烟囱冒烟形象地描述为天空中"水墨画的大牡丹",这无疑就是人们心中的"高质量发展",是相对于特定发展阶段的特定需求的"高质量发展"。发展至今天,"水墨画的大牡丹"可能让人更多想象和感觉到的是污染,而难以再将之与"美丽画卷"联系起来。而当时冒烟之所以被美好地描摹为"水墨画的大牡丹",就是因为它体现了"现代化",是经济发展的标志,是满足人们基本生活需求的主要手段。全面建成小康社会之后,人们需要的不仅是物质消费,还需要"绿水青山",因此,以往作为高质量发展标志的"水墨画的大牡丹",在这一新的发展阶段显然已经不是"高质量"。中国式现代化视阈下经济高质量发展显然有了新内涵。

一、充分体现五大发展理念

习近平总书记在党的二十大报告中明确指出,高质量发展是全面建设社会主义现代化国家的首要任务,为此,必须完整、准确、全面贯彻新发展理念。实际上,早在 2015 年 10 月,习近平总书记在党的十八届五中全会上就提出了创新、协调、绿色、开放、共享五大新发展理念。党的十九届六中全会在定义高质量发展时,明确指出高质量发展就是创新成为第一动力、协调成为内生特点、绿色成为普遍形态、开放成为必由之路、共享成为根本目的的发展。2008 年全球金融危机冲击之后,世界经济至今增长动力不足,根本上看是发端于美国等发达国家的前一轮技术革命和产业革命,基本已接近生命周期的尾声。开放的中国经济除了面临全球经济增长动能不足的大背景外,高质量发展尤其是中国"大国特质"的高质量发展,也内生地要求发展动力必须由以往要素和投资驱动为主向创新驱动为主转变。强调创新其实强调的就是解决发展动能转换问题。由于受生产力和收入水平低下等因素制约,改革开放以来中国的经济发展只能采取"集中力量办大事"的模式,这一模式在取得非凡发展成就的同时,也带来了区域和产业等层面的不均衡、不协调等问题。这显然也不符合新发展阶段的高质量发展需求,为此,必须更加注重协调发展,以解决发展不平衡问题。

"两头在外、大进大出"的国际大循环开放发展模式,虽然有助于通过"借船出海、借鸡生蛋"的方式促进中国在短短几十年内走完发达国家近 200 年的道路,但"低端嵌入"下的经济高速增长也确实在一定程度上是以牺牲环境和生态为代价的。所谓"污染天堂"和"污染避难所"的实证研究发现,一定程度上证实了上述判断。[①] 进入对"绿水青山"有着更高需求的新发展阶段后,绿色发展需要解决的正是人与自然的和谐问题,体现了新阶段高质量发展的更高层次的需求。如前所述,传统开放发展格局下国际大循环对国内市场作用发挥不够,"两头"过度依赖国际市场,不仅意味着融入全球价值链过程中国内价值链相对较短,从而难以更有效地发挥开放引领发展的作用,而且在竞争优势的培育上,也无法充分发挥本土市场因素的作用。因此,无论是从更好获取开放发展效益角度看,还是从培育竞争新优势角度看,高质量发展阶段都更加需要实现内外联动,这正是五大发展理念中开放发展的要义所在。党的二十大报告指出,中国式现代化是全体人民共同富裕的现代化,共同富裕是中国特色社会主义的本质要求。"共同富裕"在党的二十大报告中之所以被反复强调达 8 次,无疑说明在财富积累和增长过程中,需要更加注重成果的"共享",即共享发展需要着力解决社会公平正义问题。

二、 实现质与量的有机统一

进入新发展阶段后,人们往往更加关注经济发展从以往高速增长转向高质量发展,或者说更加注重后者而忽视了前者。实际上,二者并不是非此即彼的替代关系或者说"二选一"关系,而是具有内在的辩证统一关系。换言之,经济发展的速度和经济发展的质量,其实是既有区别又相互联系,并且在一定条件下可以相互渗透相互转化的关系。强调经济高质量增长,并非意味着经济增长的速度不再重要,相反,没有一定的经济增长速度作为基础,经济增长的质量也就得不到保证。如果说,作出"高质量发展是全面建设社会主义现代化国家的首要任务"的科学判断和战略抉择,正是建立在对前期经济高速增长从而形成的庞大经

[①] 余东华、张明志:《"异质性难题"化解与碳排放 EKC 再检验——基于门限回归的国别分组研究》,《中国工业经济》2016 年 7 月,第 57—73 页。

济体量给予的客观评价和充分肯定基础之上的话，那么未来"坚持以推动高质量发展为主题"，其实仍然离不开与之相适应的经济增速作为基本保障。因此，"从以往高速增长转向高质量发展"，只是说明事物的主要矛盾和次要矛盾发生了变化，即以往经济发展的侧重点在于追求增长速度，通过经济高速增长打赢脱贫攻坚战，实现全面建成小康社会的战略目标；而进入新阶段经济发展的侧重点则在于追求经济增长质量，通过不断提升经济增长质量满足"人民日益增长的美好生活需要"。党的二十大报告明确指出，"没有坚实的物质技术基础，就不可能全面建成社会主义现代化强国"，深刻指出了保持合理的经济增速在推动经济高质量发展中的基础性作用。这也是党的二十大报告明确强调要"推动经济实现质的有效提升和量的合理增长"的根本原因。总之，中国式现代化进程中的经济高质量发展，绝非一味只注重"高质量"本身，与此同时还要保持合理的经济增长速度，如此才能实现"质的有效提升和量的合理增长"。

三、 有效统筹好开放与安全

习近平总书记曾坦言，"过去 40 年中国经济发展是在开放条件下取得的，未来中国经济实现高质量发展也必须在更加开放的条件下进行，"[1]并且明确强调指出，"越开放越要重视安全，越要统筹好发展和安全，着力增强自身竞争能力、开放监管能力、风险防控能力。"[2]毫无疑问，开放的大门越开越大，在与外部世界进行更加充分的物质、信息、能量交流交换中，能够实现更好的发展，尤其是能够助力高质量发展，但由此也面临着外部世界不确定、不稳定因素带来的冲击和挑战。其中不仅包括诸如自然灾害和世纪疫情等客观因素和不可抗力引发的产业链供应链断裂等带来的冲击和挑战，也包括诸如逆全球化、贸易保护主义、单边主义、霸凌主义等主观因素带来的冲击和挑战。总体来看，伴随开放向纵深两个维度发展，国家面临的与开放有关的安全问题就会越来越多，除了传统的经济、金融、贸易等安全问题外，还有当前越来越重要的网络安全、数据安全、公共

卫生安全、海外资产安全等问题。特别地,客观因素和主观因素等多重因素叠加可能引发的系统性风险,包括中美对抗全面化带来的贸易摩擦风险、产业链转移集群化风险、"引进来"存在的政治与意识形态渗透及情报风险,以及"走出去"财产和人身安全风险,不容忽视。虽然安全的发展未必是高质量发展,但是高质量发展一定建立在安全基础之上,没有安全,也就谈不上高质量。因此,社会主义现代化建设进程中的经济高质量发展,必须能够做到有效统筹开放和安全。

第二节
高水平开放的主要内容

党的十九届五中全会指出:坚持实施更大范围、更宽领域、更深层次对外开放,依托我国大市场优势,促进国际合作,实现互利共赢。可见更高水平开放在理论内涵上主要有两大要点:一是坚持实施更大范围、更宽领域、更深层次对外开放;二是依托我国大市场优势,促进国际合作,实现互利共赢。

一、　坚持实施更大范围开放

众所周知,第二次世界大战结束后的经济全球化发展,尤其是两个平行世界市场结束后的第三阶段经济全球化发展,主要是发达国家推动的经济全球化,发展中国家和新兴市场经济体参与经济全球化,本质上就是以开放的姿态接受发达国家市场经济的全球推行、技术的全球扩散以及生产网络的全球拓展。中国改革开放的伟大事业,也正是在此背景下展开的。改革开放以来,中国融入经济全球化发展开放型经济,实质上就是融入发达国家主导和推动的经济全球化,因此开放范围主要也就侧重于向西方发达国家开放,市场也高度集中于和依赖于发达国家市场。对此,主要表现在两个方面。首先,从供给层面看,或者说依据比较优势从事专业化分工和生产角度看。20世纪80年代以来,国际分工发生了本质变化,即以产品价值增值环节和阶段分布在不同国家和地区为表现的所谓全球价值链得到快速发展,而全球价值链的本质实际上就是发达国家跨国公司在全球范围内整合和利用资源和要素,布局全球生产网络。因此,中国融入国际分工体系,实质上就是融入发达国家跨国公司主导的全球价值链分工体系,从而在开放范围上就必然表现为向发达国家开放。此外,发达国家跨国公司布局全球价值链过程中,其所采用的重要方式和手段之一,就是开展对外直接投资,通过对外直接投资将自身的资本和技术优势,同东道国的诸如初级要素等相结合,以尽可能地降低成本和提升竞争力。改革开放以来,中国大量吸引来自发达国家和地区的跨国公司外商直接投资(FDI),就是此方面的真实写照。总之,在前一轮经济全球化发展过程中,国际分工形态的演变以及主要由发达国家跨国公司主导推动的特征事实,决定了中国在融入国际分工体系发展开放型经济时,开放范围必然主要体现在向发达国家开放。

其次,从需求角度看。不可否认,发达国家推动的经济全球化发展,为世界经济的繁荣和财富的积累带来了重要机遇,但是其中的财富不平等现象依然严峻,南北发展差距巨大乃至不断持续扩大,一直是困扰经济全球化发展的一个重大问题。因此,一方面,在全球价值链分工条件下,产业和生产环节不断向发展中国家和新兴市场经济体转移,另一方面财富和利润又主要集中于发达国家,从而决定了消费主要集中在发达国家,这就迫使诸如中国等发展中国家在产出的"出路"上,必须更加倚重发达经济体市场。长期以来中国开放发展不得不更集中于向发达国家开放。这种开放发展模式在特定的阶段无疑是有选择的必然性和合理性,但由此也带来外部市场不平衡、不协调等问题。这显然不是高水平开放的应有题中之义。因此,新形势下,尤其是中国开放发展进入新阶段后,高水平开放必须是更大范围的开放,也就是说,在继续坚持对发达国家开放的同时,更要扩展对发展中国家的开放,以及积极推进区域合作,更大范围参与区域经济一体化,把我们开放合作的"朋友圈"越做越大。

二、 坚决推动更宽领域开放

中国前一轮开放发展主要发生在制造业领域,具有"单兵突进"的突出特点,并且即便在制造业领域内部,先进制造业开放也相对不足。因此,从开放发展的产业领域角度看,同样存在着不平衡、不协调和不可持续等问题。当然,制造业"单兵突进"式的对外开放,既与前一轮全球价值链分工演进的阶段有关,也与中国自身所处发展阶段有关。如前文所分析的，全球价值链分工主要是由发达国家跨国公司推动的，而从具体的产业和产品生产环节梯度转移的角度看，首先转移的必然是发达国家已经失去比较优势的诸如劳动密集型制造业产业，或者劳动密集型产品生产环节，并按此规律依次推进。诸多研究已经指出，"保留核心的，外包其余的"是全球价值链分工条件下发达国家跨国公司采取的普遍策略。从这一意义上看，发展中国家在承接产业和产品生产环节国际梯度转移过程中，究竟在何种产业领域或产品生产环节上进行专业化分工，不仅取决于自身拥有什么样的要素禀赋条件，从而判断自己能够做什么，还取决于发达国家跨国公司产业链价值链的全球布局，从而决定给你做什么。从上述两方面看，中国前一轮开放主要发生在制造业领域，有其必然性和合理性。因为一方面，中国实施改革开放是在资本和技术等要素十分缺乏的条件下开始的，只能从劳动密集型制造业领域做起。另一方面，为了尽可能地保持核心竞争力，发达国家跨国公司也不太可能不遵循边际产业转移规律，毫无保留地将更为先进的产业和环节转移出去。进一步地，从产业自身特征或者说更易于标准化和进行区域转移的可操作化角度看，相比于服务业而言，制造业也更容易在全球范围内拓展。这也正是为什么全球价值链分工在前一轮的发展中，主要表现在制造业领域的主要原因。

产业领域开放的失衡，显然也不符合高水平开放的要求。从产业关联包括制造业和服务业关联角度看，当制造业发展到一定程度后，其进一步高端化发展往往离不开服务业尤其是现代服务业的支撑。而在服务业全球化和碎片化发展大趋势下，利用服务要素为制造业转型升级和高端化发展提供要素支撑，从来源上看既可以源自国内本土服务要素，也可以源自国外提供的服务要素。显然，服务要素的供给和选择如果不再局限于本土，就必须建立在服务业扩大对外开放基础之上。而一旦服务业扩大对外开放，不仅意味着服务要素的选择范围更广了，而且服务要素的质量也可能因此而得到提高，从而对制造业转型升级的支撑作用更强。当然，从服务业自身角度看也是如此。当全球价值链日益拓展至服务领域后，服务业国际竞争力日益成为一国参与国际竞争和合作的重要衡量指标。因此，无论是从产业间更加协调发展角度看，还是从产业内结构更加协调角度看，扩大开放领域都应该是高水平开放的重要内容和方向。因此，推动更宽领域的开放,主要就是指不仅继续坚持扩大制造业开放,包括先进制造业领域开放,还要扩大服务业开放,包括金融、保险、咨询、电信、医疗、教育、养老等服务领域的有序开放。

三、 坚定推动更深层次开放

第二次世界大战以来,经济全球化快速发展得益于贸易和投资自由化。尤其是 20 世纪 80 年代以来,以产品价值增值环节为界限的国际分工,以及以全球对外直接投资为主要表现的生产要素跨国流动,显然更加依赖于贸易和投资自由化,或者说以其为前提条件。同一产品的不同生产环节和阶段,被配置到全球不同国家和地区后,便形成了所谓全球生产网络,众多国家和地区于是就成了全球生产网络中的某个或者某些节点。将这些不同的生产节点串联起来完成最终产品的生产,必然会涉及中间产品的跨境流动乃至多次反复的跨境流动。显然,如果在贸易自由化程度尚不够高的情况下,在关税和非关税壁垒削减程度不够的条件下,甚至一个不起眼的关税成本,都会因为中间产品在不同国家之间反复外在流转,形成巨大的交易成本累积效应,阻碍着国际分工的发展。因此,以关税和非关税壁垒不断削减为表现的贸易自由化发展,就显得特别重要。而布局全球价值链,从微观经济主体角度看,主要是由跨国公司推动的。跨国公司之所以被称为跨国公司,正因为开展对外直接投资是其不可或缺的因素,这也是跨国公司布局全球价值链的重要手段和方式。于是打开国门允许生产要素跨国流动,尤其是资本的跨国流动,即投资自由化,对推动全球价值链分工发展同样重要。贸易和投资自由化从本质上看,其侧重点仍然在于边境开放措施。这也是世界贸易组织(WTO)框架下前一轮经济全球化推进的主要特征和议题。

贸易和投资自由化推动了分工演进和发展,尤其是全球价值链分工的演进和发展。但是当全球价值链分工演进至一定阶段和程度后,仅仅依靠贸易和投资自由化的边境开放举措,就无法适应新的发展需要了。全球价值链分工演进的早期阶段,主要表现为制造业生产环节尤其是劳动密集型生产环节和阶段的国际梯度转移。这种产业和生产环节的要素密集度特征,决定了其进行跨国配置时,主要考虑的是东道国国内生产要素的成本,而较少考虑因规则制度等引发的交易成本。以边境开放为主要特征和举措的经济全球化发展,基本能够适应跨国生产配置对低成本生产要素追逐的需要。但是,当前全球价值链分工演进出现了新的趋势和变化,突出表现为价值链梯度转移的环节和阶段不断向中高端延伸和拓展,包括全球创新链也在深度演进。这种新的发展趋势和变化显然对国内经济规则等制度环境更加敏感。况且,跨国公司在组织和协同位于不同国家和地区的不同环节和阶段,并尽可能实现无缝对接,也对不同国家和地区尽可能在规则等制度方面实现统一和兼容的要求越来越高。这就意味着为适应经济全球化发展新趋势,适应价值链分工演进新需要,必须进一步推动从边境开放向边境内开放深化。换言之,所谓更深层次开放,主要指不仅要扩大边境开放,推动贸易投资自由化,更要推进边境内开放,以制度型开放推进构建更高水平开放型经济新体制。

四、 逐步依托新型比较优势的开放

20世纪80年代以来,虽然国际分工的形态和本质有了深刻变化,即一方面突破了以往国际经济理论关于生产要素不具备跨国流动性的假定,从而生产要素跨国流动成为经济全球化发展的重要内容和表现形式,另一方面突破了以最终产品生产为界限的传统分工模式和格局,从而不同国家和地区同时参与到同一产品的生产过程,从事和专业化于不同价值增值环节和阶段。但是,国际分工所遵循的基本原理依然是比较优势,只不过比较优势有了新的表现形式而已。正如有学者研究指出的,在以生产要素跨国流动和产品价值增值环节全球分解为表现的“全球要素分工”条件下,各国参与国际分工的比较优势主要是优势要素,而不是某件或某些具体产品的生产能力。改革开放40多年来,中国正是抓住了全球要素分工演进带来的战略机遇,依托低成本劳动要素等初级要素优势,吸引发达国家跨国公司资本和技术的流入,再与外部流入的优势要素相结合,形成了产业尤其是制造业的强大生产能力和出口能力。然而,开放型经济带动下的持续多年的经济高速增长,也逻辑地带动了各类生产要素价格的不断上升,尤其是近年来劳动力成本的迅速攀升,使得原有的低成本优势逐步丧失。在参与新一轮经济全球化,抓住全球要素分工带来的新的战略机遇时,中国必须培育新

型比较优势,这也是推动开放型经济迈向更高层次和更高水平的重要表现。

依托本土市场规模优势,就是培育新型比较优势或者说形成新型比较优势的重要来源。目前,中国已经成为世界第二大经济体,人均国内总产值(GDP)已经超过1万美元,并有着4亿多中等收入阶层,本土市场规模具有巨大的潜在优势。传统国际经济理论包括林德的重叠需求理论、波特的国家竞争优势理论,以及克鲁格曼为代表的所谓母市场效应理论等,无不揭示了本土市场规模优势在提升一国企业参与国际竞争力中的重要作用。实际上,在全球要素分工条件下,本土市场规模优势除了能够通过所谓规模经济效应、产品和品牌差异化效应等传统渠道影响一国参与国际竞争优势外,更为重要的是,还能够通过所谓的需求引致创新效应,培育更高端更先进的生产要素;还能够对全球优质的生产要素形成强大的虹吸效应,引进更高端更先进的生产要素;还能够通过诱发价值更高端的生产环节和阶段向国内转移,提升和改善国际分工地位;还能够通过进口竞争效应,产生技术进步促进作用;还能够通过扩大开放国内市场,在加强世界对中国市场依赖的同时提升中国在补充和完善全球经济治理规则体系中的制度性话语权等。总之,从广义生产要素角度看,依托本土市场规模优势可以培育、吸引和集聚更高端、更先进的生产要素,更好地利用两个市场、两种资源,从而培育出参与全球要素分工的新型比较优势。

第三节
高水平开放促进经济高质量发展的逻辑

推行高水平开放,需要以开放创新融合增添新发展新动能,以东西双向互济促进协调发展新格局,以绿色开放理念引领绿色发展新模式,以开放发展新理念推动开放发展模式转型,以更高水平的开放合作保障共享发展成为促进高质量发展的现实抓手。

一、 高水平开放增添创新发展新动能

高水平开放能够实现我国在全球价值链地位的攀升,加快国内产业链、创新

链、价值链与全球价值链融合并相互促进,激活并打通国内大循环的产业创新升级,从而构建"双循环"相互促进的新发展格局。

增添创新发展新动能的实践更加需要高水平开放。高水平开放推行的更大范围开放,一方面,要与更多的发展中国家展开国际合作,实现全球价值链拓展延伸,提升参与全球价值链分工的程度,成为"链主",切实"固链""强链",从而解决产业中低端领域拥挤、产能过剩问题,在全球范围内拓展各产业链的核心技术领域和高端生产环节的发展空间,实现创新引领发展;另一方面,国内视角则要更多地落在推进全域深度开放,推进中西部地区国际经济贸易合作,并畅通区域间产业转移,将东部沿海地区的劳动要素密集型产业逐步向中西部资源富集类地区转移,通过引致高技术类型人才和区域间技术溢出效应,实现内陆开放和产业升级。相应地,发达地区也能够集中发展力量,通过试点先行开放政策,集中地区资源和人力资本开展关键技术攻关及高科技产业技术革新,更好地发挥示范引领带头作用。

更宽领域的开放,则将视野从已有的第一制造业大国的全部工业门类,拓展至先进制造业及配套的生产性服务业,更加专注地做好产业层面技术升级的相关配套,推进制造业从全门类出发,切实提升制造业生产效率,实现高精尖特色化提升和创新发展。更高水平发展服务业,通过承接服务业外商投资带来的技术转移与知识外溢,盘活国内服务业固有资源,推进服务型产业贸易投资与国际标准接轨,强化文化创新资源优势,实现以培育第三产业成为国民支柱产业为目标的创新化发展。[①]

更高层次的开放,意味着从"边境"开放向"境内"开放延伸,从商品、要素流动型开放向规则、制度型开放转变,更加重视建立健全管理和规制境内经济活动的政策举措以及规则体系。提高开放层次,能够从制度层面加强知识产权保护,营造良好的营商环境,确保公平竞争的市场化经济,为国内产业创新升级创造自由开放的产业孵化环境。规则制度型开放体系的建立,也能够实现国际国内两个市场两种资源的合理优化配置,优化创新创业所需要的资源禀赋,解放传统开

---

① 迟福林:《建设更高水平开放型经济新体制》,《当代经济科学》2021年1月第43期,第10—17页。

放模式下受到压缩的资源配比和空间分配,显著提高科研成果向创新生产力转化的产业化能力,实现新旧动能转换,有重点地推进创新产业发展。

二、 高水平开放促进协调发展新格局

协调作为发展是否可持续的重要考量标准,是高质量发展的内生特点,体现在区域协调、产业协调、城乡及收入协调等各层面,表现为经济体系运行的内部平衡性。相对于传统开放模式,高水平开放更加注重打通区域间及各生产部门间的市场体制及制度规则壁垒,能够使资源在各部门和各地区间得到合理配置,畅通区域间资源流、产品流、信息流、技术流,进一步缩小地区间发展差距,符合区域间产业结构协同共生的演变规律,产业形态不断向高级化演进攀升,逐步展现出趋向多元化、合理化与高级化的产业结构特征。[①] 高水平开放能够针对原有的贸易投资所引致的城乡发展及要素收入差距问题,逐步将开放扩大至乡村振兴发展战略实施层面,以国际化资源和制度要求为农业现代化赋能,密切城镇化与农业现代化互为支撑保障的作用,实现城乡区域协调发展。实行高水平开放能够推进较为滞后的要素市场化改革,加强国际生产、技术、人才要素集聚,密切国内国际资源分配交流,提升各行业就业层次和质量,实现要素收入协调。

促进协调发展新格局的实践更加需要高水平开放。从过去注重沿海、沿江、沿边的对外开放转向覆盖东西南北中的全境对外开放,建立东西双向互济机制,通过加强区域产业能力结构匹配、完善产业转移补偿、有效合作利益协商,更好吸收制度创新红利。[②] 实行更高水平开放型经济新体制,能够优化中国区域开放格局,缩小区域发展差距,实现更加均衡的高质量发展。更大范围开放,作为新时期高水平开放的必然要求,能够更好地统筹国际国内两个市场两种资源,在全国范围内实现合理分配。不同于此前的试点渐进式开放,更大范围开放能够使得开放范围扩大至更多的内陆及欠发达地区,强化区域间、产业间、城乡间、要素间的发展理念沟通和资源分配协调,进一步降低各方行为主体之间的认知偏

---

① 任保平、李梦欣:《中国经济新阶段质量型增长的动力转换难点与破解思路》,《经济研究参考》2021 年 10 月,第85—95 页。

② 杨丽花、王跃生:《建设更高水平开放型经济新体制的时代需求与取向观察》,《改革》2020 年 3 月,第 140—149 页。

差以及利益诉求冲突导致的贸易投资壁垒和交易成本,依托国内大市场优势,促进国际国内合作,实现互利共赢及协调均衡发展。

更宽领域开放着重解决传统发展模式遗留的供给侧产业结构单一、产能过剩等问题,通过产业层面的技术升级,有针对性地补短板、强弱项、促提升,大力培育第三产业成为国民支柱产业,有力推进中国产业协同发展,实现高质量发展。服务贸易开放作为更宽领域开放的题中应有之义,能够引进人力、资本、管理经验等先进生产要素,通过溢出效应与关联效应提高产业生产率,优化东道国地区产业结构。[①] 同时,引进服务业外商投资能够有效改善中西部内陆地区开发现状,借助服务业外包等形式完善产业配套,最大程度地发挥技术转移与知识外溢效应,形成行业良性竞争,填补部分地区服务业贸易投资的空白,实现区域更加协调均衡发展。

营商环境水平优化是深化制度型开放即更高层次开放的直接体现。营商环境的自由化有助于土地、资本、劳动和技术等要素禀赋在各部门间自由高效流动;对接国际贸易投资规则,建立更加包容兼顾的制度体系,有利于吸引更多外资投资;激烈的国际竞争将使得本国生产部门的资源配置更为合理有效,进一步推进中国要素流通和市场一体化,进而促进稳定、全面、平衡的协调发展。

三、 高水平开放引领绿色发展新模式

绿色发展作为高质量发展的普遍形态和基本要求,以人与自然和谐共生为目标取向,通过绿色发展规划、标准、技术和体制、机制,加快社会经济活动的生态文明体制改革,将生态保护的理念渗透进高质量发展路径规划,实现物质财富与生态财富目标的统一,在实现高质量发展的同时,满足人民对绿色低碳、环境优美、人与自然和谐共处的美好生活的需要。高水平开放能够更加积极地顺应、参与和引领全球可持续发展建设,打破绿色贸易壁垒,扩大绿色生态产品服务的进出口贸易,强化绿色经贸合作交流,完善绿色生态领域的贸易合作协定商议谈判。同时,推进绿色产业要素资源的双向开放,普及推广资源节约和环境友好型的生产措施和技术手段,促进节能减排和产业结构升级,积极构建清洁绿色产业

---

① 季剑军、曾昆:《服务业对外开放与竞争力关系的研究》,《经济与管理研究》2016 年 1 月第 37 期, 第 63—69 页。

链。绿色发展新模式的实践更加需要高水平开放。清洁绿色的生产生活理念的推广作为实现高质量发展的重要举措,在我国仍属于处于践行普及阶段的重要工作。[1]

实行更大范围的开放,能够统筹国家总体生态资源分布情况,重新调整布局污染重点监管企业建厂标准和排污规范,以更加统一可行的排污净化标准,规范部分监管薄弱地区的企业排污行为。并且,对于部分生态较为脆弱、环境承载能力较低的欠发达地区,要更加严守生态红线,借助开放带来的先进理念和外部资源,恰当地引进经济效益与社会效益相统一的生态环保技术项目,通过技术赋能精准管理外向型开放和社会化生产带来的环境效应。

更宽领域的开放能够推进产业向技术禀赋型和人力资本禀赋型发展,更加理性科学地实现自然资源的开发使用,利用科技赋能实现精准把控,避免过度生产和资源浪费。而服务业开放则为部分生态脆弱地区带来新的发展模式和先进的产业理念,强化跨领域的生态环境技术合作,更充分地利用开发各地区的生态旅游文化等无形资源,令国内生态旅游业等服务型产业发展壮大成为地方支柱性产业,盘活潜在资源,打造生态品牌,用可观的经济效益更好地推进生态环境保护和地方文化宣传工作。[2]

实施更高层次的开放体制创新,主要从相关法律法规入手,明确贸易、投资等绿色生态经济相关领域合作的负面清单制度与当地产业生态环保标准,协商规范企业生产经营中避免造成生态环境破坏的自律公约和约束机制,在国际生态保护公约及环保标准框架下,实现区域绿色可持续发展的产业协助、全球绿色发展中生态保护潜在风险的重点防控,以及生态环境问题的协同治理,强化环境治理、节能减排、生态工程技术等领域的区域联动和国际合作,破除国内资源环境约束的桎梏,构建国内国际绿色发展生态循环联动、相互促进的高水平开放体系,降低经济增长的生态成本,增强人民的幸福感,实现经济社会绿色低碳高质量发展。

四、 高水平开放推动开放发展模式转换

开放发展一直以来作为经济繁荣高质量发展的必由之路,是我国实现自身

---

[1] 金碚:《以创新思维推进区域经济高质量发展》,《区域经济评论》2018 年 4 月,第 39—42 页。
[2] 李顺毅:《绿色开放的基本内涵与推进路径》,《对外经贸》2019 年 12 月,第 99—100,123 页。

发展的内在要求，也是融入世界发展大势的迫切需要。开放发展注重解决的是国内国际市场资源联动的问题，充分利用我国资源、市场、制度优势，增强供给体系的韧性，提升竞争力和综合实力，实现经济的高水平动态平衡，激发各类市场主体的积极性，释放内需潜力，从而形成内外联动、开放发展的新格局。新时期高质量发展中的开放发展，相对于传统开放模式，更加注重提升开放的质量，以更加全面广泛的开放范围、更加创新深入的开放程度、更加稳定安全的开放标准，加快构建以国内大循环为主体、国内国际双循环相互促进的新发展格局，从而以更高水平的开放规划高质量开放发展的实现路径。

推动开放发展模式转型实践更加需要高水平开放。更大范围开放意在推进区域合作，在原有的以发达国家为主导的开放发展模式基础上，扩大与发展中国家间的开放合作，促进贸易投资自由化便利化，重塑全球价值链分工和布局。同时，深化东部沿海地区以外区域的开放水平，以更高质量的普遍性区域交往和世界性国际交流，畅通国内产业链范围内的要素流动和技术交流，提升高水平开放的内外联动机能，融入国际大循环，实现交互、竞争和重组。更宽领域开放的推行，旨在解决开放发展产业领域的不平衡、不协调、不可持续问题，推进制造业产业链高端化发展，实现产业结构转型升级。通过开放使得服务要素来源更加广泛、服务要素质量进一步提高，提升现代服务业的国际竞争力，强化制造业和服务业之间的产业关联，实现产业高质量开放发展。

更高水平开放型经济新体制立足于制度型开放，将市场化经济体制的制度环境对标先进国际经贸规则，实现制度层面的统一和兼容，不断提升我国产品和服务质量、科技创新水平以及在国际经贸体系中的话语权，更好适应全球价值链和创新链深度演进，推进对国际市场在有效竞争、优势突出和深化分工等较高层次上的融合开放。

五、　高水平开放保障共享发展根本目的的实现

共享发展是高质量发展的根本目的，即实现发展成果由人民共享，表现为不断提升的社会福利水平和趋于合理的居民收入分配，缩小收入分配差距，解决住房、医疗、教育、基础设施等民生需求，切实提高人民生产生活幸福感，早日实现

共同富裕的战略目标。高水平开放相对于传统的"非均衡"开放模式,力图建立更加合理完善均衡的开放发展格局,切实缩小地区发展差距,促进区域间协调均衡发展。针对共享发展面临的要素收入差距问题,高水平开放通过深化要素市场改革,从以促进商品要素流动为主的"边境"开放,向注重完善制度型开放的"境内"开放转变,建设统一开放、竞争有序的市场经济体系,吸引高端创新要素集聚,激发要素资源活力,实现共享发展。高水平开放通过创新升级发展模式,提升富裕度,为共享发展夯实物质基础。

保障共享发展的实践更加需要高水平开放。当前更高水平的开放合作让后开放地区能够深度融入国际分工体系,着力解决区域之间和城乡之间的平衡发展问题,完善开放经济下的要素收入分配机制,充分实现开放发展成果由全体人民共同享有。更大范围开放在扩大外部市场空间范围之外,通过完善合理内部区域布局,依托国内市场构建完善本土价值链,不断提升在全球价值链中的分工地位,创造更多财富,夯实共同富裕共享发展的物质基础,完善价值链的双重嵌入和良性互动,促进区域均衡协调发展,实现以开放促进共享发展。

更宽领域开放主要改变制造业价值链低端嵌入和单兵突进的现状,在强化国内价值链关联效应的同时,促进现代服务业领域同步发展,整合利用高端先进的农业和服务业生产要素,通过数字技术赋能实现农业农村现代化,推动农业现代化发展和乡村振兴,实现城乡融合的高质量共享发展。

更高层次开放通过深化要素市场化改革,在改善商品和要素流动型开放的同时,加大制度型开放力度,以开放战略转型为建立国内国际高端创新生产要素集聚的引力场,创造成熟、规范、透明、法治的营商环境和更加完善的市场化水平,提升就业质量层次,缩小要素收入差距,推进共享发展。

第四节
"昆山之路":开放发展促进现代化建设的典型案例

改革开放 42 年来,昆山有过高速增长的历史,现在已率先转向高质量发展的阶段。先后经历了"农转工""内转外""散转聚""低转高""大转强"阶段,目前正进入以质量和效益为中心、以增强自主创新能力为抓手的高质量发展阶段。多年蝉联全国百强县第一名,成为县域经济的领头羊。从"高速度"到"高质量",昆山不是坐等机遇,而是敢试敢闯,以经济发展、城乡建设、文化建设、生态环境以及人民生活高质量为首要目标,建设生产先进、生活美好、生态宜居、生机勃勃的新昆山,推动昆山实现"全新一跃",成为高质量发展的榜样,谱写了中国式现代化建设的昆山实践。昆山的发展和成就不是天上掉下来的,而是昆山人民解放思想干出来的。2009 年 4 月,时任中央政治局常委、中央书记处书记习近平到江苏调研时,对昆山发展给予了高度关注,提出昆山的发展已经处于一个标杆地位,但是没有停滞不前。还会有新的超越。艰苦创业、勇于创新、争先创优的"昆山精神"成就了昆山筚路蓝缕、探索前行的高质量发展之路。昆山率先建成了全面建成小康社会,又率先开启现代化建设新征程。昆山的发展,是中国特色社会主义现代化建设的生动实践,丰富了习近平新时代中国特色发展经济学的理论。其中,以开放促发展发挥了关键作用。

一、 昆山开放发展促进现代化建设的具体举措

对外贸易和利用外资一直是推动昆山经济发展的重要动力。2012 年以来,昆山政府在外贸发展体制和利用外资上也实施了许多大胆的创新举措,这些举措不仅让昆山在全球经济下滑、外需不振的背景下继续稳定外贸和外资增速,也对昆山推动外贸向优质优价、优进优出转变以及提升利用外资质量上有明显帮助。

(一) 稳定出口增速、优化出口结构

昆山的主要举措如下:第一,坚持推进出口市场多元化战略,增加出口市场数量,以应对老市场出口潜力下滑问题。具体而言,昆山充分利用我国已签署生效的区域自由贸易协定,帮助企业抢抓商机,发掘自贸伙伴市场潜力,有序扩大双向贸易规模。同时,昆山深度扩展"一带一路"市场,引导企业开拓海上丝绸之路市场,加大对俄罗斯、印度、阿联酋等辐射力和带动力较强的贸易市场开拓力度。

第二,加速贸易便利化改革。为了降低贸易成本,昆山近年来在海关监管、

检验检疫等方面大胆改革创新。具体包括,鼓励企业参与 AEO 高级认证体系、做好口岸"提效降费"相关工作,推动发布"一站式收费阳光清单",取消卡口通行费等进出口环节收费,惠及综合保税区全部 100 余家企业和超 2000 家配套供应商。推进"玉山监管点"与"综保区场站"整合工作,建设统一的"昆山陆路口岸作业区",持续改善口岸营商环境。这些改革使得昆山的贸易便利化程度在全省乃至全国领先,昆山以全省海关 1/30 的人员,实现了全省 1/4 报关。

第三,实施"互联网+外贸"战略,培育跨境电子商务。借助中国(苏州)跨境电子商务综合试验区的便利条件,昆山进一步推进跨境电子商务综合服务平台建设,打造为集海关、检验检疫、税务、外管、物流等功能为一体的"单一窗口"平台服务体系,为昆山跨境电子商务企业提供便捷的通路。发挥好《促进跨境电子商务发展的若干政策意见(试行)》的政策引领作用,积极培育新兴产业贸易服务链,完善线上"单一窗口"功能,推进线下综合园区创新发展模式,着力在跨境电子商务企业对企业(B2B)方式相关环节的技术标准、业务流程、监管模式和信息化建设等方面先行先试,打造跨境电子商务可持续发展、良性循环的产业链和生态圈,为全国跨境电子商务发展和外贸转型探索可复制、可推广的经验。引进和培育重点跨境电子商务品牌企业超过 30 家,跨境电商交易额年均增长 30%以上。

第四,为企业提供应对贸易摩擦的个性化服务。出台《昆山市应对中美经贸摩擦对外贸易专项工作预案》,全面走访涉及企业,提前研判。并将受影响较大的企业分为三类,进行分类跟踪,提供个性化服务。加强培训辅导,举办"中美经贸摩擦应对培训会",辅导企业完善加税商品出口合同,补充涉及加税处置内容的条款,增强国际经贸争端中的维权意识和自我保护能力。

(二) 鼓励进口与实现对外贸易平衡发展

高水平进口一方面是指更大的进口规模,另一方面是指更多的高技术产品和关键零部件进口。在扩大进口规模方面,昆山的主要措施包括:第一,充分利用进口交易会为企业提供更及时更全面的交易信息,减少交易成本。早在 2012 年,中国(昆山)品牌产品进口交易会就成为首个经国务院批准,由商务部、中国贸促会(中国国际商会)和江苏省人民政府共同主办的国家级国际性专业进口展会,至今已连续成功举办八届。昆山进口交易会比首届中国国际进口博览会还早五年举办,再次反映了昆山人民高瞻远瞩的战略眼光和敢为人先的进取精神。八年来,昆山进交会吸引了包括美国、日本、德国等在内的全球五大洲 50 多个国家和地区的 4243 家企业参展,其中包括德国西门子、美国微软、韩国三星等世界 500 强及行业龙头企业;累计展览展示面积 43 万平方米,到会专业观众 28.7 万余人次。2018 年的昆山进口交易会设立了智能制造、半导体与光电、电子电机设备及关键零部件 3 个专业展区,展会内容与昆山主导产业紧密结合,为昆山企业提升生产效率和产品质量提供了有力支持。[1]

第二,加快进口平台建设,例如对台小额商品交易市场、进口商品集散交易平台、公共信息平台、分拨配送平台、仓储物流平台、电子商务平台等进口促进平台,完善平台功能,提高进口实效。完善江苏化工品、张家港保税区汽车、太仓木材和苏州高新区食品等四个省级进口交易中心平台功能。推进张家港保税港区汽车平行进口试点,支持口岸汽车改装项目发展。

在促进关键零部件和高技术中间产品进口方面,昆山发挥国家和江苏省《鼓励进口技术和产品目录》引导作用,落实鼓励项目引进技术设备免征关税等进口税收优惠政策,支持企业扩大国外先进技术、关键设备及零部件和民生特色优质消费品进口。昆山综合保税区随着《海关总署关于支持苏州市加工贸易转型升级有关试点工作的通知》的发布,累计监管 8851 万美元的旧设备出区,同时先进的设备进来,为昆山加工贸易转型升级注入了新鲜活力。

(三) 加快服务贸易发展

在促进服务贸易发展方面,昆山的主要措施有:第一,鼓励跨境电子商务加速发展。例如,昆山建设了海峡两岸电子商务经济合作实验区,从电商交易平台、经营主体、仓储物流、快递配送、售后服务等环节入手,引进培育了外贸综合服务企业,建立了适应电子商务模式的报关、报检、结汇和退税等管理机制,培育跨境电商平台,鼓励传统外贸企业运用电子商务开展对外贸易。

---

[1] 资料来源:昆山市商务局。

第三，促进会展业发展。借鉴深圳、杭州等会展业发展先进城市经验，昆山落实会展业发展鼓励扶持政策，大力提升会展业市场化和国际化水平。近年来，昆山推动昆山国际会展中心、昆山花桥国际博览中心等一批会展载体提升功能、扩大影响，增强承接大型化、国际性会议展览的能力。同时，昆山深入打造进交会、昆博会、国际发明展览会等一批品牌展会，培养了一批发展基础好、市场拓展能力和创新意识强的会展主体，引进了一批国内外知名会展企业。目前，昆山拥有花桥国际博览中心、昆山国际会展中心、昆山科技文化博览中心 3 大会展场馆，展览面积合计 17 万平方米，可举办高规格会议和大规模综合性展览。昆山市出台《关于促进中国（昆山）品牌产品进口交易会融资租赁和设备交易若干政策》等文件，2018 年进交会现场有江苏省国际租赁公司等 12 家机构深度参与交易活动，现场成交意向额达 21.4 亿元，同比增长 32.1％，与中国船舶重工集团公司、苏州德旺宝机器人智能科技公司等多家企业签订战略合作协议。

第四，推进服务外包创新发展三大工程。一是企业竞争力提升工程。昆山依托重点外包载体，打造了一批"专、精、特、新"的创新型服务外包企业，加强世界 500 强及国际外包专业协会（IAOP）百强企业和中国服务外包领军、成长型百强企业的引育。二是制造业服务化工程。依托昆山的制造业优势，搭建制造业服务化的技术交流、业务合作平台，鼓励企业将更多的研发设计、物流运输、订单处理、销售等环节外包。三是"互联网＋"融合工程。昆山积极探索互联网与教育、医疗、交通、旅游、金融等行业融合发展带来的服务外包新业态、新领域，加大了对引领"互联网＋"趋势的外包企业招商力度。

（四）产业链招商最大化产业关联效应

经济地理学的相关研究表明，一个产业要发展起来，就必须有环环相扣的产业链条。只有上下游产业相互配合协同发展才能最小化交易成本，最大化知识、人才和信息外溢。在全球生产分工碎片化时代，尤其如此。昆山紧紧把握这一客观规律，逐步放弃过去的分散式招商，采用产业链招商。所谓产业链招商，就是围绕一个时期重大产业项目进行招商，形成环环相扣、步步咬合、高效运转的"链条式"项目推进格局，实现重大产业项目"点"串成"链"，"链"连成"片"。

以电子信息产业为例，昆山虽然拥有国内相对完备的电子信息产业链，但"缺芯少屏"一直是制约昆山电子信息产业迈向新台阶的关键障碍。"十二五"以来，昆山全力提升电子信息产业链，聚焦科技创新元素，大力推进对新一代电子信息、集成电路、光电显示、电子通信设备、高端装备（工业机器人与服务机器人、智能工厂系统集成与核心零部件、高端机械设备、常青树产业等领域）的引进，推动本地主体与国外高端制造业多元合作，搭建国际制造合作平台，促进协同研发和技术合作。

2017年以来，中科曙光、澜起科技、瑞鼎科技、华天科技、泰芯智能科技等企业的进入，逐步破解了"缺芯"难题。澜起科技是全球仅有的四家、亚洲唯一一家可以在服务器内存市场提供内存接口解决方案的芯片公司。瑞鼎科技是台湾第三大驱动芯片企业，专门为显示器面板厂商提供完整解决方案。华天科技是国内较早从事晶圆级集成电路先进封装测试的企业之一。对于"少屏"难题，早在2005年昆山就启动建设光电产业园。2018年前后，昆山的光电产业基地成为国内唯一同时掌握有机发光体（AMOLED）、低温多晶硅（LTPS）、非晶硅（TFT-LCD）三类面板显示技术，并具备产业化能力的基地。入驻光电产业园的国显、友达、龙腾三家面板企业分别代表AMOLED、LTPS、TFT-LCD领域国内最高水平。围绕三大龙头企业和三大核心技术，昆山光电产业园持续整合产业上下游，形成了"原材料—面板—模组—整机"的完整产业链。在上游的原材料领域，集聚了旭硝子玻璃、东旭广电、奇美材料等一批项目；在下游，拥有康佳、天乐、仁宝等一批品牌整机厂商和东电、之富士等一批光电装备制造企业。2019年，昆山光电产业园入选首批江苏特色（产业）示范区。[①]

（五）招贤纳智实现开放式创新

高质量发展模式与传统高速增长模式的一个重要区别是，前者依靠要素驱动，而后者依靠创新驱动。创新驱动就必须积累优秀的智力资源，正如习近平总书记在参加十二届全国人大三次会议上海代表团审议发表讲话时指出的，人才是创新的根基，创新驱动实质上是人才驱动，谁拥有一流的创新人才，谁就拥有

---

① 资料来源：昆山市发改委。

了科技创新的优势和主导权。为了提升创新能力,昆山加大引智力度,逐步形成多层次多渠道的引才格局。

第一,加大人才补贴力度。昆山整合设立5亿元综合信用风险池和15亿元人才科创专项资金,出台了"人才新政33条","1+X"人才政策体系、"头雁人才"工程计划、人才科创"631"计划和"一廊一园一港"科创载体建设计划。对于这些最聪明的"脑袋"、最前沿的项目和技术,昆山不仅给资金、给土地、给政策,书记、市长还多次出马登门拜访,用先进的理念、干事创业的决心和共同创业、共担风险的勇气来吸引他们、打动他们。

第二,打造安居乐业的城市居住环境,提高国际优秀人才在昆山的工作便利度。例如,昆山制定了《昆山市高层次人才享受医疗保健服务实施办法(试行)》《昆山市高层次人才子女入学管理办法(试行)》等政策,为高层次人才解决子女教育问题。再比如,2018年7月,昆山发布了《关于深化昆台经济社会文化交流合作的若干措施》,出台68项措施,加快给予台胞同等待遇。措施覆盖投资经贸合作、金融创新合作、社会文化交流、学习实习工作创业、居住生活等方方面面。这些措施为台商台胞台属营造了宜业、宜居、包容、认同的"第二故乡",增强了台商的归属感和认同感。

第三,引进高水平教育和科研机构,提升人才造血能力。在高水平教育机构方面,2010年昆山引进了排名全美前10位的杜克大学,与国内一流高校武汉大学共同建立了昆山杜克大学。该校已成为国际合作办学的典型和昆山实行开放创新的样板,依托杜克大学打造的杜克智谷小镇聚集了一批高校和科研院所、搭建了一批产学研合作平台、吸引了一批专家人才,为昆山发展高端产业和集聚创新要素增添了新动能。在高水平科研机构方面,2019年,昆山工研院与白俄罗斯国家科学院签约,共建"白俄罗斯国家科学院(昆山)创新中心",昆山"一带一路"国际先进技术研究院与白俄罗斯国家技术转移中心签约,捷安特轻合金科技(昆山)股份有限公司与白俄罗斯国家科学院物理研究所签署合作备忘录,昆山博泽智能科技有限公司与白俄罗斯国家科学院识别系统中心签署合作备忘录。昆山邀请俄罗斯、乌克兰、白俄罗斯等国大院大所院士、教授来开展技术交流对接活动19场,发布大院大所科技成果72项,促成了16项科研项目、平台载体和人才引进合作。

在开放式创新政策支持下,昆山在吸引和利用人才上也取得了不错的成绩。截至 2018 年底,昆山拥有国家"万人计划"等方面人才 115 人、省"双创"人才团队 133 个,苏州和昆山市级人才团队 600 多个,省工程技术研究中心、研究生工作站分别达到 105 家和 119 家,博士后工作站达到 4 家,分站达到 11 家,常住博士有 100 多名。科技进步贡献率达 64.1%、人才贡献率达 50.9%、万人发明专利拥有量达 60 件,人才综合竞争力 5 年蝉联江苏省第一。国家高新技术企业总数和万人发明专利拥有量在全国县级市中名列第一。在福布斯中国"创新力最强的 30 个城市"中居全国县级市首位,入选科技部"全国首批创新型县(市)建设"名单。①

(六) 简政放权营造一流营商环境

中国过去的招商引资主要依靠要素和政策优势,但未来更大程度上依靠优良的营商环境。营商环境不仅是影响外资企业选择投资目的地的关键因素之一,也是企业是否决定长期扎根的重要因素。由于长期的计划经济思维导向,中国政府一度依赖以行政审批来配置和管理市场资源。这种方式严重束缚了企业的创业创新热情,滋生大量腐败行为。江苏省审改办在 2016 年 8 月到 2017 年 3 月期间,先后调查了 1518 户企业,发现江苏企业在注册开业、施工许可、生产许可、创新激励、年检年审等方面都要耗费大量的时间和人力物力。在注册开业环节,企业要申领营业执照需要经过 226 项行政许可;在施工许可环节,企业从拿地到建房至少需要 22 个流程、66 道审批、274 个工作日才能获得施工许可。企业反映,上一个项目要盖 92 枚公章,交 53 笔费用,找 23 个中介,提交 300 多件材料,耗时往往一年以上。②

为了优化营商环境,昆山政府作出了许多努力:第一,建立行政审批局。昆山于 2017 年 8 月在全省率先挂牌成立昆山开发区行政审批局,将原先由不同职能部门行使的审批权,尤其是关联度较高的市场准入类、投资建设类、重要民生办证类三个领域的审批权,全部或绝大部分转移至行政审批局。行政审批局的

---

① 资料来源:昆山市发改委。
② 俞军:《"不见面审批模式"的探索——基于对江苏省 1518 户企业的调查》,《中国行政管理》2017 年第 11 期。

组建大大提高了审批效率,为企业节约了交易成本,破解了一直困扰企业的审批时间长、盖章多、收费多、中介多、材料多"一长四多"问题。2018 年,昆山又先后成立昆山高新区行政审批局和花桥经济开发区行政审批局,在全市更大范围推动行政审批改革。第二,充分利用互联网和大数据,加快推进"不见面审批",实现审批的网上申报,让数据多跑路,群众少跑路。2019 年 2 月 11 日,昆山又先后对外发布了《昆山市加快推进"不见面审批(服务)"进一步优化营商环境白皮书》,制定出台 23 条政策和 10 项配套措施,以减少行政费用、优化营商环境。第三,对于审批时间,昆山先后提出了"3550"目标(也就是 3 个工作日内开办企业、5 个工作日内获得不动产登记、50 个工作日内取得工业建设项目施工许可证)和"1330"目标(也就是 1 个工作日内开办企业、3 个工作日内获得不动产登记、30 个工作日内取得工业建设项目施工许可证),不断为企业办理行政手续节约时间。[①]

在多方努力下,昆山为企业打造了优良的营商环境。在一次民营企业座谈会上,好孩子集团一位负责人感慨道,"企业在昆山经营总有一种很顺畅的感觉,我想这就是一种很好的营商环境吧。"2018 年,赛迪顾问股份有限公司发布了《2018 年中国县域营商环境百强研究白皮书》,昆山高居第一。

二、 昆山开放发展推进现代化建设的主要成效

(一) 经济发展高质量成效显著

学习贯彻习近平总书记"发展是第一要务,人才是第一资源,创新是第一动力"的重要论述,[②]坚定实施创新驱动发展战略,开启人才引领、科创制胜新篇章。以打造国家一流产业科创中心为主线,大力推进"一廊一园一港"[③]建设,创新实施人才科创"631"计划[④]、"头雁人才"工程,推动传统工业区向科创园区转

---

① 资料来源:昆山市商务局。

② 习近平:《发展是第一要务,人才是第一资源,创新是第一动力》,中华人民共和国中央人民政府网,https://www.gov.cn/xinwen/2018 - 03/07/content_5272045.htm。

③ 一廊一园一港:夏驾河科创走廊、阳澄湖科技园、花桥国际创新港。

④ 人才科创"631"计划:统筹 60% 的资源要素,通过普适性政策支持,鼓励现有企业插上"科技的翅膀",大力培育人才科创"森林";安排 30% 的资源要素,聚焦引领性产业发展方向,通过政府引导,深化与中科院等大院大所合作,做大增量、做优质量,全力构筑人才科创"高原";集中 10% 的资源要素,通过政府主导,瞄准自主可控,抢占未来发展制高点,勇闯科技创新"无人区",奋力攀登人才科创"高峰"。

型。着力构建自主可控现代产业体系,实施祖冲之自主可控产业技术攻关计划,昆山超算中心、深时数字地球研究中心等一批院士领衔的国家重大科技项目顺利实施,中科可控产业化基地、宝能新能源汽车、澜起科技等一批旗舰型项目加快建设。2018 年,全社会研发投入占地区生产总值比重 3.3%;高新技术企业达 1211 家;高新技术产业产值 4023.8 亿元,新兴产业产值 3950.2 亿元,占规上工业比重分别为 48.8%、47.9%,比 2012 年提高 5.1 个、11 个百分点;万人发明专利拥有量 60 件,是 2012 年的 4.8 倍。拥有国家级创新创业领军人才 115 名,人才综合竞争力 5 年蝉联全省第一。

(二) 改革开放高质量持续深化

深入贯彻习近平总书记改革开放"是决定当代中国命运的关键一招,也是决定实现'两个一百年'奋斗目标、实现中华民族伟大复兴的关键一招"[①]的重要论断,我们坚持以开放促改革、促发展,加快构建开放型经济新体系,推进更高水平对外开放。抢抓长三角一体化发展机遇,发起创立"4+2"更高质量一体化发展实践联盟[②],参与嘉昆太协同创新核心圈[③]、环淀山湖战略协同区[④]建设,推进与上海基础设施互联互通、科创资源对口对接、社会治理联动联防、公共服务共建共享。主动融入"一带一路"建设,以园区管理经验输出为特色,深化与埃塞俄比亚合作,建设江苏昆山(埃塞)产业园。深化与乌克兰、白俄罗斯等国际科技交流合作,不断拓展对外开放新空间。做深做透昆台融合发展文章,成功召开六次昆山试验区部省际联席会议,扎实推进《昆山试验区条例》立法,出台深化昆台经济社会文化交流合作 68 条措施。截至 2018 年底,累计批准台资项目 5033 个,总投资 605.2 亿美元。深化"放管服"改革,周市镇经济发达镇改革启动实施,昆山

---

① 习近平:《在庆祝改革开放 40 周年大会上的讲话》,《人民日报》2018 年 12 月 19 日。
② "4+2"更高质量一体化发展实践联盟:由昆山市、嘉定区、青浦区、松江区和张江国家自主创新示范区、虹桥商务区共同发起成立"4+2"更高质量一体化发展实践联盟。
③ 嘉昆太协同创新核心圈:苏州市与上海市嘉定区签订战略合作框架协议,共同打造"嘉(定)昆(山)太(仓)"协同创新核心圈。
④ 环淀山湖战略协同区:《上海市城市总体规划(2017—2035 年)》中明确了四大跨区域战略协同区,其中包括环淀山湖战略协同区。环淀山湖战略协同区核心区包括青浦区、昆山市、吴江区、嘉善县,横跨江浙沪两省一市,处于长三角区域的核心地带。

开发区、昆山高新区、花桥经济开发区行政审批局挂牌成立,创新打造昆山版"1330"①政务服务新模式。市场主体由 2012 年 13 万户增长到 2018 年 32 万户,在全省县市中名列第一。

(三) 城乡建设高质量协调并进

习近平总书记强调,"要统筹生产、生活、生态三大布局,提高城市发展的宜居性"。② 我们瞄准现代化大城市定位,牢固树立"减量发展"理念,推动城乡融合发展。优化城市功能品质,大力推进"美丽昆山"建设,加快推动青阳港滨水城市中心、杜克智谷小镇科创中心、昆山南站城市门户、朝阳路商业中心、亭林园传统文化集聚区和轨交 S1 线走廊等"五区一线"规划建设。上海轨道交通 11 号线延伸至昆山花桥,开创全国轨道交通跨省建设先河;建成全国县级市首条环城快速路。提升城市管理水平,探索国有物业公司接管自管小区新模式,深入推进"厕所革命"、农贸市场标准化改造、生活垃圾分类。大力实施乡村振兴战略,推进永久基本农田集中连片布局,以乡村旅游标准打造美丽乡村,持续改善农村人居环境,加强农村整体风貌管控,充分展现江南水乡特色风貌。

(四) 文化建设高质量魅力凸显

习近平总书记强调,"文化是一个国家、一个民族的灵魂。文化兴国运兴,文化强民族强。"③我们始终坚定文化自信、打造文化标识、讲好昆山故事、建好精神家园。大力创建文明城市,打造市民修身立德工程、市民文明十二条专项行动等品牌项目,推进新时代文明实践中心建设。加快打造文化标识,擦亮昆曲和顾炎武两张"金名片",打造当代昆剧院、戏曲百戏博物馆等载体,创新举办戏曲百戏(昆山)盛典,设立"昆山市顾炎武日",《大儒顾炎武》入选优秀国产纪录片展播目录。着力保障文化供给,规划建设博物馆、美术馆、图书馆(二馆),完善市镇两级体育中心场馆建设。成功引进中乙足球俱乐部,精心举办汤尤杯羽毛球赛、海峡两岸(昆山)马拉松赛、国际女子水球邀请赛、亚足联 U23 锦标赛等品牌赛事。

---

① "1330":开办企业 1 个工作日内完成、不动产登记 3 个工作日内完成、工业建设项目施工许可 30 个工作日内完成。

② 《习近平总书记在中央城市工作会议上的讲话》,《人民日报》2015 年 12 月 21 日。

③ 习近平:《决胜全面建成小康社会　夺取新时代中国特色社会主义伟大胜利》,《人民日报》2017 年 10 月 28 日。

（五）生态环境高质量有力推进

深刻学习领会习近平总书记指出的"良好生态环境是最公平的公共产品,是最普惠的民生福祉"[1],不断增强生态文明建设的战略定力,全力探索以生态优先、绿色发展为导向的高质量发展之路。坚决打好污染防治攻坚战,深入开展"263"专项行动[2],严格落实河湖长制,国省考断面水质全部实现稳定达标,空气质量位居全省前列。全力推进重点河道治理、污水处理厂扩容提标和互联互通工程,高标准推进固废提升改造项目、再生资源综合利用项目和工业污泥集中处理项目建设,加快完善危废监管处置体系。严厉打击环境违法行为,加强边界区域生态环境联防联治。仅 2017—2018 年两年,就投入 177.3 亿元用于生态文明工程建设。污水日处理能力由 2012 年的 47.94 万吨提高到 2018 年的 71.74 万吨。

强保障、增福祉,人民生活高质量全面提升。始终牢记习近平总书记强调的"永远把人民对美好生活的向往作为奋斗目标"[3],坚持以人民为中心的发展思想,补齐拉长民生短板弱项,深入彻底排查整治安全风险隐患,不断增强群众的获得感、幸福感、安全感。开工建设东部医疗、西部医疗、公共卫生"三大中心",实行新市民子女公办学校积分入学,昆山杜克大学一期建成开学。牢牢守住城市安全底线红线,成立 17 个安全生产专业委员会,实现区镇安全生产委托执法全覆盖。创新开展"红蓝军"对抗"盲打"演练,大力开展"331"专项整治行动,[4]推进区域性、行业性火灾隐患集中治理。健全社会治理体系,建设"城市大脑"综合指挥中心,建立市镇村三级联动处置机制。以创建"无黑城市"为目标,大力开展扫黑除恶专项斗争,深入推进行业治乱集中整治。制定实施"聚焦富民补短板"16 条政策、精准帮扶因病因残困难人员 19 条举措。2012—2018 年,居民人

---

[1] 习近平:《2013 年 4 月 8 日到 10 日在海南考察时的讲话》,《人民日报》2013 年 4 月 11 日。
[2] "263"专项行动:"两减六治三提升"专项行动。"两减"是指减少煤炭消费总量、减少落后化工产能;"六治"是指治理太湖水环境、治理生活垃圾、治理黑臭水体、治理禽畜养殖污染、治理挥发性有机物污染、治理环境隐患;"三提升"是指提升生态保护水平、提升环境经济政策调控水平、提升环境监管执法水平。
[3] 习近平:《决胜全面建成小康社会　夺取新时代中国特色社会主义伟大胜利》,《人民日报》2017 年 10 月 28 日。
[4] "331"专项整治行动:围绕"三合一"场所、出租房（群租房）和电动自行车三类突出火灾隐患,按照既定任务清单、履职清单和追责清单"三张清单",在全市范围开展为期 100 天的集中整治专项行动。

均可支配收入由 33011 元增加到 55081 元;完成 131 个学校建设项目,新增学位近 9 万个;新增医疗床位 1019 张;低保标准提高至每人每月 945 元。

三、 昆山推进高质量发展的基本经验

高质量发展的"昆山之路"是昆山干部群众薪火相传、接续创新铸就的。这些成绩的取得,得益于我们对壮大实体经济的坚守,得益于对推进创新驱动的坚定,得益于对扩大改革开放的坚信,得益于对提升生活品质的坚持。

1. 推动高质量发展,我们始终把壮大实体经济作为重要基础。无论形势如何变化,昆山都把发展实体经济作为立市之本。围绕构建自主可控产业体系,集中优质资源发展光电、半导体、小核酸及生物医药、智能制造四大高端产业,推进电子信息产业转型升级,打造世界级先进制造业集群,促进产业迈向全球价值链中高端。全市工业经济形成了 2 个(电子信息、装备制造)千亿级产业集群、7 个百亿级产业集群,产值超亿元企业 912 家,其中 10 亿元企业 119 家,百亿元以上 10 家,千亿元以上 1 家。实践证明,在转型升级的重要关口,正是实体经济的发展对稳定经济增长、调整产业结构提供了重要支撑,为高质量发展积蓄了势能、增强了后劲。

2. 推动高质量发展,我们始终把推进创新驱动作为关键举措。昆山发展取得的每一次大的突破,都是以解放思想为先导,视挑战为机遇,以创新为动力。从实施"转型升级创新发展"六年行动计划,到当前的国家一流产业科创中心建设,都一以贯之地推动发展动力由要素驱动向创新驱动转变,大力推进以科技创新为核心的全面创新,加快新旧动能接续转换。万人发明专利拥有量、科技进步贡献率等指标远高于全国平均水平,高新技术企业数在全国县级市中遥遥领先。实践表明,推进高质量发展必须以全球眼光整合创新资源,充分发挥生产要素的乘数效应,努力形成政府、企业、人才、资本等协同创新的局面。

3. 推动高质量发展,我们始终把扩大改革开放作为必由之路。昆山因改革而立、因开放而兴。"昆山之路"也是一条不断深化改革、扩大开放的高质量发展之路。一方面,持续深化市场化改革,建设服务型政府,打造法治化、国际化、便利化的一流营商环境,不断激发经济社会发展活力,市场主体总数在全国县级市

率先突破 40 万户。另一方面,坚持扩大高水平开放,积极融入长三角一体化发展和"一带一路"建设,积极拓展对外开放新空间,集聚全球先进要素,不断提升发展质量和水平,以不到全国万分之一的土地,聚集了全国 5.3‰ 的外资,创造了全国近 2‰ 的进出口数据。实践证明,深化改革和扩大开放,有力促进了体制机制障碍的消除和资源配置效率的提高,为高质量发展提供了更多发展机遇、拓展了更广发展空间、赢得了更大发展优势。

4. 推动高质量发展,我们始终把增进民生福祉作为根本追求。昆山坚持以人民为中心,根植"一花独放不是春,百花齐放春满园"理念,聚焦教育、医疗、养老、交通等突出问题,强化公共资源投入,及时回应群众关切,办好民生实事,不断提高人民群众的生活水平。特别是近年来,致力做好普惠性民生建设,民生支出占财政支出比重长期保持在 80% 以上;全力确保小康路上一个都不掉队,完善因病因残致贫人员精准帮扶机制,制定实施医疗、就业、住房等五个方面细化政策,努力使人民获得感、幸福感、安全感更加充实、更有保障、更可持续。实践表明,高质量发展必须把满足人民日益增长的美好生活需要作为改革开放的根本归宿,让人民群众共享改革开放带来的实惠,真正把执政为民的本质要求落到实处。

四、 昆山开放发展促进现代化建设的经验启示

立足新发展阶段,贯彻新发展理念,必然要求构建新发展格局。十八大以来,昆山采取一系列创新举措,深入贯彻开放发展理念,取得了开放发展的新成就,最根本的经验和启示在于,昆山坚持了五个方面的"不动摇",是昆山开放发展的最根本的经验和启示。

(一) 坚持开放融合创新不动摇

习近平总书记曾坦言:构建新发展格局是开放的国内国际双循环,不是封闭的国内单循环。[①] 可见,双循环新发展格局本质上是一种新开放发展观,其所强调的"相互促进"关系,显然蕴含了继续以开放促发展的重要性。从这一意义上

---

① 《习近平谈治国理政》,外文出版社 2022 年 6 月版, 第 156 页。

说,提升自主创新能力,同样需要在更加开放条件下整合和利用全球创新要素,而不能狭义地理解为"自己创新"。为构建新发展格局并争取为全国作出示范,江苏坚持开放创新深度融合不动摇。"外资稳链"的政策举措、提升利用外资质量的政策举措、扩大服务业开放的政策举措等,都是通过高质量"引进来"集聚先进和创新要素的具体实施路径。截至 2022 年底,昆山已集聚全球 79 个国家和地区的 9700 多个外资项目,总投资超 1200 亿美元,注册外资超 500 亿美元,实际利用外资超 300 亿美元,48 家世界 500 强企业在昆山投资设立项目 108 个。最新统计数据显示,2023 年上半年,昆山实际使用外资 15.1 亿美元,同比增长 42.4%,占苏州全市比重较去年提升 6.1 个百分点,仅用半年就完成了全年目标任务。仅 2023 年上半年,昆山德国工业园就吸引了包括 GE 品牌通用净水科技华东区运营总部项目等在内的 10 个外资项目。这些无疑都是"引进来"开放融合创新的生动案例。

(二) 坚持内外联动构筑全面开放新格局不动摇

习近平总书记曾指出:加强创新能力开放合作,形成陆海内外联动、东西双向互济的开放格局……优化区域开放布局,加大西部开放力度。[1] 这也是贯彻开放发展理念,构建双循环新发展格局的重要内容。近年来,江苏一直很重视打造内外联动、东西双向互济的开放格局。尤其是在积极参与"一带一路"建设过程中,以及积极参与长三角区域高质量一体化建设等区域协作中,加大与国内中西部地区的协作和分工,推动了东西双向互济的开放格局形成。

在共同参与"一带一路"建设过程中,陆海内外联动、东西双向互济不仅表现为昆山加快推动部分产业向中西部地区转移,也表现为通过优势互补携手共建"一带一路"陆海联运新篇章。作为开放型经济的先行者和领头羊,昆山市以及昆山高新区把主动服务和融入国家战略,作为使命和义不容辞的政治责任,积极参与"一带一路"建设,在更高层次上扩大开放,助推区域产业转型升级和创新发展。2016 年 6 月,昆山高新区与白俄罗斯、乌克兰共建昆山独联体国际技术转

---

① 习近平:《决胜全面建成小康社会 夺取新时代中国特色社会主义伟大胜利》,《人民日报》2017 年 10 月 19 日第二版。

移中心;同年10月,昆山举办首次"一带一路"技术推介会;12月,弗拉基米尔·尼古拉耶维奇来到昆山,专门与昆山华恒焊接股份有限公司对接。2017年7月,昆山高新区与乌克兰国家科学院、白俄罗斯国际技术大学签订战略合作协议;2018年11月,昆山市工业技术研究院加入全国对俄科技合作基地联盟;2019年6月,白俄罗斯国家科学院昆山创新中心、中白工业园昆山创新中心等科创载体签约揭牌。梳理这些"时间轴"不难发现,昆山高新区较早谋划并参与"一带一路"科技合作,为拓宽与沿线国家的合作打下了深厚基础。除了确定清晰的发展定位,"一带一路"昆山国际先进技术研究院还探索建立了系统性、科学化的运作模式,即以研究院平台为依托,构建"科创平台＋实体公司"两级建设机制。

除了依托"一带一路"建设外,昆山还通过积极对接国家其他发展战略,以通过内外联动构筑全面开放新格局。比如坚定不移地参与推动实施长三角一体化发展等,也是昆山积极推动形成陆海内外联动、东西双向互济开放格局的重要实施路径。紧扣"一体化""高质量"两个关键,昆山主动支持和服务上海发挥龙头作用,携手其他兄弟城市各扬所长,有力有序有效推进《长江三角洲区域一体化发展规划纲要》各项工作任务在江苏落地落实。坚定不移地通过加强区域协作,释放了双循环新动能,在推动东部地区开放型经济迈向更高层次和更高水平的同时,加强了与中西部地区的互动,带动中西部地区开放型经济发展,夯实现代化建设的开放发展基石。

(三) 坚持互利共赢维护全球产业链供应链畅通稳定不动摇

世界百年变局和世纪疫情相互交织,对国际产业链供应链带来了严重的冲击和破坏效应,特别是新冠疫情的全球肆虐,在供给梗阻和需求萎缩两个层面,对国际产业链供应链产生了巨大影响,引发产业链供应链"断裂"风险。更为重要的是,在美西方不断渲染要降低对中国依赖、"去中国化"等的影响下,昆山作为已经深度融入全球产业链分工体系的开放地区,在维护全球产业链供应链畅通稳定方面,的确面临着巨大的挑战。

为了维护全球产业链供应链畅通稳定,更好地构建双循环新发展格局,昆山力图通过强化互利共赢、进一步打造"你中有我、我中有你"的共生关系,以夯实全球产业链供应链畅通稳定的基础。比如,通过采取放宽市场准入、对标国际规则、加强权益保护等多种举措优化营商环境,吸引外资企业更深入地参与生物技术和新医药产业、高端软件和信息服务业、节能环保等战略性产业和新型产业,在外资稳链中形成与外资企业的"命运共同体"和"安全共同体"。与此同时,昆山还通过开放创新深度融合,努力实现科技自立自强,向全球创新链攀升,防范疫情和中美贸易摩擦导致供应链出现"共振"风险。坚持以互利共赢的新思路不动摇,化解风险和挑战,进而在维护全球产业链供应链畅通稳定中,呈现昆山担当,作出了昆山贡献,展现了昆山示范。

(四) 坚持依托国内大循环打造全球高端要素引力场不动摇

习近平总书记强调:"坚定不移全面扩大开放","让中国市场成为世界的市场、共享的市场、大家的市场,为国际社会注入更多正能量。"[1]"双循环新发展格局"以国内大循环为主体,其实就是要发挥超大本土市场规模优势,使得建立在国内大循环基础上的超大本土市场规模能够成为吸引和集聚全球高端要素的新引力。进入构建新发展格局的发展阶段后,发挥超大本土市场规模优势,打造全球高端要素引力场,我们实际上仍然面临着国内大循环不够畅通的问题。由于体制机制等方面的约束,国内统一大市场目前尚未形成,真正可用的有效市场规模还不是很大。

为此,昆山坚定不移地采取多方面对策举措,着力破除要素流动障碍。其中就包括前述分析指出的积极开展区域合作,如长三角高质量一体化建设、构建南京都市圈,以及打造扬子江城市群等方面的有效努力。比如,作为沪苏同城的桥头堡的昆山花桥,以特色专业创新园区为载体,聚焦数字经济、总部经济、研发经济加快布局。大项目是经济发展的"动力源"和"压舱石"。花桥坚持项目为王,扩大朋友圈、打造生态圈、优化服务圈,努力将"不可多得"的区位优势转化为"不可替代"的发展胜势,持续攻坚一批项目,全力招大引强,为花桥加快融入长三角一体化发展积蓄强劲的动力。此外,昆山花桥经济开发区与上海市嘉定区安亭

---

[1] 习近平:《在第三届中国国际进口博览会开幕式上发表主旨演讲》,《人民日报》2020 年 11 月 5 日第一版。

镇、青浦区白鹤镇共同举办"贯彻二十大　奋进新征程"2023 年"鹤亭桥""百姓名嘴"风采展示活动暨花桥经济开发区主题宣讲比赛,以"鹤亭桥"城镇圈"小三角"撬动"大三角"。

（五）坚持以制度型开放增创国际竞争合作新优势不动摇

2018 年年底中央经济工作会议指出:"要适应新形势、把握新特点,推动由商品和要素流动型开放向规则等制度型开放转变。"面临传统低成本优势的逐步丧失,增创国际竞争合作新优势的有效途径之一,就是推动制度型开放。特别地,作为构建新发展格局重要目标之一的更高层次和更高水平开放,离不开高端和先进生产要素的集聚,而对高端和先进生产要素的吸引显然不能依靠传统的优惠政策等,更需要优良的制度环境。制度型开放一方面要求与全球高标准经贸规则对接,从而有助于吸引和承接更高端的生产环节和阶段向国内转移,另一方面要求对国内相关规则和体制机制进行改革和优化,从而打造更加有利于创新要素和创新活动的集聚环境。

正是基于这一现实背景和现实需求,近年来昆山坚持在推动制度型开放方面不动摇,在积极探索中取得了显著成效。比如,近年来昆山努力对标高层次的经贸新规则,建立一套便捷高效的涉企办事流程,营造更加公平的市场环境、更加包容的人文环境、更加便捷的政务环境、更加优良的信用环境、更加透明的法治环境,打造投资创业"首选地"。尤为值得一提的是,2023 年昆山发布了《昆山市深化"昆如意"营商环境 2023 年创新行动方案》,提出"着力打造开放包容的国际化营商环境",并在构建商事纠纷多元化解机制、深化跨境贸易便利化改革、高标准对标国际经贸规则等方面制定了详细的措施"规划图",在进一步深化RCEP 原产地证书自助打印、出口检验检疫单证"云签发"应用、创新监管拓展产业链条;扩大"两步申报、提前申报、两段准入"应用,提高货物通关效率;优化综合保税区"一区多片、片区直通"物流流通模式,强化各片区间高效协同,进一步压缩货物通行时间,提升物流周转效能等方面,充分体现出制度型开放的明确规划路线图和具体举措。

第五章

开放发展与构建现代化产业体系

平心而论，改革开放以来，中国产业发展乃至一定程度上的转型升级，正是在融入经济全球化过程中实现的。中国式现代化建设离不开现代化产业体系。然而，世界百年变局和世纪疫情相互交织下，全球产业链供应链调整呈现本土化、区域化、多元化、数字化和服务化等新趋向。这对中国产业链供应链安全稳定发展而言既有挑战也有机遇，但综合看机遇大于挑战。短期内，上述调整不会对中国产业链供应链安全稳定产生实质性冲击，但如果不解决"卡脖子"问题，不抓住以数字技术为代表的新一轮信息技术革命带来的战略机遇，长期确实会对我国产业链供应链安全带来较大影响。为此，中国需要寻求有效对策，以化解挑战、抓住机遇，保障中国产业链供应链安全稳定发展。如此，才能夯实我国经济发展的根基、增强发展的安全性稳定性，才能在各种可以预见和难以预见的狂风暴雨、惊涛骇浪中增强我国的生存力、竞争力、发展力、持续力，确保中华民族伟大复兴进程不被迟滞甚至中断，胜利实现全面建成社会主义现代化强国目标。

第一节
全球产业链供应链调整新趋向

20 世纪 80 年代以来，全球产业链供应链的快速发展和深度演进为世界经济的繁荣发展作出了巨大贡献。近年来，国际国内形势发生重大而深刻的变化。从国际看，世界百年未有之大变局进入加速演变期。一方面，和平与发展仍然是时代主题，新一轮科技革命和产业变革深入发展，国际力量对比深刻调整；另一方面，国际形势的不稳定性和不确定性明显增加，新冠疫情大流行影响广泛深远，经济全球化遭遇逆流。人们开始反思产业链和效率的关系，全球产业链供应链加速调整，出现一些新特征、新趋势。

一、　全球产业链供应链进入调整新阶段

20 世纪 80 年代以来，全球价值链分工的快速演进推动了经济全球化迅猛发展，世界经济也由此实现了持续几十年的繁荣发展，人类物质文明达到

了前所未有的高度。与传统国际分工模式相比,全球价值链分工的深度演进为发展中国家带来了新的发展机遇。只要条件具备、战略得当,发展中国家也能在对外开放中获得发展的机会。改革开放以来,中国开放发展取得的举世瞩目的巨大成就就是明证。但是,在世界百年变局和世纪疫情相互交织下,无论是发展中国家还是发达国家,都存在全球产业链供应链调整的强烈需求。

(一) 来自发展中国家调整的需要

全球价值链分工虽然推动了世界经济的繁荣发展,但也积累了不少矛盾和问题,"机会不均等"和"地位不平等"就是其中最为突出的矛盾。所谓"机会不均等",主要表现为许多发展中国家,尤其是诸如非洲等地区的许多国家和地区,由于受到要素禀赋、基础设施、地缘状况等条件约束,在国际分工中被边缘化。所谓"地位不平等",主要表现为以往全球价值链分工的快速演进,主要是由发达国家跨国公司推动和主导的。因此,即便像中国这样的"全球化的受益者",仍然面临着分工地位不高、附加值创造能力较低等问题。因此,推动全球产业链供应链调整,为更多国家和地区提供参与国际分工的机会,促进全球价值链分工朝着地位更加平等的方向发展,成为广大发展中国家的普遍诉求。

(二) 来自发达国家调整的需要

在过去几十年经济全球化快速发展过程中,发达国家作为全球价值链分工的主要推动者和主要掌控者,虽然是最大的受益者,但同样有重构全球价值链的需求。随着全球价值链深度演进,尤其是劳动密集型产业和产品生产环节的国际梯度转移,发达国家内部出现一定程度的"产业空心化"问题。因此,发达国家中的经济全球化获益者主要是资本所有者和高级管理和技术人员,而作为普通劳动者则获益较少。如果说利益分配失衡问题在经济繁荣时期还能得到一定程度掩饰的话,那么一旦受到外部冲击或者经济变得不景气,贸易保护主义就有了"冠冕堂皇"的理由。2008年全球金融危机以来,发达国家的贸易保护主义抬头和逆全球化思潮的兴起有着深刻的社会原因。2008年全球金融危机冲击之后,部分发达国家开启所谓重振制造业计划、促使制造业产业回流等，就是它们对全球产业链供应链调整具有强烈需求的明证。

"东升西降、南升北降"的世界经济格局深刻变化，是发达国家尤其是美国推动全球产业链供应链调整的重要动因。中国开放发展取得的巨大成就，改变了世界经济格局。从分工和贸易利益角度看，美国无疑是最大的受益者。中国虽然也是经济全球化受益者，但与美国相比，受益程度毕竟还存在相当差距。从大量关于贸易增加值测算的研究结果看，全球价值链分工中中国的附加值创造能力还不够高，大多从事的是低附加值创造环节。即便是持续多年的中美贸易顺差，也并不代表利益分配的失衡，更多是全球价值链分工的必然结果，是包括美国在内的跨国公司布局全球价值链的结果。而美国置事实于不顾，频频挑起对华经贸摩擦并不断升级，甚至对中国实施价值链排挤战、产业链排挤战、技术链排挤战。美国通过的"芯片法案"以及企图成立"芯片联盟"等，本质上就是企图对中国的发展进行遏制，这对全球价值链的安全稳定运行带来了严重冲击。

（三）疫情冲击强化了调整需求

如果说全球产业链供应链的调整自 2008 年全球金融危机冲击之后开始显现并日益明显的话，那么自 2020 年开始的全球新冠疫情更是进一步强化了这一进程。这主要出于两个方面的原因。一是受到全球新冠疫情的影响，从宏观层面的国家到微观层面的跨国公司，开始重新思考全球价值链的布局问题。以往全球价值链的布局主要是受到效率因素驱动，较少考虑由于突发事件、自然灾害或者重大疫情的冲击可能引发的产业链供应链断裂造成的安全隐患。疫情使得全球价值链的布局不仅要考虑效率因素，同时也要考虑安全因素。二是新冠疫情也推动和加快了数字化技术进步及其在产业领域中的运用，对全球产业链供应链调整产生重要影响。

二、 全球产业链供应链调整的主要趋向

在世界百年变局和世纪疫情相互交织下，全球产业链供应链调整呈现出以下五个方面的趋向。

（一）产业链供应链本土化趋向

市场经济在本质上不仅要求形成统一的全国大市场，而且要冲破国家界限实现一体化的全球市场和全球经济。市场经济的最重要特征之一就是分工，通过分工的不断细化和深化，实现效率的提升。为了提升效率，市场经济会内生地推动分工演进和发展。20世纪80年代以来技术进步和产业变革，使得分工效率不断提升，交通、物流、通信等交易成本也不断下降，从而令国际分工朝着日益深化和细化方向发展。从区位布局角度看，全球价值链分工发展演变的一个重要特征就是，具有不同要素密集度特征的产业以及产品生产环节和阶段，在地理空间上呈现向不同国家和地区集聚；以及具有相同或类似要素密集度特征的产业以及产品生产环节和阶段，在地理空间上向具有相似要素禀赋的国家和地区集聚。前者主要以"垂直分工"的形态存在，在全球价值链分工模式中通常被称为"蛇形模式"；后者主要以"水平分工"的形态存在，在全球价值链分工模式中通常被称为"蛛网模式"。这两种模式交织在一起构建了复杂的全球生产网络体系。改革开放以来，中国成为产业和产品生产环节国际梯度转移的重要承接地，并成为全球价值链分工的枢纽和核心之一。贸易保护主义和新冠疫情的冲击促使一些国家和地区意识到，一旦产业链条中关键环节和阶段出现问题，就会危及产业链供应链的安全。出于产业安全考虑，原有全球价值链布局可能会出现一定程度的收缩，将相关产业和产品生产环节迁回本土。正如诺贝尔经济学奖获得者斯蒂格利茨指出的："当下的局势告诉我们，各国必须竭力在利用全球化与必要的自力更生之间取得更好的平衡。"美国等发达国家的重振制造业计划、日本拨出巨额贷款用于"供应链改革"项目等一系列鼓励产业回流的政策举措，无疑将加速全球价值链的区域布局，使之朝着本土化方向发展。如果将美国从亚洲地区进口制造业产品与其国内制造业增加值之比看作制造业回归指数或者说本土化发展趋向的话，那么根据联合国贸易和发展会议发布的数据绘制的图5-1显示，就美国而言，制造业回归或者说产业链供应链本土化发展确实取得了一些成效。

图 5‑1　2008—2020 年美国从亚洲地区进口制造业产品与其国内制造业增加值之比

（二）产业链供应链区域化趋向

　　虽然生产网络的布局具有全球性特征,但区域生产网络在其中仍然扮演着极为重要的角色。无论是从价值链的前向关联角度还是后向关联角度看,区域内的关联程度显然都要高于与区域外的关联程度。现有测算充分表明,从投入产出的关联性角度划分,当前全球价值链主要由三大区域价值链构成,即北美区域价值链、欧洲区域价值链以及亚洲区域价值链。[①] 三大区域价值链之间通过投入产出关联,进一步构成了全球价值链分工体系。在全球价值链分工体系形成过程中,区域价值链一直扮演着重要角色,显然是受到许多因素共同作用的结果。需要指出的是,在推动全球价值链分工演进的因素中,技术并非唯一的,制度因素同样发挥着极为关键的作用。甚至可以说,制度因素在推动经济全球化和国际分工演进方面比技术因素更加重要。当前,制度因素成为促使价值链分工由全球性向区域性演变的关键因素。前一轮经济全球化的发展离不开贸易和投资自由化制度和规则的保障作用。然而,当前世界贸易组织(WTO)框架的原有国际经贸规则和治理体系,一方面由于未能与时俱进,从而在推动经济全球化

[①] 杨耀武、倪红福、王丽萍:《后疫情时期的全球产业链的演变逻辑、趋势和政策建议》,《财经智库》2020 年 6 月第 5 期,第 76—91 页。

发展和全球分工演进方面的作用明显下降；另一方面由于受到各种因素的影响主要是发达国家单边主义的影响，使得 WTO 的作用大大减弱，其改革也面临巨大困难。在这一背景下，双边和区域性的贸易协定就成为一种必然选择。在WTO 改革举步维艰的情况下，各种双边和区域贸易协定的发展，必将对全球产业链供应链调整带来重要影响，推动全球价值链进一步朝着区域化方向发展。因此，基于这一判断，未来全球价值链中北美价值链、欧洲价值链和亚洲价值链所形成的"三足鼎立"发展格局的特征可能会越发明显。

麦肯锡全球研究院发布的《全球价值链变革与新"中国效应"》指出，随着运输和沟通成本下降，加之全球价值链向中国等发展中国家扩张，长距离海洋贸易往来愈发普遍，在 2000—2012 年间，同一地区内的国际商品贸易（而非远距离贸易）占全球总贸易的比例已从 51％下降到 45％。然而，这一趋向近年来受到全球价值链重构的影响正在发生逆转，突出表现为区域内贸易占全球商品贸易总量的比例在逐步提高。这种变化一定程度上反映出世界经济格局的变化，比如新兴市场的消费增长，尤其是亚洲地区的增长势头迅猛，而该趋向在全球创新价值链中表现最明显，因为这一类价值链需要密切整合许多供应商，才能展开准时生产排序。受到当前技术变化、逆全球化冲击等多种因素影响，全球价值链重构的区域化特征开始显现。

（三）产业链供应链多元化趋向

如前所述，基于安全性角度考虑，全球价值链可能会呈现出一定的收缩，即价值链的区域布局可能会出现一定的本土化迁移现象，但分工的效率因素仍然是价值链布局的重要因素。也就是说，在两种因素的共同作用下，虽然价值链分工可能出现一定程度的内卷化趋向，但可以预期的是，实现完全的本土化绝无可能。况且，经济全球化发展是社会生产力和技术进步的必然结果和客观规律，是不以人的主观意志而改变的。因此，分工突破国界而向外部拓展和深化，在尽可能大的范围整合和利用资源以实现效率最大化，仍然是企业的战略需求。从上述意义看，统筹安全和发展不仅是企业层面需要慎重考虑的发展战略，更是国家层面需要考虑的重大战略。因此，一味地以安全为由而无视效率，或者一味地为提升效率而不顾产业发展的安全,都不可取。为了解决好上述两个方面看似矛盾的问题,究竟采取何种发展模式和策略,取决于两种力量的对比情况。如果更加注重效率而将安全因素置于次要地位,那么分工的全球化趋向就会加强,并呈现出相同或相似要素密集度特征的环节和阶段在地理空间上相对集聚的现象,这正是全球价值链前一轮发展演变的基本逻辑。如果更加注重安全因素而将效率因素置于次要地位,那么全球价值链就会出现一定的"收缩"趋向。这正是全球价值链当前出现一定的产业回流和内卷化发展的基本逻辑。实际上,如果进一步理解所谓产业链供应链安全稳定问题,就不难发现其本质是一旦生产链条中某个环节遭到破坏,可能会导致整个生产过程难以继续运转的风险。例如,目前理论和实践部门重点关注的中国产业发展面临的"关键零部件"缺失或者关键技术"卡脖子"问题,一旦遭遇像新冠疫情这种外生冲击而导致供应链"断链",或者因经贸摩擦升级而导致供给中断,就极有可能引发产业安全问题。为了避免这一问题,除了本土化和区域化之外,另一个解决产业链供应链安全稳定的重要方式就是尽可能保障产业链各个环节和阶段均具有可替代性,如此便能保证某个供应方中断合作时,也可以有其他供应方及时替补。因此,为化解产业链供应链安全隐患并尽可能实现效率最大化,未来全球产业链供应链调整将会朝着多元化方向演进。

(四) 产业链供应链数字化趋向

当前,世界主要国家纷纷围绕新技术新产业进行战略部署,力图在新一轮全球化中掌握主动权,这直接催动全球产业分工格局发生变化。数字化、网络化、智能化新技术的发展应用,不仅带来了产业思维模式的改变、催发了新需求的产生,还将推动不同生产要素的相对重要性发生变化,进而导致不同国家间的资源禀赋优势发生变化,最终影响全球产业分工格局。当前,产业革命和技术革命变革的一个重要发展方向就是数字化。作为生产要素的数据,无论是在生产还是在管理中,其重要性日益凸显。麦肯锡全球研究院在 2019 年发布的《制造业数字化转型取得成功的六大因素》中曾指出,伴随数字技术的不断进步和发展,制造业已在众多数字化领域和方面取得了成功。例如,在汽车制造业,数字双胞胎、预见性维护和数字质量系统等多种颠覆性数字解决方案,已经能够在冲压、车身和油漆车间以及装配过程中释放安全、质量和生产效率等方方面面的价值。生产过程实现数字化意味着将依托数字化实现工艺创新和过程创新,实现工业模式的进一步转型升级。例如,在线监测可以通过在线监测和数据分析实现产品品质控制;依托数字化实现柔性制造和敏捷制造,解决小订单生产问题;依托数字化实现传统车间(工厂)向智能车间(工厂)的转型。在管理领域,依托数字化可以实现从低附加值向高附加值环节延伸和转型。全球产业链供应链的数字化转型可能会产生两个方向相反的影响:一是进一步深化专业化分工,从而促使全球产业链供应链不断向纵深方向延伸,新模式、新业态和新产业将不断涌现;二是制造设备和工艺的数字化、智能化会提高一些行业一体化生产和本地化生产程度,导致部分领域和行业的专业化分工减少,从而引起全球产业链供应链收缩。

(五)产业链供应链服务化趋向

伴随技术进步,全球价值链进一步从制造业领域向服务业领域拓展和延伸。当前服务业也是一个"碎片化"快速发展的行业,从而使得服务业的不同阶段和环节被日益分解,并被配置和分散到具有不同比较优势的国家和地区。全球价值链分工不仅发生在制造业领域,同样存在于服务业领域,服务业"全球化"和"碎片化"成为当前经济全球化重要表现形式和特征。麦肯锡全球研究院在2019年发布的《转型中的全球化:贸易和价值链的未来》报告中就曾指出,2017年服务贸易总额达到5.1万亿美元,这一数字与17.3万亿美元的全球货物贸易相比虽然还有不小的差距,但在过去十年中,服务贸易的增长速度比货物贸易快了60%以上。一些子行业,包括电信和IT服务、商业服务和知识产权收费,增长速度提高了两到三倍。这种变化一定程度上说明了全球价值链向服务业领域的拓展,即服务化发展趋向。随着服务业和服务贸易的发展,服务业不仅仅是中间投入,而且已经深入到价值创造的活动中、渗透到物质产品的生产活动中。比如,服务业创造了大约三分之一的交易制成品价值,研发、营销、财务和人力资源等都为物质产品的生产和进入市场提供了不可或缺的支撑;又如,跨国公司向其全球附属公司投入的无形资产蕴含着巨大的价值,包括软件、品牌、设计、运营流程以及总部开发的其他知识产权等,这些都是服务的范畴。全球产业链供应链服务化发展趋向,在一定程度上增强了产业链供应链本土化区域化发展趋向。

需要指出的是,虽然由于受到外部突发事件的冲击,引发国家和企业层面对全球产业链供应链安全问题的重视,但正如查尔斯·金德尔伯格、罗伯特·阿利伯在《疯狂、惊恐和崩溃——金融危机史》一书中分析指出的,人们在遭遇危机冲击时往往会表现出过度恐慌,从而采取一些非理性举措。因此,当前部分国家的跨国公司重新考虑全球价值链的区位布局问题,极有可能是过度恐慌和过度反应的结果,因此,由此带来的产业链供应链调整是否具有长期性尚值得进一步观察。或许,在外生危机冲击之后,当人们的"理性"因素逐步恢复到"正常"水平时,效率因素可能会重新回归到主导地位,而所谓产业链供应链安全稳定又会退居次位。况且,排除贸易保护主义不论,产业链供应链能否依赖本土化、区域化解决安全稳定等问题,实际上是存在着很大疑问的。例如,本次世纪疫情冲击下,世界各主要国家尤其是起初防疫不力的美国等发达国家,其国内生产的停滞其实同样引发"断链"的安全稳定问题。

第二节
中国供应链产业链升级面临的挑战

全球产业链供应链调整对中国带来了巨大挑战,一旦全球价值链重构的方向朝着发达国家意欲引领的方向发展,尤其是向着本土化方向调整,不仅会给中国全球产业链供应链带来严重的安全和稳定隐患,而且还有将中国排除在全球价值链分工体系之外的风险。

一、 动摇产业发展之基

在全球价值链分工条件下,中国产业尤其是制造业规模的迅速扩张,乃至实现一定意义上的转型升级,应该说得益于以开放的姿态承接了西方发达国家的产业国际梯度转移和技术扩散。目前,由于受到全球经济增长动能不足以及新冠疫情等因素的叠加影响,世界经济下行趋向较为明显。与此同时,中国当前正处在转变经济发展方式、优化经济结构、转换经济增长动力的关键时期,显然,结构性调整的过渡阶段往往会伴随着经济增长下行压力的加大。[①] 在全球产业链供应链调整背景下，本土化发展趋向的产业回流，尤其是发达国家企图诱发本国跨国公司将产业和产品生产环节迁回国内，无疑会对中国产业发展特别是产业链供应链升级带来巨大调整压力。这是因为，一方面，结构性调整的过渡期本身就会面临经济下行压力，如果叠加产业外迁的"浮萍经济"影响效应，会进一步加大经济下行压力。"稳增长"和"促升级"之间的矛盾就会更加凸显。在巨大的下行压力下，为更好地平衡"稳增长"和"促升级"之间的关系，往往会采取放缓"促升级"的步伐以达到缓解经济下行压力的目的。另一方面，从静态看，产业外迁似乎只是一个具体的项目或者企业的转移，但是从动态角度看，更多是一种产业配套发展效应、技术和知识溢出效应，以及相关经济活动产生的长期动态效应的弱化。例如，与生产相关的技能培训、研发活动等，不仅有助于跨国公司投资项目自身，更为重要的是，还可以通过外部性等促进产业链供应链升级。这种效应显然会在本土化发展趋向下因产业回流而弱化。更何况，相比较而言，发达国家推动的"产业回流"更多觊觎于中高端环节，因此对中国产业链供应链升级可能产生的抑制作用会更大。

二、抑制产业发展之速

众所周知，推动分工演进包括全球价值链分工演进的主要因素无非有三：一是要素禀赋结构，二是制度安排，三是技术变迁，三者共同作用推动着全球价值链分工演进。例如，全球价值链前一轮的快速发展，就是得益于国际生产分割等技术的快速进步，以及贸易和投资自由化等提供的制度保障，从而产业和产品不同生产环节和阶段，依据不同国家和地区要素禀赋优势，呈现地理空间的分散和集聚的特征。因此，作为全球产业链供应链调整的重要内容和趋向之一，区域化发展不仅受到未来一段时间内各主要国家的政策选择偏好影响，同时还会受到其他诸如技术变迁等因素的影响。为了在新一轮全球价值链分工演进中抢抓发展机遇和抢占制高点，各主要国家在新一轮技术革命和产业变革方面的竞争趋于"白热化"。这种竞争不仅体现在各国制定的产业发展规划和技术创新等政策

---

① 陈彦斌、刘哲、陈小亮：《稳增长与防风险权衡下的宏观政策——宏观政策评价报告 202》，《经济学动态》2022 年 1 月，第 40—57 页。

支撑方面,还表现在一些不正当竞争方面,包括部分发达国家企图抑制其他国家技术进步、保持自身相对优势所采取的贸易保护主义措施。在全球化条件下尤其是技术进步日新月异条件下,各国之间更应进行分工协作以推动技术进步,共同解决经济全球化动能不足问题。然而,诸如此类的不正当技术竞争却在一定程度上阻碍了技术进步,阻碍了推动新一轮经济全球化发展动能的形成步伐,对中国产业链供应链升级也会带来消极影响。

三、 弱化产业发展之力

多元化发展一方面固然是化解产业链供应链风险的一种重要方式,但是在实践中,产业链供应链多元化发展趋向无疑会对产业协同发展之力产生弱化效应。特别是,在成本优势逐步丧失条件下,产业集聚等所产生的分工细化效应、知识溢出效应、技术进步效应、规模经济效应、产品异质性发展效应等,都将受到一定程度的抑制,对产业链供应链升级带来不利影响。根据联合国贸易和发展会议发布的数据绘制的图 5-2 显示,美国从整个亚洲进口的中间产品中中国所占比重,以及从整个亚洲进口的资本品中中国所占比重,在最近几年确实有一定下降趋向。例如,前者比重在 2018 年、2019 年和 2020 年分别为 40.5%、35.46%、34.35%;后者比重在 2018 年、2019 年和 2020 年分别为 69.10%、63.06% 和 61.02%,上述变化趋向一定程度上说明"中国+1"甚至"中国+N"的多元化模式开始有所显现。

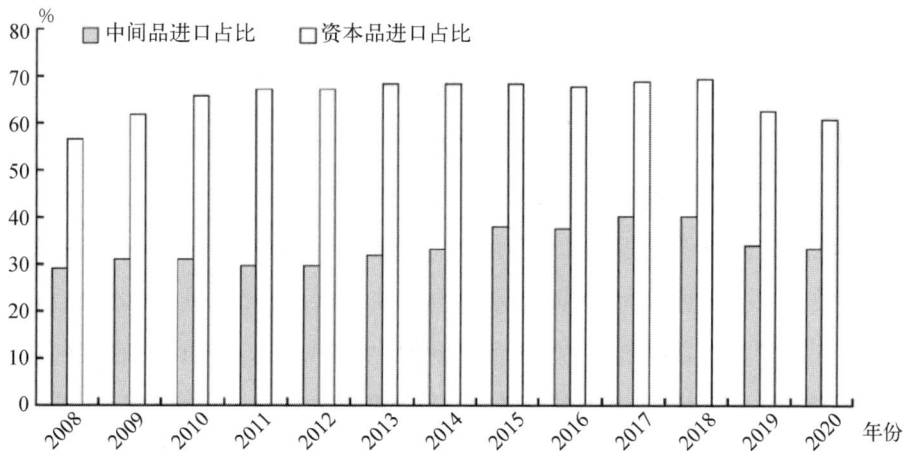

图 5-2 2008—2020 年美国从中国进口的中间品和资本品占全亚洲之比

第三节
中国供应链产业链升级面临的机遇

凡事皆有两面性，全球产业链供应链调整也有来自发展中国家的力量，或者说代表发展中国家利益诉求，从而推动全球价值链朝着优化方向发展，给中国产业链供应链升级带来重要战略机遇。

一、 倒逼中国加快实施创新驱动战略的机遇

在全球价值链的前一轮深度演进过程中，中国以"被整合者"的身份和角色嵌入其中，与发达国家之间的分工主要是一种互补关系，竞争关系不明显，并且主要以"低端嵌入"的方式融入全球价值链分工体系。虽然在全球价值链分工体系中主要从事低附加值环节和阶段的生产，但是作为一种跟随式和被动式发展，在不需要进行大量创新等活动条件下，依然可以获取一定的分工和贸易利益，因而大部分企业也就缺乏创新的激励和动力。这一时期参与国际分工实现的产业发展虽然也有创新，但主要还是局限于跟随、模仿和被动式创新，自主创新不够。当中国经济进入高质量发展新阶段后，产业链供应链逐步向中高端攀升，原有全球价值链分工体系中的互补关系也逐步向竞合关系演变。对中国来说，依托自主创新构建自主可控的现代化产业体系，对于保障产业链供应链安全极为重要。这将"倒逼"中国加快实施创新驱动发展战略，促进产业链供应链升级。

二、 突破发达国家产业链价值链的"低端锁定"的机遇

在全球价值链分工条件下，产业链供应链升级主要包括四个阶段，即工艺升级、产品升级、功能升级和链条升级。相对而言，实现前两个阶段升级较为容易，实现后两个阶段升级比较困难。这是因为，迈入后两个阶段可能不仅需要具备更高的技术水平等客观因素，而且可能会面临来自价值链"链主"的堵截等主观因素。这正是为什么发展中国家以"低端嵌入"方式融入发达国家跨国公司主导的全球价值链分工体系，容易陷入"低端锁定"困境并难以突破的主要原因。现有研究表明，嵌入全球价值链对中国企业研发创新行为具有显著的抑制作用，进

而阻碍了产业链供应链的升级。究其本质,固然有产业分工格局中不同专业化的创新能力、创新空间乃至依赖程度不同的原因,更有作为全球价值链主导者和控制者进行堵截的原因。但不论出于何种原因,"低端嵌入"的方式融入全球价值链分工体系的确面临着"低端锁定"的风险和困境。而以区域价值链为切入点,通过构建区域价值链并不断培育出众多"链主"企业,进而可以更好地参与全球价值链分工体系,不失为突破发达国家"低端锁定"的一条重要发展路径。因此,从这一意义上说,目前全球产业链供应链调整朝着区域化方向发展,包括新一轮产业革命和科技革命,对于中国实现产业链供应链升级不失为一个重要的战略机遇。

三、 多元化扩大国际合作的机遇

上文分析指出,全球产业链供应链调整的多元化发展趋向的确会在一定程度上弱化国内产业发展之力,但这种弱化显然是针对现有产业。也就是说,发达国家出于降低对中国依赖,从而在产业链供应链上向其他国家和地区的转移,大多是针对国内现有成熟产业体系。因为只有基于成熟技术的成熟产业体系,并且在全球产业链分工格局上形成了较强的国际竞争力,才能谈得上所谓对中国产业链供应链的依赖。从这一角度看,成熟技术的成熟产业体系当然也包括已经失去比较优势的部分产业和产品生产环节。基于双循环测算的一项最新研究表明,从不同行业全球价值链对中国的依赖程度看,高度依存于中国出口的行业,主要集中于纺织、服装与皮革、家具、安防等行业。① 这些行业在国内市场基本已经属于成熟产业,具有相对完备的产业链体系。至于其他行业如计算机、电子和光化学、电子设备和其他机械等行业,在全球价值链分工中属于高度整合的行业,因此要想实现与中国供应体系完全切割,并非易事,甚至可以说几乎不可能。诸如纺织服装等这一部分产业链供应链向其他地区转移,实际上还能够产生至少两个方面的积极作用。一是为国内产业链供应链转型升级腾出资源和空间;二是在全球生产网络背景下,这种转移有助于中国与其他国家和地区开放合

① 黄群慧、倪红福:《中国经济国内国际双循环的测度分析——兼论新发展格局的本质特征》,《管理世界》2021年12月第37期, 第40—58页。

作范围的拓展,扩大"朋友圈",以及提升产业链供应链的关联度。如果说过去几十年中国经济增长是在开放条件下取得的,未来中国经济高质量发展仍然需要在更加开放条件下实现的话,那么无论是"朋友圈"扩大还是产业关联度提升,实际上都是扩大开放的表现,更加有助于我们在全球范围内整合和利用资源,尤其是利用高端和先进生产要素,助推产业链供应链的升级。辩证地看,全球价值链多元化发展下的"中国+1"乃至"中国+N"模式演变对于中国来说,何尝不是化解产业链供应链不安全不稳定之风险的一条重要路径呢?

综上分析,全球产业链供应链调整既有主观需要,也有客观规律使然。换言之,在这一过程中,既有可能是国际分工自然演进的趋向和结果,也有可能是各主要国家主观政策选择导向的结果。伴随着数字化和服务化等技术进步,产业链供应链的专业化分工可能会超过本土化发展的力量,仍将不断向纵深方向延伸。特别地,在全球产业链供应链分工条件下,跨国公司的全球化属性越来越明显,而其国家边界越来越模糊,并由此导致企业利益与国家利益不再完全一致,贸易保护的有效性也大大减弱。因此,依托贸易保护手段并"恶意地"调整全球产业链供应链也就难以取得预期成效。在当前新型国际分工模式下,各国之间已经形成了"你中有我,我中有你,你我中有他,他中有你我"的相互依赖格局,违背客观规律的产业链供应链调整绝非易事。尤其是考虑到中国在世界经济中的角色和地位的变化,即从原先主要是经济全球化中的"因变量",转变为现在的既是"因变量"又是"自变量",在全球产业链供应链中已经成为重要的节点,违背经济规律的"调整"可能引发全球产业链供应链的震动乃至断裂。目前,中国制造业增加值已经超过美国、日本、德国的总和,是名副其实的世界第一制造业大国。与2020年和2021年全球疫情冲击下全球贸易不振相比,中国出口逆势增长的事实充分说明了世界经济对中国的依赖,说明了中国在全球产业链供应链中具有举足轻重的地位。

基于上述分析,可以得出三个方面的基本判断:一是短期内由于受到对"安全"因素过度担忧的非理性因素作用,以及贸易保护因素的不利影响,全球产业链供应链会出现一定程度的本土化和多元化发展趋向,但并不会从根本上改变产业链供应链的全球布局。全球产业链供应链调整不至于对中国产业链供应链带来实质性冲击。二是长期内受到技术进步等因素的推动作用,分工仍将向纵深方向拓展。特别地,发展中国家对全球产业链供应链调整需求,更能代表和符合经济全球化发展大势,而部分发达国家对全球产业链供应链调整需求,其实更多是违背经济全球化发展大势的。因此从这一意义上说,长期内全球产业链供应链必然会朝着更加优化的方向调整,国际分工将进一步向纵深方向拓展。三是基于上述两个方面的判断,全球产业链供应链调整对中国带来的机遇仍然大于挑战。当然,机遇大于挑战并非意味着中国对当前全球产业链供应链可能出现的调整趋向"坐视不管",任由其发展,毕竟机遇只是一种可能性,要转化为现实还需要一定的条件。相比较而言,挑战则更多是一种现实,如果应对不力,二者关系完全有可能转化。需要看到的是,虽然已经成为重要的一极,目前中国在全球产业链和供应链中对世界经济的影响力日益增强,靠的主要是体量优势和产业门类齐全的配套优势,但与发达国家相比,中国在工作母机、关键设备、核心技术等方面仍然面临着"卡脖子"问题。全球产业链供应链调整虽然短期内不会对中国造成实质性冲击,但是如果不解决"卡脖子"问题,不抓住数字经济发展带来的战略机遇以构筑先发优势,那么国际国内环境的进一步变化以及中国自身传统低成本优势的逐步丧失,将可能使得长期内产业链供应链"去中国化"趋向进一步加速。这不仅会动摇和弱化中国产业链供应链安全稳定发展的基础,而且也不利于抓住机遇,提高中国产业链完整性和自主可控能力。

第四节
以高水平开放提升我国产业链供应链韧性与安全

综上分析可见,在世界百年变局和世纪疫情相互交织下,全球产业链供应链调整新趋向,其推动因素多样而复杂。对于诸如数字经济和服务化等技术变迁带来的影响,中国无须过度担心,更不用抱着反对的心态和态度刻意抵挡,而是要做到因势利导。更确切地说,中国要顺应乃至引领经济全球化和国际分工演进发展大势,推动中国产业链供应链升级。中国要利用已经取得的在位规模优势,通过进一步扩大开放来整合和利用资源和要素,尤其是高端、先进和创新性的资源和要素,抓住以数字技术为代表的新一轮信息技术革命带来的战略机遇,构筑先发优势,从而实现开放条件下的融合创新发展,破解产业链供应链面临的"卡脖子"风险。

一、 以更高水平开放应对全球化逆流

基于全球产业链供应链形成的"你中有我,我中有你"的相互依赖格局,是中国应对保护主义逆流的最大优势。因此,要通过不断扩大开放进一步密切中国与世界各国的产业关联。产业关联越是密切,"你中有我,我中有你"的融合程度越深,"脱钩"的难度就会越大,贸易保护的效果就会越弱。通过扩大开放,让各国分享中国大市场的机遇,使跨国公司与中国经济融合发展,从根本上夯实产业链供应链安全稳定的微观基础。

二、 依托自主创新构建现代化产业体系

科学技术是第一生产力。虽然在全球化条件下,科学技术已经越来越具有超越国界的趋向特征,但是只要有国家的存在,科技之争就会存在,真正关键的、核心的、前沿的科学技术是不会轻易实现跨国流动的。正如习近平总书记所指出的:"中国要强盛、要复兴,就一定要大力发展科学技术","关键核心技术是要不来、买不来、讨不来的。"[①]中国要实现产业链供应链升级,实现弯道超车,从而在全球价值链分工体系中某些环节和领域占据制高点,就必须依赖于科技进步,特别是抓住以数字技术为代表的新一轮产业革命和技术革命的机遇,率先在某些领域实现突破。这是解决我国产业链供应链发展面临"卡脖子"问题的必然选择。实现产业链供应链安全稳定发展,将某些环节和阶段尤其是关键环节和阶段"扎根"于本土,显然十分必要。要以关键共性技术、前沿引领技术、现代工程技术、颠覆性技术创新为突破口,走前人没有走过的路,努力实现关键核心技术自主可控。为此,在国家宏观层面,要加强国家科技战略力量,加强基础研究、注重原始创新,优化学科布局和研发布局,推进学科交叉融合,完善共性基础技术供给体系;在企业微观层面,要努力提升企业技术创新能力,强化企业创新主体

---

① 习近平:《在中国科学院第十九次院士大会、中国工程院第十四次院士大会上的讲话》,中华人民共和国中央人民政府网,https://www.gov.cn/xinwen/2018 - 05/28/content_5294322.htm。

地位,促进各类创新要素向企业集聚;在制度设计层面,要完善科技创新体制机制,深入推进科技体制改革,完善国家科技治理体系,优化国家科技规划体系和运行机制,推动重点领域项目、基地、人才、资金一体化配置,激发人才创新活力。

三、充分利用各种开放平台深化国际合作

顺应乃至主导全球产业链供应链调整大趋向,促进中国产业链供应链升级,本身就是开放发展的问题,因此需要在更加开放的条件下进行。具体包括三个方面:一是扩大开放范围,二是拓展开放领域,三是深化开放层次。扩大开放范围要求我们在继续向发达国家开放的同时,扩大与其他发展中国家和地区的合作;拓展开放领域要求我们在继续做好制造业领域对外开放的同时,要有序扩大服务业对外开放;深化开放层次要求我们继续做好商品和要素流动型开放的同时,更加注重规则等制度型开放。[①] 实现上述目标的关键在于利用好各种开放平台,如自由贸易试验区和自由贸易港等。利用好这些开放发展平台有助于紧扣制度创新这一核心,进一步对接高标准国际经贸规则,在更广领域、更大范围、更深层次形成各具特色、各有侧重的试点格局,推动全面深化改革扩大开放,促进产业链供应链升级。当然,除了设立自贸试验区和自由贸易港等开放发展平台之外,新时代的开放发展还包括其他创新多样化的开放平台和载体,如加快实施国家间的自由贸易区战略、稳步推进"一带一路"建设、亚洲基础设施投资银行建设、进口博览会建设等,其中无疑都涉及重要的规则等制度创新,都会在扩大开放范围和拓展开放领域等方面产生积极的推动作用,从而成为促进产业链供应链升级的重要平台,成为进一步提升中国与其他国家产业关联度的重要平台。

四、发挥本土市场规模优势集聚高端要素

发挥超大本土市场规模优势是当前构建双循环新发展格局的关键所在。目前,中国已经成为世界第二大经济体,并且有着庞大的中等收入群体,因此已经具有相当的在位规模优势。发挥本土市场规模优势,不仅可以通过充分发挥规

① 张占斌、黄锟:《牢牢把握"十四五"经济社会发展主题主线》,《人民论坛·学术前沿》2020 年第 22 期,第 11—18 页。

模经济效应、需求引致创新效应等传统母市场理论所揭示的作用机制,而且在全球价值链分工条件下,伴随本土市场规模扩大,还能够产生所谓"逆向创新"效应、诱发价值链中高端向国内转移等重要作用机制。所谓逆向创新,主要是指伴随发展中国家本土市场规模扩大,跨国公司的生产经营活动在目标市场的定位上将会更加注重本土市场,从而采取基于本土市场创新并辐射全球的、与以往基于发达国家市场需求的创新并辐射全球完全相反的战略模式,因此被学术界称为"逆向创新"。与此同时,在全球价值链分工条件下,不同生产环节和阶段在不同国家和地区的区位布局,不仅取决于要素禀赋情况,还取决于当地市场规模。更确切地说,本土市场规模越大,越有利于吸引更加高端的、高附加值创造的生产环节和阶段向本土市场转移。显然,高端生产环节和阶段通常而言属于高端要素密集型,因而本质上就是吸引和集聚高端要素。由此可见,无论是基于传统的母市场理论,还是基于全球价值链分工条件下的特有作用机制,发挥本土市场规模优势都可以通过吸引和集聚高端要素,促进产业链供应链升级。这也是新发展阶段中国所具备的新型比较优势。要利用好这一优势,就必须进一步扩大市场开放,让中国的市场真正变为世界的市场、共享的市场,吸引更多跨国公司来华投资,与国内企业融合发展。当然,充分发挥本土市场规模优势需要在深化体制机制改革、畅通国内大循环、充分释放内需等方面采取有力的对策举措。这也是有效应对短期"非理性"因素可能引发产业链供应链外迁的重要举措。

五、 利用区域高质量一体化释放集聚效应

伴随来自初级要素的低成本优势逐步丧失,未来中国全球产业链供应链调整,尤其是推动产业链供应链升级,需要培育竞争新优势。其中,形成并释放产业集聚效应不失为一条重要的路径选择。未来不论全球价值链的演进方向如何,产业空间演化将进一步呈现分工深化和产业集聚的趋向。这一点无论是从全球范围看,还是从一国或地区内部看,都是如此。中国应在产业的空间布局上打造更加适宜的条件和环境,提高中国产业链完整性和自主可控能力。应该说,在新形势下以区域一体化高质量发展为切入点和突破口,如长三角高质量一体化、粤港澳大湾区、成渝城市群等,强化创新突破和高端引领,在参与乃至引领全

球产业链供应链调整中具有极为重要的战略意义,对于抢占全球产业链价值链中更有利的位置,具有极为重要的作用。依托区域高质量一体化发展,有助于推动产业链跨区域协同发展和协同创新,促进产业资源和生产要素自由有序地在区域内流动,形成广泛的知识溢出效应、技术溢出效应、协同创新效应,从而有助于形成高端产业集聚。通过推动区域高质量一体化释放产业集聚效应并推动产业链供应链升级,在实践中已经取得了一定成效。例如,在长三角高质量一体化发展过程中,诸如集成电路、人工智能、生物医药等领域龙头企业跨区域布局,在带动相关产业集聚和发展等方面已经取得了实际成效。

六、 加快国内区域协调发展打造产业生态系统

在全球产业链供应链调整背景下,加快推动中国产业链供应链升级并不是说要放弃低端产业和产品生产的低端环节和阶段,而是要在现有产业基础上,进一步实现升级,从而打造更加完整的产业链分工体系。需要指出的是,产业发展本质上是一个生态系统,只有打造一个更为完整的生态系统,在此系统中实现资金流、技术流、产品流、产业流、人员流的不断输出、输入和交换,产业才能形成更为强健的筋骨。如果没有其所需要的相关和支撑产业发展,再高端的产业正常运转可能都会出现困难,更谈不上所谓国际竞争力了。中国作为发展中大国,在产业门类上最为齐全,但不同区域发展又呈现明显的不平衡和不协调现象。正是区域间发展处于不同阶段所具有的差异性,从而为构建更加完整的产业链供应链生态系统提供了历史性战略机遇。从这一意义上说,推动形成国内不同区域间的有效分工协作关系,合理布局产业链,不仅是促进区域协调发展的重要途径,也是打造产业链供应链整体竞争优势的重要途径。通过加快国内区域协调发展打造良好的产业生态系统,能够为产业链供应链升级构筑更加坚实的基础。

七、 积极实施自贸区战略突破价值链低端锁定

如前所述,当前全球产业链供应链调整的另一重要趋向就是区域化发展,其中各种形式的自由贸易区或自由贸易协定成为区域价值链发展的重要平台。中国应该顺应乃至在引领发展中,抓住这一重要的战略机遇,在积极推动和实施自由贸易区战略中,促进产业链供应链升级。实施自由贸易区战略有助于中国依

托区域价值链构建,突破以往发达国家主导的全球价值链分工体系。众所周知,签订自由贸易协定不仅可以降低成员方之间的关税和非关税壁垒,从而进一步提升贸易创造效应,而且也有助于吸引全球对外直接投资。当前,全球经贸规则体系正朝着高标准方向发展,在此背景下,自由贸易协定的内容和议题已经远远超越了传统"边境开放",涉及更多的则是边境后开放即所谓"境内开放"问题。因此,实施自由贸易区战略不仅有助于显著优化区域内的整体营商环境,而且有助于推动制度型开放,在开放倒逼改革中推动规则等制度体系的优化。无论是进一步的"边境开放",还是更好地推动"境内开放",都将有助于促进区域内要素和产品的自由流动,加强区域内成员方之间的分工合作,推动区域内产业链、供应链和价值链的融合发展,扩大区域内市场规模的扩容和升级,进而推动区域内产业链供应链的发展和升级。尤其是考虑到中国在全球三大价值链中的亚洲区域价值链中已经具备的体量、规模、产业、资金、技术等方面的优势,中国有能力、有条件推动区域价值链朝着更加包容和互利共赢的方向发展,并据此突破长期以来全球价值链一直被发达国家主导和控制的不利格局。特别是中国应该在顺应和引领发展中抓住机遇,升级东亚自由贸易区战略,构建东亚"小循环",促进全球大循环,构建"双循环"新发展格局,推动开放型经济迈向更高层次和更高水平。

第六章

现代化新阶段外贸发展的转型

客观而论,在前一轮的开放型经济发展过程中,从对外贸易角度看,已经取得了辉煌成就,在推动和引领全面建成小康社会中发挥了重要作用。但前一轮开放中的外贸发展也存在一些问题,特别是面临当前国内国际环境的深刻变化,诸如不协调、不平衡和不可持续等问题愈发突出,进而引发了有关我国外贸发展的许多讨论。我国对外贸易发展在新形势下尤其是进入全面建设现代化新阶段后,的确面临着诸多挑战,但同时也面临着转型发展的重要机遇。在此背景下,唯有将开放发展新理念贯彻到对外贸易领域,及时作出发展思路上的战略调整,才能克服困难,把握机遇,再创外贸发展新辉煌,继续发挥外贸在服务现代化建设中的应有作用。

第一节
中国对外贸易发展的基本成就

改革开放以来,中国抓住了国际产业结构调整和转移所带来的历史性机遇,以其丰富廉价的劳动要素禀赋优势融入经济全球化进程,通过大量引进外资,积极参与以发达国家跨国公司为主导的国际分工,使得中国对外贸易得到快速发展。中国在对外贸易增长方面所取得的举世瞩目成绩曾被国内外学术界称为所谓"中国贸易量增长之谜"。与此同时,与中国快速增长的贸易总量相伴随的一个重要经济现象是,中国出口商品结构同时经历了外延型增长(extensive growth)和内延型增长(intensive growth)的双重变化,以及出口市场多元化的逐步实现。即,从商品结构上看,一方面,中国出口贸易的多元化得到较快发展,制成品出口几乎遍布从低技术密集度的纺织品到高科技的电子和计算机产品等所有贸易部门;另一方面,中国出口商品也经历了一个由初级产品向制成品快速转换、主导出口产品从单一的资源性和轻纺产品逐渐向机电和高新技术等出口产品多样化发展趋势的转变。从市场结构上看,在继续保持传统出口市场优势的同时,对其他新兴市场国家出口也持续增长。

一、 对外贸易规模迅速扩大

1981 年中国实现的进出口总额仅为 440.22 亿美元,其中出口 220.07 亿美元,进口 220.15 亿美元。而到了 2022 年,中国进出口总额已经突破 6 万亿美元,达到 63096 亿美元,年均增长率为 13.21%,其中,出口贸易额达到了 35936 亿美元,年均增长率为 14.16%;进口贸易额达到了 27159 亿美元,年均增长率为 12.87%。虽然部分年份进出口额及进出口总额有所下降,但就规模而言,仍然较为庞大。1978 至 2022 年中国进出口贸易额变化情况见表 6－1。

表 6－1 1981—2015 年中国进出口额及增长率

年份	出口总额 (亿美元)	出口增长率	进口总额 (亿美元)	进口增长率	进出口总额 (亿美元)	总额增长率
1978	97.5	—	108.9	—	206.4	—
1979	136.6	40.10%	156.7	43.89%	293.3	42.10%
1980	181.2	32.65%	200.2	27.76%	381.4	30.04%
1981	220.07	21.45%	220.15	9.97%	440.22	15.42%
1982	223.21	1.43%	192.85	−12.40%	416.06	−5.49%
1983	222.26	−0.43%	213.9	10.92%	436.16	4.83%
1984	261.39	17.61%	274.1	28.14%	535.49	22.77%
1985	273.5	4.63%	422.52	54.15%	696.02	29.98%
1986	309.42	13.13%	429.04	1.54%	738.46	6.10%
1987	394.37	27.45%	432.16	0.73%	826.53	11.93%
1988	475.16	20.49%	552.68	27.89%	1027.84	24.36%
1989	525.38	10.57%	591.4	7.01%	1116.78	8.65%
1990	620.91	18.18%	533.45	−9.80%	1154.36	3.37%
1991	718.43	15.71%	637.91	19.58%	1356.34	17.50%
1992	849.4	18.23%	805.85	26.33%	1655.25	22.04%
1993	917.44	8.01%	1039.59	29.01%	1957.03	18.23%
1994	1210.06	31.90%	1156.15	11.21%	2366.21	20.91%
1995	1487.8	22.95%	1320.84	14.24%	2808.64	18.70%
1996	1510.48	1.52%	1388.33	5.11%	2898.81	3.21%
1997	1827.92	21.02%	1423.7	2.55%	3251.62	12.17%
1998	1837.12	0.50%	1402.37	−1.50%	3239.49	−0.37%

年份	出口总额（亿美元）	出口增长率	进口总额（亿美元）	进口增长率	进出口总额（亿美元）	总额增长率
1999	1949.31	6.11%	1656.99	18.16%	3606.3	11.32%
2000	2492.03	27.84%	2250.94	35.85%	4742.97	31.52%
2001	2660.98	6.78%	2435.53	8.20%	5096.51	7.45%
2002	3255.96	22.36%	2951.7	21.19%	6207.66	21.80%
2003	4382.28	34.59%	4127.6	39.84%	8509.88	37.09%
2004	5933.26	35.39%	5612.29	35.97%	11545.55	35.67%
2005	7619.53	28.42%	6599.53	17.59%	14219.06	23.16%
2006	9689.78	27.17%	7914.61	19.93%	17604.39	23.81%
2007	12200.6	25.91%	9561.15	20.80%	21761.75	23.62%
2008	14306.93	17.26%	11325.62	18.45%	25632.55	17.79%
2009	12016.12	−16.01%	10059.23	−11.18%	22075.35	−13.88%
2010	15777.54	31.30%	13962.47	38.80%	29740.01	34.72%
2011	18983.81	20.32%	17434.84	24.87%	36418.65	22.46%
2012	20487.14	7.92%	18184.05	4.30%	38671.19	6.19%
2013	22090.04	7.82%	19499.89	7.24%	41589.93	7.55%
2014	23422.93	6.03%	19592.35	0.47%	43015.28	3.43%
2015	22734.68	−2.94%	16795.64	−14.27%	39530.32	−8.10%
2016	20976.31	−7.73%	15879.26	−5.46%	36855.57	−6.77%
2017	22633.4	7.90%	18437.9	16.11%	41071.3	11.44%
2018	24867	9.87%	21357.5	15.83%	46224.5	12.55%
2019	24994.8	0.51%	20784.1	−2.68%	45778.9	−0.96%
2020	25899.5	3.62%	20659.6	−0.60%	46559.1	1.70%
2021	33630.23	29.85%	26871.43	30.07%	60501.66	29.95%
2022	35936.0145	6.86%	27159.9875	1.07%	63096.002	4.29%

数据来源：根据国家统计局网站统计数据整理而得（http://www.stats.gov.cn/）。

从表6-1报告的数据可以发现，1978至2022年间，除个别因特殊影响的年份外，中国进出口额增长率尤其是出口额增长率基本保持在两位数。特别是中国加入 WTO 以来至全球金融危机爆发之前的这段时间,即 2002 年至 2007 年,实现了年增长率均在 20％以上的良好成绩。正是在此高速增长推动下,中国从以往的贸易"小国"在短短几十年内转变为贸易"大国":2009 年中国超过德国成为全球第一大货物出口国;2013 年中国首次超过美国成为全球第一大货物贸易国。由于对外贸易通常被认为是"经济增长的发动机",因此,中国外贸的高速增长进而所呈现出的这张漂亮的成绩单,无疑表明对经济发展作出了重要贡献,这也是开放发展在实践中的具体体现。

二、 国际市场份额不断提高

一国对外贸易地位的变化及其发展状况,不能只从该国自身情况来看。因为对外贸易是国与国之间的贸易,因此,客观认识和准确评价一国外贸发展状况,还应在全球贸易的整体大环境中加以再认识。中国对外贸易的高速增长成就了其贸易规模的迅速扩张,那么这种规模扩张对于中国在全球贸易中相对地位的变化,其效应到底如何? 或者说自改革开放以来,中国出口增长率相对于全球货物贸易平均出口增长率而言,到底有着怎样的不同? 对此,图 6-1 报告的结果能够给出较为明确的答案。

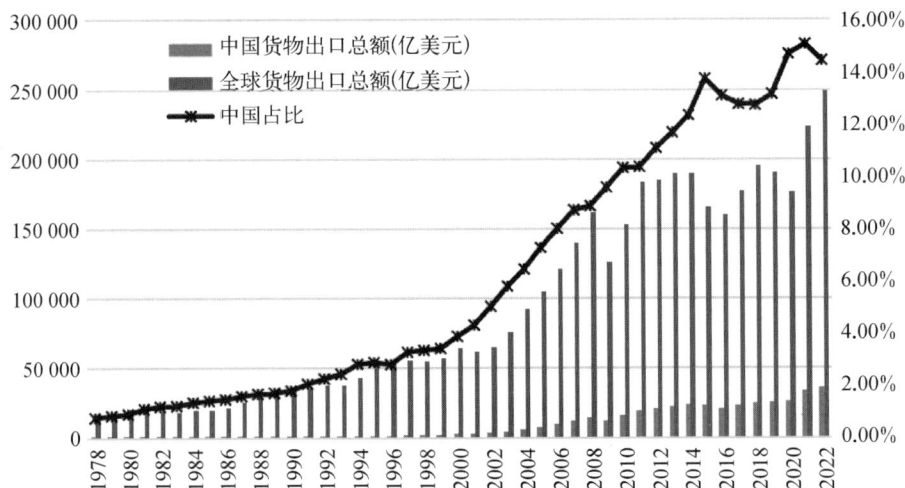

图 6-1　1978—2022 年中国与全球货物出口比较

资料来源:根据联合国贸发会议统计数据库整理而得(http://unctad. org/en/Pages/Statistics. aspx)。

从图 6-1 整理的结果可以看出，1978 年中国货物出口占全球货物出口市场份额的比重仅为 0.74%，而到了入世前的 2000 年，中国货物出口在国际市场上的份额已经上升到了 3.86%。2001 年中国加入 WTO 以后，货物出口更是以"井喷"的方式增长，从而到了 2015 年在国际市场份额中的占比上升至 13.73%。从出口国际市场份额角度看所显示的贸易地位变化，从图 6-1 中的变化趋势可知，中国货物出口增长率与全球货物出口增长率有明显差异，即在样本期所示的大部分年份中国货物出口增长率都要远远高于全球平均水平，这才使得中国货物出口在国际市场份额中的比重不断提高。

三、进出口商品结构不断优化

在进出口贸易规模迅速扩大的同时，中国进出口商品结构也得到持续改善，表明中国工业化水平不断提高，产业结构向高级化方向不断推进。此处，我们采取联合国的国际贸易标准分类（Standard International Trade Classification，简称：SITC）法，对中国出口商品结构进行简单分析。联合国 SITC 把一级贸易商品划分为 10 个类别，商品编码从 SITC0 到 SITC9[①]。在此分类项下，SITC0-SITC4 类通常被归为初级产品，SITC5-SITC8 类通常被归为工业制成品。而在工业制成品内部，SITC5 和 SITC7 类商品通常被归为资本、技术密集型产品，SITC6 和 SITC8 类商品通常被归为劳动密集型产品。按照这一方法，表 6-2 给出了中国 1992 至 2011 年各类商品出口额变化情况。

表 6-2　1992—2022 年中国出口商品结构及其变化

年份	初级产品出口额	资本和技术密集型产品出口额	劳动密集型产品出口额	其他未分类
1992	170.04	175.67	503.69	0.08
1993	166.66	199.05	551.73	0.09
1994	197.08	281.31	731.55	0.12
1995	214.85	405.01	867.88	0.06
1996	219.25	441.89	849.22	0.12

---

① 其中，SITC0 指食品和活畜；SITC1 指饮料和烟草；SITC2 指不能食用的粗材料，以及燃料；SITC3 指矿物材料、润滑剂以及相关材料；SITC4 指动物和植物油，以及油脂和蜡；SITC5 指化学品及有关产品；SITC6 指主要以材料分类的制成品；SITC7 指机械和运输设备；SITC8 指杂项制品；SITC9 指其他未分类商品。

年份	初级产品出口额	资本和技术密集型产品出口额	劳动密集型产品出口额	其他未分类
1997	239.53	539.36	1048.99	0.04
1998	204.89	605.38	1026.77	0.05
1999	199.41	692.09	1057.72	0.09
2000	254.60	946.98	1288.24	2.21
2001	263.38	1082.53	1309.23	5.84
2002	285.40	1423.01	1541.08	6.48
2003	348.12	2073.54	1951.06	9.56
2004	405.49	2946.20	2570.44	11.12
2005	490.37	3880.06	3233.04	16.06
2006	529.19	5008.73	4128.30	23.15
2007	615.09	6373.69	5167.21	21.76
2008	779.57	7526.75	5983.50	17.10
2009	631.12	6522.91	4845.63	16.29
2010	816.90	8678.40	6267.60	14.70
2011	1005.50	10167.00	7790.10	23.40
2012	1005.58	10779.27	8688.13	14.16
2013	1072.67	11581.52	9418.55	17.29
2014	1126.92	12050.48	10222.86	22.67
2015	1086.22	11513.02	10140.71	25.80
2016	1051.87	12384.05	7484.69	55.70
2017	1177.33	12986.29	8412.49	57.60
2018	1349.93	13688.53	9766.65	61.71
2019	1339.70	14170.77	9303.67	180.69
2020	1156.29	15783.01	8674.72	285.50
2021	1400.72	18095.25	13729.94	404.32
2022	1696.06	18847.49	14900.36	492.11

资料来源：中经网统计数据库。

由表6-3的统计数据可以看出，在初级产品出口以及劳动密集型产品出口规模快速扩张的同时，资本和技术密集型产品出口也得到了较快发展。1992年中国资本和技术密集型产品出口仅为175.67亿美元，2022年则迅速攀升至18847.49亿美元，也就是说，在出口商品结构上，我国资本和技术密集型产品得到了较快发展。为了进一步比较各类出口商品的相对变化，根据表6-2的统计数据，我们绘制了各类商品出口在总出口中所占比重的变化趋势，如图6-2。1992年以来，我国出口商品结构中初级产品和劳动密集型产品所占比重总体呈现下降的趋势，而资本和技术密集型产品出口比重则呈现快速上升趋势。1992年中国出口产品中初级产品的比重尚占20.02%左右，劳动密集型产品的出口比重更是高达59.29%，资本和技术密集型产品的出口比重仅为20.68%。通过30年的发展，2022年中国初级产品的出口比重已经下降到4.72%，劳动密集型产品的出口比重下降到41.46%，下降了约18个百分点。与此同时，资本和技术密集型产品的出口比重则上升为52.45%，上升了约30个百分点。由此可见，中国出口规模在迅速扩大的同时，出口商品结构也出现了快速优化的发展趋势。

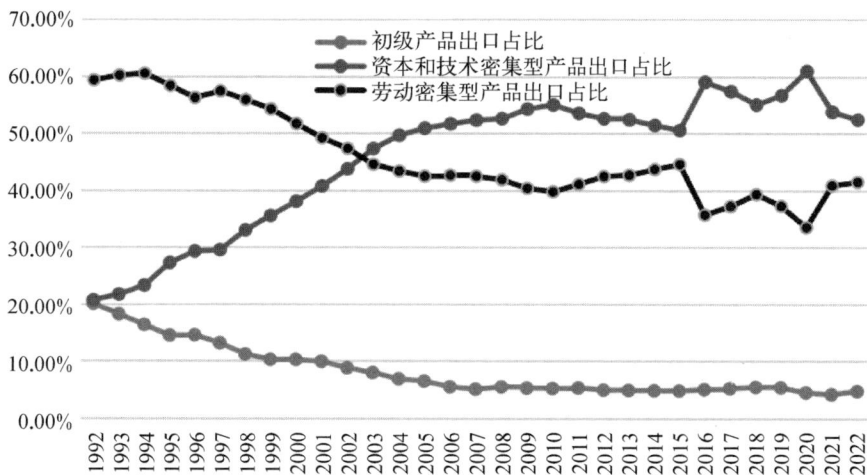

图6-2　1992—2022年中国出口商品结构及其变化

如果进一步进行细分的话，在我国出口的资本和技术密集型产品中，机电产品出口的增长尤为迅速。机电产品自1995年起已连续16年成为中国第一大出口商品,目前已占全部外贸出口的半壁江山,其中超过四成是高新技术产品。有关统计数据表明:2022 年,我国出口机电产品 20527.7 亿美元,增长 3.6%,占出口总值的 57.12%。同期,纺织品、服装、箱包、鞋类、玩具、家具、塑料制品等 7 大类劳动密集型产品出口总值 7445.94 亿美元,占出口总值的 20.7%。这表明中国制造业在经济全球化的过程中成功地承接了国际制造业的转移,参与经济全球化的程度在不断加深。随着中国产业结构和出口商品结构的不断优化,包括高新技术产品在内的机电产品等出口比重日益提升,而我国传统出口优势的劳动密集型产品出口比重在日益下降。

在进口方面,中国进口商品结构基本出现了与出口商品结构相对应的变化趋势。此处,我们仍然采用的是联合国的国际贸易标准分类(SITC)法,对中国进口商品结构进行简单分析。表 6 - 3 给出了 1992 至 2022 年中国进口商品结构及其变化情况。由表 6 - 3 的统计数据可以看出,在初级产品进口以及劳动密集型产品进口的绝对规模快速扩张的同时,资本和技术密集型产品进口也得到了较快发展。1992 年中国初级产品进口额为 132.55 亿美元,2022 年则攀升至 10896.76 亿美元;与此同时,1992 年中国资本和技术密集型产品进口仅为 424.69 亿美元,2022 年则迅速攀升至 9874.36 亿美元,也就是说,在进口商品结构上,我国资本和技术密集型产品得到了较快发展。样本期间内部分年份虽受到外部环境不景气影响,进口有所下降,但规模之大仍处于高位。

表 6 - 3 1992—2022 年中国进口商品结构及其变化

年份	初级产品进口额 (亿美元)	资本和技术密集型 产品进口额(亿美元)	劳动密集型产品 进口额(亿美元)	其他未分类 (亿美元)
1992	132.55	424.69	248.61	3.69
1993	142.10	547.27	350.22	4.68
1994	164.86	635.97	348.52	6.79
1995	244.17	699.41	370.33	6.93
1996	254.41	728.69	398.77	6.46
1997	286.20	720.71	407.70	9.09
1998	229.49	770.03	395.31	7.54

续表

年份	初级产品进口额 （亿美元）	资本和技术密集型 产品进口额（亿美元）	劳动密集型产品 进口额（亿美元）	其他未分类 （亿美元）
1999	268.46	934.83	440.18	13.52
2000	467.39	1221.44	545.58	16.53
2001	457.43	1391.19	570.14	16.76
2002	492.71	1760.46	682.90	15.64
2003	727.63	2418.01	969.13	12.82
2004	1172.67	3183.03	1241.29	15.29
2005	1477.14	3682.12	1420.19	20.08
2006	1871.29	4440.68	1582.35	20.30
2007	2430.85	5200.13	1903.87	24.65
2008	3623.95	5609.53	2048.06	44.09
2009	2898.04	5198.87	1929.25	33.07
2010	4338.50	6991.20	2448.40	184.40
2011	6043.80	8115.30	2780.40	495.10
2012	6349.34	8322.27	2824.71	687.72
2013	6580.81	9004.46	2867.27	1047.36
2014	6469.40	9174.53	3120.78	827.64
2015	5554.20	7876.65	2679.29	710.55
2016	4410.55	8383.16	2316.87	768.68
2017	5796.38	9198.36	2782.40	660.79
2018	7017.44	9113.56	4470.27	756.07
2019	7299.52	9228.76	3667.50	588.31
2020	6869.08	9543.96	4023.35	223.23
2021	9766.31	9859.16	6641.83	604.13
2022	10896.76	9874.36	5544.51	844.36

资料来源：中经网统计数据库。

为了进一步比较各类出口商品的相对变化，根据表6-3的统计数据，我们绘制了各类商品出口在总出口中所占比重的变化趋势，如图6-3。

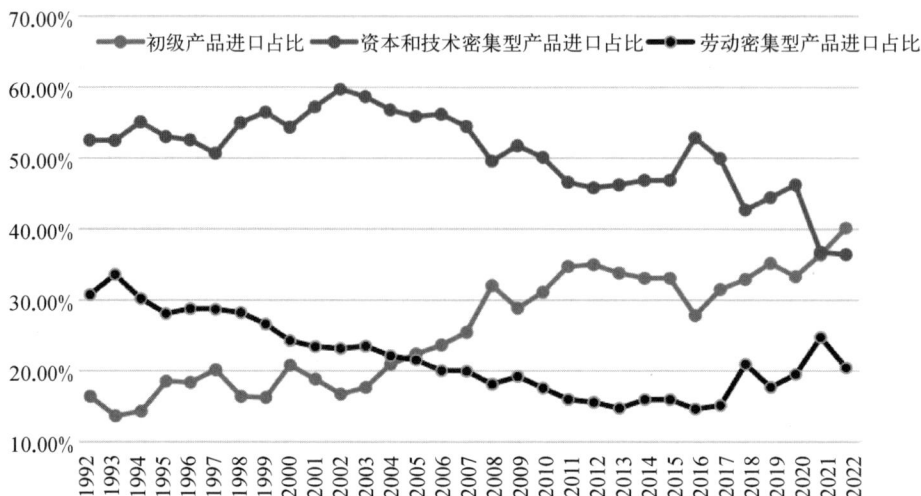

图 6-3 1992—2022 年中国进口商品结构及其变化

图 6-3 较为直观地显示了我国出口商品结构变化情况:第一,从相对比重来看,我国劳动密集型产品进口额在我国进口总额中所占比重呈现稳步下降趋势;第二,我国资本和技术密集型产品进口额在我国进口总额中所占比重基本呈稳定状态;第三,我国初级产品进口额在我国进口总额中所占比重则呈现出显著的上升态势。这种变化的原因实质上也反映出了我国外贸结构的优化:随着我国产业结构和出口商品结构的优化,我国对能源资源等初级产品的进口需求必然不断扩大。

四、 市场结构呈多元化发展

自改革开放以来的很长一段时间内,我国出口市场主要集中在欧、美、日三大传统市场。然而,自"八五"计划起,我国从战略高度考虑,为减少政治和经济风险,开始实施出口市场多元化战略。伴随市场多元化战略的逐步实施,我国出口市场多元化也取得了积极成效,国际市场布局进一步优化,出口产品对已开发经济体依赖程度降低,对新兴市场依赖程度提高。表 6-4 和表 6-5 分别汇报了 2010 年对主要国家和地区货物进出口额及其增长速度,以及 2022 年对主要国家和地区货物进出口额及其增长速度。

表6-4 2010年对主要国家和地区货物进出口额及其增长速度

国家和地区	出口额（亿美元）	比上年增长%	占全部出口比重（%）	进口额（亿美元）	比上年增长（%）	占全部进口比重（%）
欧盟	3112	31.8	19.72	1685	31.9	12.08
美国	2833	28.3	17.95	1020	31.7	7.31
中国香港	2183	31.3	13.83	123	40.9	0.88
东盟	1382	30.1	8.76	1546	44.8	11.08
日本	1211	23.7	7.67	1767	35	12.67
韩国	688	28.1	4.36	1384	35	9.92
印度	409	38	2.59	208	51.8	1.49
中国台湾	297	44.8	1.88	1157	35	8.30
俄罗斯	296	69	1.88	258	21.7	1.85

数据来源：《中华人民共和国2010年国民经济和社会发展统计公报》

表6-5 2022年对主要国家和地区货物进出口额及其增长速度

国家和地区	出口额（亿元）	比上年增长（%）	占全部出口比重（%）	进口额（亿元）	比上年增长（%）	占全部进口比重（%）
东盟	37907	21.7	15.8	（亿）	6.8	15.1
欧盟	37434	11.9	15.6	27247	−4.9	10.5
美国	38706	4.2	16.2	19034	1.9	6.5
韩国	10843	13.0	4.5	11834	−3.7	7.3
日本	11537	7.7	4.8	13278	−7.5	68
中国台湾	5423	1.2	23	12295	−1.8	8.8
中国香港	19883	−12.0	8.3	15840	−16.0	03
俄罗斯	5123	17.5	1.7	527	48.6	4.2
巴西	4128	19.3	3.3	7638	2.6	4.0
印度	7896	25.5	0.7	7294	−36.2	0.6

数据来源：《中华人民共和国2022年国民经济和社会发展统计公报》

比较表6-4和6-5汇报的统计数据不难发现，与2010年相比，2022年中国在出口市场多元化和进口市场多元化发展方面均取得了显著成效。例如，

2010 年中国大陆对美国、欧盟、日本、中国香港出口占出口总额的比重分别为 17.95％、19.72％、7.67％、13.83％，2022 年中国大陆对美国、欧盟、日本、中国香港出口占出口总额的比重分别下降至 16.2％、15.6％、4.8％、8.3％。与之相反，2010 年中国大陆对东盟和中国台湾出口占出口总额的比重分别为 8.76％和 1.88％，2022 年中国大陆对东盟和中国台湾出口占出口总额的比重分别上升到 15.8％和 23％。尤为值得一提的是，2022 年对共建"一带一路"①国家进出口总额 138339 亿元，比 2021 年增长 19.4％。其中，出口 78877 亿元，增长 20.0％；进口 59461 亿元，增长 18.7％。对《区域全面经济伙伴关系协定》(RCEP)其他成员国②进出口额 129499 亿元，比上年增长 7.5％。

综述分析可见，中国外贸发展在保持规模迅速扩张、国际市场份额不断提升、进出口商品结构不断优化的同时，出口市场多元化发展也取得了积极进展。

第二节
新形势下中国外贸发展面临的挑战及机遇

经过 40 多年的快速发展，我国已经成为贸易大国，进出口总量跃升至世界第一。然而，与要素禀赋结构所决定的"低端嵌入"全球价值链分工体系的开放型经济发展模式和路径相对应，过去中国外贸的高速增长也主要是建立在廉价劳动力和外延式大规模资源要素投入，以及对环境资源掠夺式开发和粗放式利用等基础之上的，因此在获得巨大发展成就的同时也带来了不平衡、不协调和不可持续等问题。特别是伴随国内外环境的深刻变化，在中国已经成为全球第一大货物贸易国和世界第二大经济体的背景下，以往的传统外贸发展模式和路径已遭遇巨大挑战和面临可持续困难，但同时也面临着转型发展的重大机遇。

一、 外贸发展面临外部环境变化的挑战

目前，我国外贸发展面临的外部环境，或者说全球经济新形势至少发生了或

---

① "一带一路"是指"丝绸之路经济带"和"21 世纪海上丝绸之路"。
② 《区域全面经济伙伴关系协定》(RCEP)其他成员国包括印度尼西亚、马来西亚、菲律宾、泰国、新加坡、文莱、柬埔寨、老挝、缅甸、越南、日本、韩国、澳大利亚、新西兰。

正在发生着下述五个方面的重要变化。

第一，全球主要经济体的增速明显放缓。总体看来，在本轮全球金融危机的冲击下，全球主要经济体的经济增速都在变慢。例如，作为全球最大经济体的美国，其境况一直不佳，经济增速下滑以及失业率高居不下，一直是令其"头痛"的问题。为此，奥巴马政府采取"重振制造业"或者说"制造业回流"的新经济政策，采取了包括减税等在内的一系列扶持本国制造业发展和吸引制造业"回流"的政策措施，力图避免制造业产业被发展中经济体"占领"而丧失自身竞争力。目前来看，尽管在各种政策措施的作用下，目前美国经济状况有所好转，但仍不能与20世纪90年代期间的高速发展阶段相比。而在欧洲，严重的欧债危机导致欧盟国家的经济增速也在低区间徘徊，对经济增长的预期被不断下调至缓慢增幅区间，低速增长的态势至今难见尽头。在日本，受到全球金融危机、地震、海啸以及核辐射的四重"打击"，短期内经济难以出现显著复苏，"安倍经济学"的失败也表明日本经济复苏仍然遥遥无期。由此可见，长期以来一直作为我国最大贸易伙伴的全球前三大经济体，由于其经济发展态势不佳，甚至自身仍深陷泥淖，加之我国外贸发展所伴随的各类生产要素成本不断上升，必然对我国以低成本为主要竞争手段和大规模出口为主导的传统外贸发展模式带来巨大压力，外贸可持续发展需要加快培育参与和引领国际经济合作竞争新优势。

第二，全球经济危机后"重振制造业"愈发受到发达经济体重视。客观而言，在经济全球化深入发展的大趋势下，基于比较优势的制造业全球分工格局难以根本逆转，发达经济体在诸如劳动力成本等方面较之于发展中经济体，还是存在显著比较劣势的。但是不容否认的客观事实是，近年来我国经济发展不仅面临着资源、环境等约束日益严峻，就是最为丰富的劳动力资源也几乎是"突如其来"地发生了供求关系的显著变化。例如，就劳动力成本变化而言，目前国内外学术界关于我国是否已经达到"刘易斯拐点"问题展开了激烈的讨论，这种讨论至少说明了一个问题，那就是伴随我国开放型经济的发展，劳动力成本的确出现了较大幅度的增长。近年来我国人均可支配收入实现了明显提高，而十八大报告中又明确提出：要千方百计增加居民收入，确保到2020年实现全面建成小康社会宏伟目标时，实现国内生产总值和城乡居民人均收入比2010年翻一番。由此可以预见的是,劳动力成本将进一步大幅提高。劳动力成本的上升无疑说明经济发展的成果惠及人民大众,但对于企业而言则是成本上升的压力。近年来"民工荒、招工难"的现象不仅发生在东部沿海地区,甚至发生在四川、河南等内陆人口大省。在此背景下,发达经济"重振制造业"的战略举措,无疑会对我国制造业发展带来不利影响。

对于发达经济"重振制造业"可能导致的制造业回流进而对我国产生的不利影响,一些国际媒体和咨询机构曾作出评估。根据波士顿咨询公司(BGG)2011年的一份报告显示,在可预见的未来几年内,中国制造业和美国制造业领域的劳动力成本将非常接近,伴随中国劳动力成本的上升,美国"重振制造业"战略必然带动制造业回归美国。英国《经济学人》2012年3月发表的一篇文章也认为,中国廉价生产的时代即将结束,并面临着来自发达经济体"重振制造业"战略的严峻挑战,制造业可能因此而重新回归诸如美国这样的发达经济体。虽然国内也有学者认为,中国劳动力成本上升在短期内并不足以导致制造业"外流",因为国内市场容量的巨大潜力以及较强的产业配套能力足以抵消劳动力成本带来的不利影响,况且由于中国与美国等发达经济体处于不同的产业发展层次,"重振制造业"不会对中国直接构成正面威胁。应该说,这种观点具有一定的道理,也是对大趋势的正确判断。但不得不引起我们注意的是,发达经济体再工业化战略的实施,在一定程度上的确使得传统制造业已然表现出回归迹象。有研究发现,美国经济正处于制造业复兴初级阶段,传统制造业已悄悄开始在美国南部聚集,未来数年越来越多制造商将考虑把生产基地搬回美国。[1] 此外,更需要提请我们注意的是,在全球经济深度调整期,由于新一轮科技革命难以在短期内取得根本性突破,因此,出于应对经济低迷和失业率高居不下形势的短期需要,制造业的重振,可能不仅仅限于高端,可能还包括以"拼命吸引外资"的方式引导中端制造业"回流",这不能不说对我国制造业发展可能存在着潜在影响和威胁,从而侵蚀着外贸发展的制造业基础。

第三,更多具有低成本优势的发展中国家参与全球竞争。尽管政府对一国

---

[1] 钮文新:《没有理由放弃中低端制造业》,《经济参考报》2012年12月3日。

的产业发展和规划具有引导作用,但是企业才是市场经济的主体,产业发展最终需要微观主体的企业参与。而在经济全球化深入发展的大趋势下,跨国公司的全球经营战略,会综合考虑市场需求、竞争环境、一国或地区的要素禀赋结构,以及收益等,进行产业链的全球布局。这也是自二战以来尤其是 20 世纪 60 年代以后在以贸易和投资自由化为主要内容的经济全球化深入发展的大背景下,出现快速且大规模产业国际转移的根本原因。战后,实施外向型经济发展战略的国家和地区,如亚洲"四小龙",取得了经济发展的奇迹,以及之后我国发展开放型经济取得的举世瞩目的成就,与奉行内向型发展战略的一些国家诸如拉美数国所患的"拉美病"形成了鲜明对比,使得越来越多的发展中国家和地区意识到发展开放型经济的重要性,并参与到全球经济的竞争与合作中来。伴随着更多其他发展中经济体融入经济全球化,目前,国际产业结构调整和转移发生了一个重要变动趋势,那就是全球制造业在继续向我国转移的同时,也开始有目的地向其他发展中经济体如越南、印度和菲律宾转移。显然,这种发展趋势不仅与跨国公司开拓新兴市场、分散投资风险的考虑有关,更与跨国公司在全球优化资源配置,降低成本有关。这表明,在承接国际产业转移方面,我国将面临来自其他更多发展中经济体参与所带来的竞争。

不仅在承接发达经济体产业国际转移方面,我国面临着来自其他发展中经济体的潜在竞争,依据全球产业转移的规律,已经转移至我国的制造业或者我国本土制造业,同样有向其他发展中经济体转移的可能性,特别是转移到那些被认为具有潜在人口机会窗口的国家。2013 年 1 月 18 日国家统计局发布的统计数据显示,2012 年我国劳动年龄人口相当长时期第一次出现了绝对下降,比前一年减少 345 万,这一趋势在未来十几年内将一直持续下去。这或许意味着我国劳动力无限供给的特征趋于消失,人口红利即将消失。相比较而言,许多其他发展中经济体的人口转变落后于我国,预期劳动年龄人口规模会继续增长一段时间。2006 年美国高盛公司曾经创造了一个与劳动力成长或者说人口红利以及经济增长潜力有关的"新钻 11 国"新概念,其中包括菲律宾、印度尼西亚、墨西哥、尼日利亚、巴基斯坦、孟加拉国、越南、韩国、伊朗、土耳其、埃及。如果诸如"新钻 11 国"这些国家以及未列入其中的印度等发展中经济体,果真能够将潜在的人口红利转化为丰富而廉价的劳动力资源，那么在承接国际产业转移方面，尤其是承接劳动密集型等中低端制造业方面，对我国将构成一定的竞争。或许，作为我国制造业代表的富士康近年来不断将生产线从我国东部沿海向其他金砖国家转移的实践，已经向我们暗示了上述推断的可能。这一变化显然也会影响到作为外贸发展基础的产业发展。

第四，全球各国攀升产业"高地"步入白热化竞争阶段。如果说，在全球经济深度调整期，发达经济体的"再工业化"发展战略，尚不至于扭转全球产业分工格局，从而在中低端产业层次上还不至于对我国产业发展构成实质性威胁的话，那么，作为应对危机实现经济复苏根本之道的技术创新和产业创新，各国在新兴产业领域展开竞争，力图抢占全球经济增长制高点并主导新一轮经济全球化，将会使得我国产业攀升"高地"面临着白热化竞争。因为国际经济发展的经验表明，每一次重大经济危机都孕育着一次新兴产业发展浪潮，本轮全球金融危机冲击之后，各国基本上都将技术密集型等新兴产业作为未来发展的重点领域，试图在新一轮经济全球化发展中占领"制高点"。应该说，目前发达经济体"重振制造业"的战略举措，以及其他新兴发展中经济体期望在危机中实现"弯道超车"而实施的新兴产业发展战略，将对处于工业转型升级关键期的我国制造业带来严峻挑战，我国产业攀升"高地"面临着激烈的外部竞争。

以来自发达经济体的竞争和挑战为例进行分析。犹如前文指出，发达经济体目前所要进行"再工业化"发展战略，绝不仅仅是恢复传统的制造业，而是要以高新技术和技术创新为依托，发展先进制造业，推动产业结构调整和转型升级，从而重新打造出具有强大国际竞争力的工业体系，或者说再创产业发展的国际竞争新优势。在此过程中，新一轮技术革命的成果将会被用于其他产业的改造和引领其他产业的发展，尤其是新能源的开发和利用、信息和互联网、海洋开发、生物医药、航天、环保等新兴产业。虽然目前我国产业结构和层次与发达经济体仍然存在着一定的差距，但就规模而言，我国制造业的规模在 2010 年已经超过美国而成为全球第一，规模经济优势和"本土市场效应"的发挥，显然意味着已经取得在位规模优势，可以构成我国制造业转型升级的重要基础。况且，经过多年的艰辛拼搏和努力，我国工业结构和层次正在与发达经济体趋同。例如，从出口视角来看,许多实证研究表明,我国制成品出口技术结构,已经与经济合作与发展组织(OECD)中许多高收入水平的国家制成品出口技术结构非常相似。[①] 虽然上述实证研究结论不免有来自产品内分工条件下对我国制成品出口结构的"虚高"估计,但至少说明了我国产业的层次结构在提升,并与发达经济体在趋近。而当前全球经济处于深度调整期,我国工业结构调整和转型升级的方向,在很大程度上与发达经济体重振制造业战略的发展方向是一致的,相互之间免不了发生激烈的竞争、冲突。关于这一点,从我国太阳能光伏和风能产品出口自2011 年开始连续遭遇美欧"双反"已可略见一斑。全球经济进入深度调整期,我国政府将节能环保等产业定义为战略性新兴产业,并将其作为经济转型升级的重要推动力量,这与美欧等发达经济体"重振制造业"的战略方向趋同,同步转型势必导致我国新兴产业领域遭遇更为激烈和频繁的贸易摩擦。这不能不说是发达经济体旨在打压我国战略性新兴产业国际化发展空间所采取的一种战略措施,同时意味着我国产业转型升级而攀升全球产业"高地",面临着来自其他国家尤其是发达经济体的白热化竞争和挑战。更为重要的是,相比发达经济体而言,我国在基础研究能力、高新技术和创新方面显然处于劣势,而发达经济体有可能会加紧从技术、标准、规则和市场等方面设置门槛,使我国制造业向价值链高端升级的难度增大。这是我国外贸进一步发展过程中不得不面对的挑战和威胁!

第五,国际经贸格局出现重大调整以及全球经济新规则正在形成。伴随以贸易和投资自由化为主要内容的经济全球化深入发展,全球经贸格局呈现"东升西降"的显著变化,这一变化被许多学者看作是发展中经济体成为本轮经济全球化最大受益者的表现和结果,而美国等发达经济体则似乎获益有限。也正因如此,以美国等为代表的西方发达经济体认为这是全球化失控的表现,是当前全球经济规则下的不公平竞争结果。[②] 受其影响,当今经济全球化深入发展的总趋势虽然没有改变,但多边贸易体制的发展却历经坎坷,多哈回合谈判仍然徘徊不

---

① Rodrik, Dani, "What's So Special About China's Exports?", *NBER Working Paper* No. 11947, 2006; Schott P., "The Relative Sophistication of Chinese Exports", *Economic Policy*, 2007, Vol.23(53).

② 张燕生:《新一轮高标准改革开放应如何先行先试——中国(上海)自由贸易试验区的改革重点和未来方向》,《学术月刊》2013 年第 10 期。

前,与此相伴随的是贸易投资保护主义升温和经贸摩擦频发甚至走向政治化倾向。因此,为了改变经济全球化红利的"分配格局",降低关税,取消非关税措施等传统扩大开放模式,对于美国等发达经济体而言已经变得越来越没有吸引力,代之而起的则是要建立所谓高标准的市场经济规则。当前由世界贸易组织(WTO)主导的经济全球化进展受阻,以及美国主导的(TPP)和跨大西洋贸易与投资伙伴关系协定(TTIP)等超大自由贸易区正如火如荼地发展,就是明证。国际经贸格局甚至呈现"圈子化"发展趋势。[①] 上述变化将会在很大程度上改变世界贸易规则、标准和格局。比如于2015年10月份由12国正式签署的跨太平洋伙伴关系协定(TPP)协议,不仅要求成员所有产品实现零关税、服务贸易全面开放、实质性取消外资审批,还引入了知识产权、环境保护、劳工权益、国有企业竞争中立等升级条款。再比如当前国际投资规则中,要求采用准入前国民待遇和负面清单的外资管理模式已经成为发展新趋势。总之,全球经贸格局的重大调整以及全球经济规则的变化,或将取代WTO制定经济全球化的新规则,必然对我国开放型经济提出新挑战。为此,为更好地应对新规则、新形势,我们唯有尽早作出相应调整,必须创新外贸发展的新的体制机制,尽可能提前适应国际新规则,才能避免被边缘化的风险,才有可能抓住新一轮经济全球化的战略机遇。

二、 外贸发展面临内部环境变化的挑战

从内部环境看,改革开放以来,中国主要依托低端要素等形成的"低成本"竞争优势,走出了一条"血拼式"竞争道路,在具有比较优势领域的劳动密集型制造业领域创造了外贸发展奇迹。然而,目前国内经济基本面因素发生的三个变化,使得基于上述发展模式的外贸发展面临着巨大挑战。

第一,国内各类生产要素价格进入集中上升期,支撑低成本的低端要素基础正在弱化。比如,从劳动力成本角度看,如果不求严格,以居民人均可支配收入和平均工资变化来大体反映劳动力成本的变化态势,则现实情况的确表明"人口

---

① 吴中宝、江道辉:《"圈子化"经贸格局正在形成》,《进出口经理人》2014年第2期。

红利"已接近尾声。[①] 国家统计局的统计数据显示,城镇居民年人均可支配收入从 2000 年的 6280 元增长到 2013 年的 26955 元,13 年间增长了约 4.3 倍,年均增长率高达约 11.86%,城镇单位就业人员年平均工资已从 2000 年的 9333 元迅速增加到 2013 年的 51483 元,13 年间增长了约 5.64 倍,年均增长率高达约 14.22%。况且,许多实证研究表明中国"刘易斯拐点"基本到来。[②] 从用地成本看,多年来各级地方政府依赖于土地财政的融资模式,一方面是以优惠的土地政策进行招商引资,另一方面则在通过推高地价中获取更多的非税收收入,从而使得土地供给越发紧张和稀缺,用地成本不断"高企",最终使得制造业发展的实际生产成本和机会成本不断攀升。[③] 从环境成本看,环境问题日益严峻以及环境规制不断加强,已经使得传统依赖"环境红利"的发展模式不可持续。不容否认,长期以来中国开放型经济发展具有典型的粗放式特征,突出表现就是资源、能源消耗大,生态环境日趋严峻。许多基于中国经验数据的实证检验基本表明,"污染天堂"假说在中国是成立的,而导致中国环境问题日益突出和压力不断增大的最主要因素之一,就是贸易和自由化趋势下国际低端尤其是污染密集型产业和产品价值增值环节向国内的梯度转移。[④] 随着中国成为世界第二大经济体,上述问题尤其备受关注。作为世界环境污染物排放的主要国家之一,中国面临的全球环境保护"责任"越来越重,中国采取的环境规制措施已经对传统出口带来了影响。最新的一项利用中国城市—行业数据的研究表明,政策实施目标城市在实行了更为严格的环境标准后,部门的出口尤其是环境污染比较严重的行业的出口,出现明显的下降。

第二,新的竞争优势尚未建立,比较优势产业面临"断档"风险,导致外贸增长的动力衰减。客观而论,目前中国正处于产业竞争优势的转型发展期,一方面,犹如前文所述,一些具有传统低成本优势的行业由于要素成本上升,以及其

---

① 根据国际劳工组织(ILO)的规定,劳动力成本构成不仅包括以货币形式表示的工资、所得、薪金,还包括雇主所承担的如工人招聘费用、实物发放、职工住房成本、社会保障、技术培训乃至雇用员工发生的税收成本等物质及非物质形式的费用支出。因此,在实践中对劳动成本的准确度量是个难题。
② 蔡昉:《二元经济作为一个发展阶段的形成过程》,《经济研究》2015 年第 7 期。
③ 刘志彪:《从全球价值链转向全球创新链:新常态下中国产业发展新动力》,《学术月刊》2015 年第 2 期。
④ 陆旸:《从开放宏观的视角看环境污染问题:一个综述》,《经济研究》2012 年第 2 期。

他发展中国家冲击而不断丧失竞争力,但另一方面,新的具有比较优势的产业却还没有形成,在竞争优势上形成了一个"断档期"和"真空期"。现有研究发现,作为工业主体和决定工业技术整体素质的关键基础部门,如化工、材料、机械、电子、精密仪器、交通设备等中等技术行业的出口占比下降[①]、价值链低端锁定特征明显、产品品质提升困难的事实特征的确表明,新的产业竞争优势还有待培育,外贸增长的产业动力亟待重塑。

三、 外贸转型发展面临的战略机遇

国内国际环境的深刻变化虽然对我国传统外贸发展方式形成了严峻挑战,但同时也带来了转型发展的机遇。概括而言,当前全球分工演进呈现的如下几方面趋势特征,将为中国外贸发展进而引领经济转型升级带来重要战略机遇。

(一) 制造业价值链向创新链转变的机遇

20 世纪 80 年代中期以来,以产品价值增值环节和阶段国际梯度转移为主要特征的全球分工和生产体系的构建,主要发生在制造业领域,或者说是制造业价值链条在全球拓展和分布的过程。这一阶段分工深化和全球生产布局,从国际宏观层面看,所呈现的一个典型特征就是发达经济体的"去工业化"和发展中经济体的"工业化";从微观层面看,就是发达经济体产生越来越多的苹果和耐克式企业——只负责研发设计、进口以及产品分配等服务环节,而发展中经济体则产生越来越多的从事全球价值链中组装、加工和制造环节的"制造型"企业。概言之,以往全球价值链的构建主要是制造环节和阶段的国际梯度转移。

而当前全球分工演进的一个重要发展趋势就是技术创新也越来越具有全球性特征,即一方面包括研发在内的技术创新出现国际梯度转移,另一方面技术创新的全球"协作性"越来越明显。已有的研究表明,技术创新的跨国转移和合作已经成为当前经济全球化的重要发展趋势。[②] 技术和知识的流动伴随企业间人员的频繁跨国流动而日益频繁,与此同时,不同国家的用户、供应商、大学以及科

---

① 金碚、李鹏飞、廖建辉:《中国产业国际竞争力现状及演变趋势——基于出口商品的分析》,《中国工业经济》2013年第 5 期。

② 王子先:《研发全球化趋势下自主创新与对外开放关系的思考》,《国际贸易》2013 年第 9 期。

研机构人员对创新活动的共同参与,使创新从企业内部、区域内部和国家内部的协作,扩展到国家间不同主体合作,进而使得全球价值链的发展在原有制造业价值链基础上,向全球创新链层面深度拓展。这一深度拓展的实质,就是企业在全球范围内搜索可利用的知识资源、关注资源使用权并且具备高度开放性的价值网络创新模式。[①] 当然,出现这种变化的主要原因在于,一方面技术创新产品越来越复杂,从而成为单个企业的"不能承受之重";另一方面通信和信息等技术突飞猛进,为越来越多的企业突破地域和国家界限,从而在全球范围内积极寻求资源"为我所用"提供了支持。这无疑为中国在加入制造业全球价值链基础之上,逐步全面地转向融入全球创新链,进而实现外贸发展由以往的要素驱动和投资驱动,向创新驱动的轨道发展提供了重要战略机遇。

(二) 全球价值链从制造业向服务业拓展延伸的机遇

从全球产业链的构成来看,在越来越多的"服务"变得可贸易同时,与制成品国际生产分割的发展趋势一致,"服务"的全球价值链也得到了快速拓展,即服务提供流程的不同环节和阶段被日益分解,并被分散和配置到具有不同要素禀赋优势的国家和地区,服务业正呈现"全球化"和"碎片化"的重要发展趋势,"服务"的全球价值链拓展已初见曙光。在表现形式上,当前服务贸易的快速发展、全球对外直接投资从制造业为主导转向服务业为主导、全球制成品贸易中内涵的服务价值量越来越高(即学术界所谓的国际制造业服务化),以及服务外包的蓬勃发展等事实特征,均是服务业"全球化"和"碎片化"的重要表现,或者说是服务全球价值链出现拓展变化的重要表现。

全球价值链从制造业向服务业拓展延伸,或者说服务产业链的国际梯度转移,不仅为诸如中国等发展中国家融入全球服务产业链,从而促进服务贸易和服务业尤其是现代高端服务业发展提供了重要机遇,而且对于制造业转型升级从而提升其国际分工地位也可能发挥着重要引领作用。这是因为,一方面,伴随服务产业链的国际梯度转移,可以借鉴制造业开放的成功经验和做法,通过扩大服务业开放来拉动服务业发展乃至服务业产业结构升级,提升服务出口价值链;另

---

① 马琳、吴金希:《全球创新网络相关理论回顾及研究前瞻》,《自然辩证法研究》2011年第1期。

一方面,中国制造业在开放型经济发展战略带动下虽获得了长足发展,但总体而言,仍处于全球产业链的中低端,面临着发展先进制造业进而攀升全球产业链高端的迫切需求,而从产业结构演进角度看,这有赖于服务业尤其是高级生产者服务业支撑和引领。然而,当前中国生产者服务业发展却遭遇"供求"双约束,呈低水平均衡,其支撑和引领制造业发展方式转变的作用明显不强。而抓住全球服务贸易发展的重要契机,扩大服务业对外开放,借助"外力"来突破服务尤其是高端生产者服务供给不足约束,是帮助制造业摆脱缺乏技术创新能力、自主知识产权等被动局面,进而促进制造业发展方式转变的重要途径,最终实现外贸转型发展。

(三) 全球经济规则从第一代向第二代深度演变的机遇

实际上,全球价值链分工能够得以迅猛发展,除了与产品生产国际分割技术的突飞猛进有关外,更重要的还在于以边境壁垒降低为主要内容的第一代全球经济规则为其提供了制度保障,因为在产品"迂回生产"链条不断延伸过程中,其所要求的技术属性要比制度属性简单得多,换言之,产品生产技术上的可分离性要比人们想象的简单,而影响其发展的更多是制度层面的滞后。在全球价值链分工体系下,生产的国际碎片化会带来中间品的多次跨境流动,因此即便是"不起眼"的关境壁垒亦能在整个价值链上形成累积效应,最终"放大"有效保护率。由于多边和区域贸易自由化的进展,当前全球多数制成品关税一直在下降,然而,即便是在此背景下,一些学者的研究仍然表明:尽管名义关税税率较低,但制造业全球价值链的兴起会导致名义关税税率沿着供应链不断积累,从而对制造业价值链拓展仍有重要影响。[①] 也正是基于这一意义,以"边境开放"措施为主要内容的第一代经济全球化规则,的确为全球价值链深度演进提供了重要制度保障,从而促成了其迅猛发展。

实际上,在全球价值链分工形态下,实现产品生产不同环节和阶段的无缝对接、降低交易成本,是价值链分工的内生需求,这不仅需要通过"边境开放"以降低产品跨境流动壁垒,还需要各国市场规则的一致性乃至各国间标准的兼容性。

---

① Antonia D. , H. Escaith, "Trade in Tasks, Tariff Policy and Effective Protection Rates", *WTO Working Paper* No. ERSD-2014-22.

只不过全球价值链的前一轮发展主要表现在制造业环节,尤其是中低端的环节和阶段的国际梯度转移,这一阶段相对而言对前一要求较高,而对后一要求还并不太高。然而,全球价值链的进一步发展尤其是基于制造业价值链向全球创新链的深度演进,会对与之相应的后者制度保障提出更高要求,更确切地说,会对包括法治化水平、制度质量、知识产权保护、生产要素市场、环保标准、劳工标准、竞争中立、商业环境的公正透明等内容在内的一国国内经济政策和市场环境提出更高的要求。在某种程度上可以说,世界贸易组织(WTO)研究所指出的"全球价值链分工格局基本定型,进一步深化的边际成本加大"的问题,在我们看来,正是由于新的全球经济规则尚未形成从而未能为价值链"进一步深化"提供切实有效的制度保障。这一点从当前由 WTO 主导的多边贸易谈判进程受阻也可略见一斑,因为主要原因就在于着眼于降低贸易投资壁垒、扩大"市场准入"为目标的"边界措施",已经不能提供全球价值链分工进一步深度演进的现实需要,这也是为什么有些学者提出 WTO 应加快从 1.0 版向 2.0 版转身,否则面临着"破产"的原因所在。[①] 但无论如何,以跨国公司主导的全球价值链深度演进为主要内容的经济全球化仍是大势所趋,其对更高标准制度保障的内生需求催生了"新一轮区域贸易自由化浪潮的兴起",或许就是明证。有研究表明,基于这一内生需求的全球贸易和投资规则正在重建并取得了一定成果。[②] 由此可以预期的是,伴随全球经济规则从第一代向第二代深度演变,包括以制造业价值链为基础向全球创新链拓展的国际分工势必深入演进。显然,高标准的国际经济规则无疑会在"倒逼"国内改革方面发挥重要推动作用,促使中国外贸发展尽早走上"释放改革红利"的道路。

(四) 全球经济新格局下跨国公司"逆向创新"战略调整的机遇

20 世纪后半叶尤其是进入 21 世纪以来,世界经济格局发生了"东升西降"的巨大变化,犹如国际货币基金组织副总裁朱民先生所指出的,世界经济增长的

---

① Baldwin, R., "WTO 2.0: Global Governance of Supply-Chain Trade", *CEPR Policy Insight* No.64, December 2012.
② 金中夏:《全球贸易与投资规则重建》,《新金融评论》2014 年第 6 期。

重心从发达经济体转移到新兴和发展中经济体。[1] 而联合国数据库的有关资料也表明,在美国、欧盟和亚洲三大经济体中,美国和欧盟的经济总量所占比重正逐步下降,而亚洲经济总量所占比重则逐步上升。其中,中国经济的快速发展成为全球经济"东升西降"的巨大引擎。[2] 全球经济格局的巨大变化引起了跨国公司全球竞争战略布局的相应调整。这是因为,发达国家在布局全球价值链过程中,不仅与各国的要素禀赋结构所形成的比较优势有关,也与最终消费市场的区位有关。一项针对全球价值链区位分布的理论研究表明,价值链不同环节和阶段对"接近"消费市场的需求或者说敏感程度不同。[3] 具体而言,诸如研发、设计、营销和售后等更倾向于"接近"消费市场,而具体的组装、加工和普通制造环节则对是否"接近"消费市场不太敏感。对此,经济合作与发展组织(OECD)和世界贸易组织(WTO)联合开展的一项调查研究结果也给予了证实,因为研究结果表明,在跨国公司全球价值链布局的关键影响因素中,需求市场规模成为仅次于生产要素成本的第二大因素。

因此,在全球财富和经济权力主要集中于发达经济体的背景下,全球主导性消费也主要集中于发达经济体,这必然促使跨国公司的全球战略主要"定位"于发达经济体市场。换言之,在全球价值链的布局过程中,跨国公司更倾向于将产品研发创新的经济活动置于发达经济体内部,以"接近"消费市场。但是,新兴经济体和发展中经济体的迅速崛起以及全球经济重心的逐渐"东移",必然推动全球消费市场布局的重新调整。随着新兴和发展中经济体市场需求规模不断扩大,跨国公司会越来越重视这一新的市场需求和巨大潜力,为了接近这一"新"的市场,其全球价值链的布局策略也将随之调整,将更多的研发创新活动置于新兴市场经济体,并以此为基础将创新产品销往包括发达国家在内的全球市场。有些学者将跨国公司这一新的策略变化称为"逆向创新"(Reverse Innovation),以区别于以往主要将研发创新活动置于发达国家市场进而将创新性产品再销往全

① 朱民:《世界经济结构的深刻变化和新兴经济的新挑战》,《国际金融研究》2011年第10期。
② 金碚:《全球竞争新格局与中国产业发展趋势》,《中国工业经济》2012年第5期。
③ Baldwin R.，A. Venables，"Relocating the Value Chain：Offshoring and Agglomeration in the Global Economy"，*NBER Working Paper* No. 16611 2010.

球的模式。有关案例研究表明,这种价值链布局的策略调整已在许多跨国公司中悄然出现。[1] 目前,许多跨国公司的研发机构乃至经济总部"进驻"中国,一定程度上也说明"新战略"的端倪,这为中国攀升全球产业链和价值链高端,进而实现外贸的转型发展提供了重要机遇。

（五）全球价值链发展进入重塑阶段的机遇

发端于美国次贷危机的本轮全球经济危机,表面上是金融制度缺陷和金融行为非理性所致,但实体经济才是其深层次的根源所在,确切地说,是世界经济周期作用的结果。从这一意义上来说,全球经济要想真正摆脱危机并进入新一轮的繁荣和增长,技术创新与产业创新才是根本之道,这一点基本已成学术界和实践部门的共识。实际上,进入 21 世纪以来,一些重要科技领域发生革命性突破的先兆已经初显端倪,新一轮科技和产业革命加快孕育,只不过本轮全球经济危机的冲击加速了发达国家为首的科技和产业革命的步伐。

目前,不论是美国实施"先进制造业"发展战略以推动制造业回流和升级,还是德国大力推进的"工业 4.0 战略";不论是英国实施的"高价值制造"战略,还是法国实施的"新工业法国"战略,本质上都是科技革命和产业革命的竞赛,同时也说明了各国愈发重视以技术创新拉动经济发展。显然,酝酿新的产业革命和技术革命,必然改变着全球产业链格局,从而使得全球价值链进入新一轮的调整期和重塑期。当然,科技革命和产业革命推动下的全球价值链重塑和调整,既包括前文所提及的设计研发的全球化发展趋势,也包括全球价值链自身的变动,比如传统"微笑曲线"的整体移动、与"微笑曲线"相伴随的可能还会出现新式的所谓"沉默曲线"乃至"悲伤曲线",[2]以及不同国家在全球价值链中地位重构等。应当看到,全球价值链调整和重塑已初现端倪,而这对于发展中国家来说,通过诸如开展对外投资参与全球价值链重塑等,从而实现产业升级和技术进步,既是重要的机遇也是重要途径。这无疑为中国构建自己的全球价值链、推进外贸转型发展提供了重要契机。

---

① Jones, C., "Intermediate Goods and Weak Links in the Theory of Economic Development", *American Economic Journal*, 2011, 3(4).

② 黄群慧、贺俊:《"第三次工业革命"与中国经济发展战略调整——技术经济范式转变的视角》,《中国工业经济》2013 年第 1 期。

第三节

加快建设贸易强国助力中国式现代化

贸易作为推动经济增长的重要引擎,在全球一体化的当代,其对经济发展的重要作用愈发显著。中国自加入世界贸易组织(WTO)以来,在货物贸易、服务贸易以及对外投资等开放型经济发展方面取得了举世瞩目的成就。据中国海关统计,我国进出口总值从2001年的4.22万亿元增加至2021年的39.1万亿元,货物贸易总额跃居世界第一,服务贸易额连续六年稳居世界第二,毫无疑问成为世界贸易大国。当前,我国已经成为140多个国家和地区的主要贸易伙伴,货物贸易总额居世界第一,吸引外资和对外投资居世界前列,是名副其实的贸易大国。但是中国贸易体量之大并非意味着筋骨之强,与贸易大国并存的还有"大而不强"的特征,[①]我国尽管不断调整贸易结构,降低高新技术产品和服务的贸易逆差,但仍与西方发达国家存在较大的差距。正因如此,商务部发布的《"十四五"对外贸易高质量发展规划》明确提出到2035年,中国外贸高质量发展跃上新台阶的远景目标。党的二十大报告对我国新时期外贸发展作出了统领式战略安排,明确强调指出"发展数字贸易,加快建设贸易强国"。无疑,进入全面建设中国式现代化新阶段,必须加快推动贸易强国建设以发挥其助力作用。

一、 建设贸易强国的基本内涵

新时代外贸转向高质量发展,本质上就是要发展更趋平衡和更加充分的外贸。即从更加平衡角度看,就是要实现区域结构、产业结构、开放领域更加平衡。从更加充分角度看,就是要在稳定外贸发展"量"的同时,在专业化分工链条上向具有更高附加值的技术密集型等环节和阶段升级,实现"质"的跃升;在驱动力上应该由以往的主要基于要素驱动向创新驱动转型;在参与经济全球化要从简单融入推动转型,即实现全球经济治理能力和话语权的提升,为高质量外贸发展创造更加优越的外部环境。总之,更趋平衡和更加充分正是外贸高质量发展的基本内涵。

---

① 姚枝仲:《贸易强国的测度:理论与方法》,《世界经济》2019年10月第42期,第3—22页。

（一）实现外部市场更加多元的平衡发展格局

实现外贸区域结构更加均衡的发展，从外部市场看，就是要打造外部市场更加多元的平衡发展格局。由于受到经济发展阶段以及由此决定的消费能力的影响，在全球经济发展存在着南北发展差距特征的事实背景下，全球主要消费市场主要集中在发达经济体。因此，依托巨大的外需实现的外贸高速增长，也就意味着不得不倚重发达经济体市场。这正是过去几十年中国外贸发展的典型表现。中国统计年鉴数据显示，截至 2022 年，欧、美、日仍然是中国的三大传统市场，或者说，这三大传统市场在中国对外贸易中仍然占据着半壁江山。这种外部市场过度集中的开放格局是过去我国比较优势与国际贸易形势共同决定的，具有一定的合理性，并且拉动了中国经济的发展。但是，对外贸易市场集中度过高不仅会导致国际市场利用不充分，也容易导致贸易抗风险能力低，即易受到单个国家的政治冲击、经济冲击的影响。此外，中国对外开放市场集中度高也会诱发一些贸易风险，例如过高的市场集中度会增加贸易摩擦产生可能性。WTO 公布的相关数据显示，中国从 1995 年到 2021 年共遭受了 1341 件反倾销调查，远高于其他国家遭受的案件总数，是全球遭受反倾销调查最多的国家，包括目前特朗普挑起的对华贸易战，就是明证。何况，在发达国家成为全球经济低迷"重灾区"的背景下，外部市场过度依赖和集中于传统三大市场，显然面临着较大约束。总之，无论是从分散风险，还是从突破需求不足等约束来说，构建更加多元的外部市场平衡发展格局，都将是实现我国外贸高质量发展的重要内容和方向。

（二）实现内部地区更加协调的平衡发展格局

实现外贸区域结构更加均衡地发展，从内部区域看，就是要打造东中西部更加协调的平衡发展格局。如前所述，中国开放发展的重要特征之一就是区域上的渐进性和梯度性。受到历史、文化、区位优势、政策优惠等各种因素的影响，中国开放发展的区域模式和路径是从东到中西部逐渐实现开放的。这也是将主要资源集中在特定区域进行发展的必然要求和结果。这一发展模式和策略在当时国家经济整体比较落后的背景下，是较为合理和正确的开放战略。但是这种发展模式在带动经济增长的同时，也造成了显著的区域发展差距。中国统计年鉴数据显示,2022 年仅东部地区的贸易总额就占全国贸易总额的 87.91％,而中部、西部的贸易总额占比分别为 5.53％、6.23％。在贸易和投资一体化背景下,或者说在外资创造着外贸的背景下,从外资流入角度同样可以看出区域发展的差异性。中国统计年鉴数据显示,2022 年外商直接投资有 84.86％流入东部地区。与东部地区相比,中西部地区的贸易总额占比与外商直接投资占比,不仅不存在提升趋势,反而呈现波动的趋势。区域发展的严重失衡,不仅不符合开放型经济发展的初衷,而且也在整体上制约了我国外贸竞争力的进一步提升。现有研究表明,构建国内价值链是提升参与国际价值链竞争能力的重要途径和方式。然而,由于我国贸易发展具有东强西弱的特点,一方面受贸易发展程度影响,致使区域发展差距越来越大,另一方面,区域发展的失衡进一步引发了人口和资源向东部地区集聚,中西部地区对人才与资本的吸引力逐步出现下降,从而可能进一步加剧发展不平衡。因此,依托产业在国内区域间的梯度转移,实现价值链在国内区域间的延伸,在区域协调发展中奠定外贸竞争力的国内产业链基础,同样是实现我国外贸高质量发展的重要内容和方向。

(三) 实现产业结构更加优化的平衡发展格局

贸易是流,产业是源,贸易的发展状况取决于产业的发展状况。经过 40 年的改革开放,在以积极的姿态承接国际产业转移和西方国家技术扩散过程中,中国虽然形成了庞大的制造业生产体系,并于 2010 年成为全球制造业第一大国,在 500 多种主要工业产品中,我国有 220 多种产量位居世界第一,可谓门类齐全,但制造业的门类齐全和产业体系庞大,并不意味着产业结构是平衡的。因为作为流量表现的外贸失衡正是反映了作为源泉和基础的产业失衡。从外贸失衡角度看,突出表现为我国在成为制成品出口大国的同时,服务出口却非常滞后;在制成品出口内部,表现为我国仍然专业化于制造业的中低端生产环节,从而出口的是制造业低附加值部分。从制造业出口品质角度看,我国制成品出口与发达国家同类制成品出口之间的品质差距仍然较大。上述外贸结构上的失衡对应的正是产业结构的失衡和不合理。比如,从产业间结构上看,我国制造业占比一直较高而服务业发展不足。虽然近年来在对经济增长的贡献上,服务业已经超过制造业,但是,服务业增加值占国内总产值(GDP)的比重只有 51% 左右,远远低于发达经济体 70% 到 80% 左右的水平;从产业内结构看,在服务业内部结构变动中,尽管信息技术发展较快,但科教文卫等现代服务业的潜力还没有充分发挥,这也是服务业劳动生产率一直低于制造业的重要原因。至于制造业,从总体技术水平看,中国与发达国家尚存在较大差距。关于这一点,科技日报总编辑刘亚东在"是什么卡住了我们核心技术的脖子"讲演中,作了较为全面和深刻的阐释。[①] 此外,大量"海淘"现象的存在则说明了品质方面的巨大差距。由此可见,以往外贸高速发展虽然推动了产业规模的快速扩张,但如何通过外贸高质量发展进一步纠正产业结构失衡,是未来一段时期内的重点任务。

（四）　实现开放领域更加合理的平衡发展格局

中国服务贸易相对于货物贸易发展滞后,固然与经济发展阶段有关,但另外一个重要方面就是与服务业自身的开放程度相关。总体而言,中国前一轮的开放主要发生在制造业领域,服务业领域开放相对不足。在我国对外贸易发展初期,采取这种"单兵突进"和"单线发展"的战略模式,同样体现了"集中资源办大事"的合理性和必要性。但是伴随经济全球化的进一步深度演进,服务业开放不足以及服务贸易发展滞后的缺陷,已经成为制约产业以及由此所决定的外贸高质量发展的重要因素。换言之,服务业开放不足在目前的经济发展形势下已经面临着来自如下三个方面的重要挑战。一是制造业转型升级缺乏服务业支撑的挑战。理论和实证研究均表明,制造业高端化发展和转型升级,离不开服务业尤其是高端服务业的支撑。二是与全球经济结构不断趋于软化从而贸易结构不断向服务业倾斜的态势不相一致。三是与全球经济规则不断向服务业领域拓展和深化的趋势不一致。实际上,无论是制造业转型升级,还是服务业自身发展,抑或全球经济规则向服务业领域渗透,均是发展质量提升的重要内涵和表现。因此,未来实现外贸高质量发展,不仅要继续深化制造业领域的开放,与此同时还要扩大服务业领域的开放,如此才能实现货物贸易和服务贸易更加均衡的发展。这是外贸高质量发展题中应有之义。

---

① 刘亚东:《除了那些核心技术,我们还缺什么?》,《北京科技报》2018 年 7 月 2 日第 24 版。

（五） 实现全球经济治理能力和话语权提升

国际贸易协定和规则是全球经济治理的具体表现，更是历来国家间利益博弈的结果。在中国融入经济全球化的前一轮发展中，主要是被动接受由欧美等发达国家制定和主导的全球经济治理规则和体系。客观而论，美国等西方发达资本主义国家依托世界银行、国际货币基金组织、世界贸易组织（原来的关贸总协定）等国际组织和机构建立的全球经济治理机制和规则体系，对战后促进国际贸易、国际投资和世界经济的繁荣发展，起到了重要推动作用。中国外贸得以高速增长，应该说也是从现行全球经济规则体系中受益的结果。但与此同时我们必须看到，现行的全球经济治理规则体系，主要还是反映和代表发达经济体利益诉求的，对发展中国家的利益诉求关注仍然不够。外贸转向高质量发展对于中国而言实际是从贸易大国走向贸易强国的一个重要表现。而从宏观层面看，当代的贸易强国实质是指在国际贸易体制以及相应的经济合作体制中有影响力的国家。要知道，国际贸易不仅仅是纯粹的市场竞争，而是国际合作下的竞争。不同国家有更适合于本国企业参与国际竞争的战略需求，而这一点要通过全球经济治理规则体系来实现。合作对象从双边、区域到全球多边，合作范围从贸易延伸到投资、知识产权保护和大量国内规则，而以高质量为主要特征和表现的贸易强国，正是在这些国际合作中有话语权和影响力的国家。当前，伴随经济全球化实践的发展，现行全球经济治理规则和体系已经出现诸多不适应，必将出现相应的调整和变革。在此背景下，中国作为最大的发展中国家，应该在新一轮的全球经济治理规则和体系的完善和构建中，从以往的被动接受者转变为积极的参与者，努力实现全球经济治理能力和话语权提升，从而为中国外贸高质量发展争取更加有利的制度环境。

二、 建设贸易强国的实现路径

（一） 形成东西双向互济新发展

十九大报告明确指出要形成陆海内外联动、东西双向互济的开放格局。从外贸高质量发展层面看，就是要实现内部地区更加协调的平衡发展格局。中西部地区发展巨大差异的存在，一方面说明区域失衡较为严重，另一方面也说明在协调区域发展从而打造整体竞争优势方面具有较大的潜力。目前,东部地区外贸发展既面临天花板约束,也面临劳动力成本上升等带来的挑战。相比于东部地区而言,西部地区在劳动力成本等方面仍然具有明显的优势。但低成本劳动力优势只是一种潜在的比较优势,能否转化成现实优势,还取决于其他一系列条件。为此,在协调东部和西部地区发展,形成东西双向互济的开放发展新格局中,西部地区的开放模式可以借鉴东部地区以往的成功经验,即一方面,通过加强基础设施建设,加强公路、铁路、航空、水运等领域收费行为监管,降低中西部地区的物流成本和经营成本,打造我国开放发展新的"成本洼地",或者说将以往在东部地区打造"成本洼地"的经验模式推广至中西部地区,实现"成本洼地"效应的国内梯度转移;另一方面,搭建承接产业发展的各种载体,如经济技术开发区、产业园区、边境经济合作区、跨境经济合作区。通过"成本洼地"的打造和各种载体的建设,提升中西部地区承接东部地区的产业转移的能力,实现东部地区产业链向中西部腹地延伸,在中西部分工协作中形成双向互济的开放发展新格局。这不仅有利于实现区域更加均衡发展,同时有利于产业在东中西部之间转移和转型中实现高质量发展,从而有利于产业结构更加趋于均衡发展。需要注意的是,由于不同地区的历史、文化、地理、资源禀赋等特征具有明显差异,因此,内地和沿边地区在扩大开放,与东部地区开展广泛合作的发展过程中,不能简单重复以往东部地区的开放道路。中国东部地区开放模式的核心和基本经验是以政策激励促进外资流入和出口导向型的发展模式,这一点不应该直接作为内陆或沿边地区的模板。与沿海地区当年的出口导向型发展模式相比,内陆和沿边地区更应注重或者说实现以内需为主导的战略,以巨大的内需潜力尤其是与东部地区互动、依托东部地区广阔的市场形成的内需优势,带动产业和经济发展。这正是集聚资源和要素包括引进外资新的动力基础所在。

（二）加快推进服务业领域对外开放

　　服务贸易发展在当前全球贸易发展中处于越来越重要的地位,正在以高于货物贸易的增长速度发展。中国服务贸易发展的现实情况,既与货物贸易发展之间呈现出明显的不协调现象,也与中国作为巨型开放型经济体的现实地位是不相符的。在全球服务贸易变得越来越重要的大背景下,中国加快推进服务贸易发展,不仅是顺大势而为,更是我国贸易从高速增长转向高质量发展的重要机遇。更是优化贸易结构、推动外贸转型升级的现实需要。大力发展服务贸易的本质就是要提高服务贸易开放度,或者说扩大服务业领域的开放。因此,犹如扩大制造业对外开放和发展货物贸易一样,在我国服务业发展水平相对较低、发展基础相对薄弱的条件下,扩大服务业开放,可以借助"吸收国外高端服务业技术"等途径,加快推进我国服务业发展。更为重要的是,扩大服务业对外开放将对国内服务业发展形成倒逼机制和作用,从而促进我国服务业的转型升级。为此,未来一段时期内应稳步扩大金融业开放,取消或放宽交通运输、商贸物流、专业服务等领域外资准入限制;加大自由贸易试验区范围内电信、文化、旅游等领域对外开放压力测试力度,探索并形成具有可复制性的扩大服务业开放的经验和模式。以扩大服务业领域的开放,倒逼国内改革和促进经济规则国际化和高标准化,促进服务业发展尤其是高端化发展,实现制造业和服务业开放更加协调发展,奠定货物贸易和服务贸易更加协调的产业基础。如此,不仅能够有利于外贸高质量发展所要求的开放领域和范围更加趋于均衡、制造业和服务业的互动和协调,也更加有利于产业结构更加趋于平衡和充分发展。

(三) 推进外贸供给侧结构性改革

改变粗放式的发展模式,提升外贸发展的效益,也即本文前述提及的实现产业结构更加优化,是外贸高质量发展的重要内涵之一。实现产业结构更加优化,就是要实现制造业和服务业之间的均衡发展,实现制造业内部和服务业内部的均衡发展,实现同种或类似产品的不同品质均衡发展。从全球产业链分工角度看,其实就是打造完整的产业链、价值链和品质链。而要实现这一目标,必须大力推进外贸领域的供给侧改革。在供给侧层面,长期以来我国外贸主要呈现以低端要素为基础、规模生产为模式的粗放式特征。随着我国经济基本面以及国际经济形势的变化,我国的外贸供给侧必须转向创新驱动、精致化生产的新模式。创新驱动需要不断提高研发投入,加强创新人才培养,以及集聚和利用全球创新要素,才能加快提升创新能力。当然,创新不仅指技术的创新,还包括管理的创新、发展模式的创新,比如新型贸易业态等。而精致化生产更多是指基于产品品质提升的需要。实现产品精致化生产,我们必须培育如同德国、日本等发达国家所具备的那种工匠精神,打造中国制造的高质量商品。

显然,上述目标的实现,均依赖于外贸供给侧结构性改革,因为唯有深化外贸领域的供给侧结构性改革,才能实现资源更加自由高效的流动和优化配置,才能更加有效地激发微观经济主体的创新活力和动力,也才能营造更加优越的制度环境,充分发挥市场对创新的驱动作用。这是我国外贸实现更加充分的高质量发展的关键所在。

（四）加快推进外贸出口企业转型升级

犹如前文所述,从要素驱动转向创新驱动是实现外贸高质量发展的内涵和表现之一。从作为外贸微观主体的企业角度看,从要素驱动转向创新驱动,就是要加快推进外贸出口企业的转型升级,在出口企业层面上实现高质量发展。推进出口企业转型升级和高质量发展,首先需要培育出口企业竞争新优势,鼓励、激励和推动有实力的出口企业进行核心技术的攻关,尤其是《中国制造业 2025》中的重点行业领域,要激励有实力的企业攻克一批核心技术,并促进创新成果向国际标准转化,提升出口企业在全球分工中的话语权和主导力。其次尽快建设好尤其是利用好外贸发展新载体,比如应加快推进建设自由贸易试验区、自由贸易港、海关特殊监管区等外贸发展载体。加快推动企业进入自由贸易区等进行创新发展,借助自由贸易试验区等所能产生的集聚创新要素的优势,让出口企业在各种园区内更为密切地交流、碰撞,不断擦出创新的火花并实现开拓性技术进步,从而把各种外贸发展载体打造成创新企业集聚区和对外开放的新高地。最后,要注重优化外贸主体结构,在着力支持中小企业开拓国际市场的同时,努力培育一批具有较强国际竞争力的龙头企业、本土跨国公司、行业"隐形冠军",从而带动高技术、高品质、高附加值产品和装备制造产品的生产和出口。

（五）充分发挥中国在全球经贸规则完善和重构中的大国作用

当前,全球经济治理体系正在完善和变革之中,突出表现为全球经贸规则高标准化发展趋势。在此进程中,中国应该积极发挥大国应用的作用,作出大国应有的贡献。值得欣慰的是,中国也正在努力成为新一轮全球经贸规则的参与者和制定者。正如党的十九大报告强调指出:"中国将继续发挥负责任大国作用,积极参与全球治理体系改革和建设,不断贡献中国智慧和力量。"从中国所付诸的具体实践看,近年来中国提出的要构建完善互利共赢、多元平衡、安全高效的开放型经济体系,在十八届三中全会明确提出要构建开放型经济新体制,2015年国务院通过《中共中央 国务院关于构建开放型经济新体制的若干意见》,十九大报告提出的要构建开放型的世界经济体系等,无不说明中国正在用行动践行着完善全球经济治理体系尤其是全球经贸规则的调整和重构任务。尤其是"一带一路"作为综合、集成与系统的泛区域经济合作规划,由于具有重资产、双边网络、项目驱动、松散灵活、开放的多边主义等特点,因此,积极推进"一带一路"建设,实质上体现的就是中国正在努力践行新的全球经济治理观,体现了维护全球化与开放型世界经济的决心和意志。中国力图通过自主、渐进、创新性的市场化改革,融入现代国际体系和拥有共同"话语体系";维护发展诉求与利益,强调实现广泛的发展目标,关注融入全球价值链的特殊利益与风险管理,保障促进发展的政策空间和规制主权,探索提出基于发展中国家利益的贸易新规则。当然,为了更好地发挥中国在全球经贸规则完善和重构中的大国作用,贡献更多的中国智慧和方案,在未来的全球经济治理体系和规则制度完善过程中,应重点研究三个方面的战略:一是进一步深入推进新一轮对外开放战略;二是大力参与区域经济一体化组织战略;三是推动国内规则和标准调整战略,如此,才能为外贸高质量发展打造与之相适应的外部制度环境。

(六) 加快发展数字贸易

我国数字经济发展较快,贸易新业态新模式不断涌现,尤其是以数字化为载体的贸易形态发展趋势越来越迅猛。伴随供应链加速数字化转型,以及工业互联网向更大范围、更深程度、更高水平迈进,无论是贸易结构、贸易模式,还是贸易业态都在不断演变,不断出现新的增长引擎。我们要加快数字赋能传统产业,鼓励新业态、新模式的发展,创造外贸新增长点,依托数字赋能,推动贸易转型升级和高质量发展,加快贸易强国建设进程,更好地服务于中国式现代化建设。

第七章

"引进来"与"走出去"相结合的双向开放

利用外资是中国开放型经济的重要内容和组成部分。外资的持续流入,不但带来了资本,更重要的是技术、品牌、营销渠道、管理、企业家精神等一揽子先进生产要素的流入。利用外资在推动中国式现代化建设进程中无疑发挥着重要作用,因为无论是资本形成、技术进步和管理效率,还是产业竞争力的提高,外资都起到了不可或缺的作用。经过近 40 多年的开放发展,我们在"引进来"方面积累了一定经验,但开放型经济发展应该是一个既有"引进来"又有"走出去"的双向循环系统。在全球要素分工体系下,"走出去"不仅是转移过剩产能、缓解贸易摩擦的有效途径,也是直接利用海外资源、拓展外部发展空间、实现资源优化配置的必由之路,更是深化与东道国平等合作、互利共赢的有效途径。[①] 一个可喜的变化是,近年来,伴随中国"走出去"战略的实施,中国企业"走出去"的步伐正在加快。党的十九大报告明确指出,坚持"引进来"和"走出去"并重。健全和完善"引进来"与"走出去"相结合的双向开放发展体系是我国深化对外开放层次,提升对外开放水平的必要组成部分。通过科学、合理、高效的政策引导,一方面鼓励我国有条件、有实力的企业走出去,开拓新市场、发现新机遇、迎接新挑战、发掘新价值;另一方面,将国外有利于改善和提升我国经济发展质量与效率的企业引进来,激发新活力、引领新潮流、催发新产业、塑造新业态,这是助力我国全面建设现代化的必由之路。

第一节
中国进入双向开放新阶段

一、 我国"引进来"与"走出去"双向开放发展的历程

我国真正通过国际直接投资的方式融入世界分工网络的时间较晚,是在改革开放之后。而且在改革开放后的初期阶段,受限于我国自身经济实力有限、各种与世界接轨的市场经济体制极不完善和外国投资者对我国改革开放后的新制度持观望态度等原因,外国企业在我国直接投资规模较小且增长缓慢,招商引资

---

① 张二震:《战略机遇期与中国开放战略的调整》,《南京社会科学》2010 年 12 月,第 1—5 页。

工作步履维艰；同时，受限于自身资金不足和国际化经营人才匮乏等因素，我国基本无力"走出去"，对外直接投资处于国家高度管控下的探索期。我国"引进来"在20世纪最后十年开始了高速增长期，年均增速约40%，而同时期"走出去"规模仍在低位徘徊。直到进入21世纪，随着我国自身经济实力的不断增强和正式加入WTO，越来越多的中国企业才踏上了"走出去"的浪潮，我国才正式进入"引进来"与"走出去"相结合的双向开放发展阶段，"引进来"与"走出去"的规模之差也从2004年最高峰的550亿美元，逐渐收敛到了2015年两者基本持平的状态。由图7-1可以看出，改革开放以来，我国双向开放发展大致经历了三个历史阶段，即1978至1991年间的双向对外开放的起步阶段、1991至2004年间的双向对外开放的失衡阶段和2004至2022年间的双向对外开放的收敛阶段。

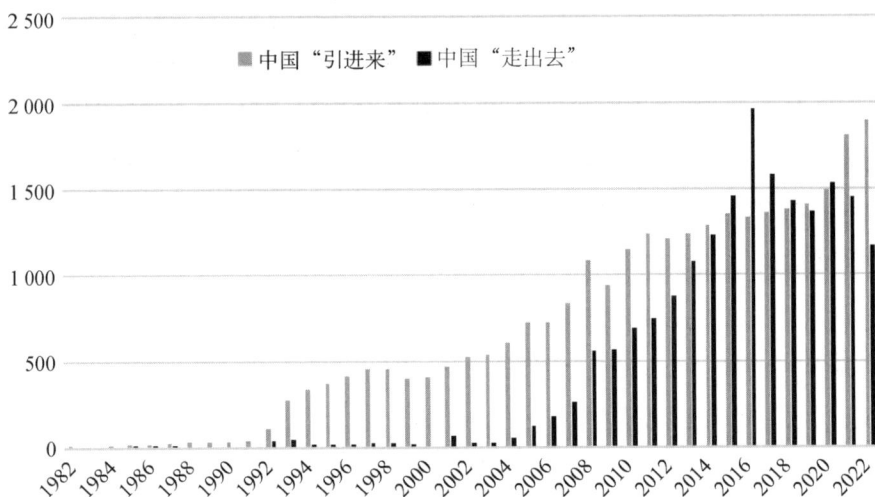

图7-1　我国"引进来"和"走出去"的双向对外开放发展历程

注：实际利用外商直接投资在2000年前包含对外借款，2015年对外直接投资净额为商务部预估值，数据来源于国家商务部网站、联合国贸发会议数据库。

1. 双向对外开放的起步阶段（1978—1991）

在"引进来"方面，1979年第五届全国人民代表大会第二次会议通过了《中外合资经营企业法》，以立法的形式声明中国政府欢迎和鼓励外商投资，依法保障外商投资企业的权益。1986年国务院还颁布了《鼓励外商投资的规定》，进一步改善了外资企业的生产经营环境,并对产品出口型、技术先进型外资企业给予更优惠的待遇。这一时期,我国招商引资的一大特点是通过设立经济特区、经济开放区等形式吸引外资。1980年国务院批准深圳、珠海、汕头、厦门4个城市试办经济特区,在经济特区实行一些特殊优惠政策,鼓励兴办外商投资企业。1985年又决定将长江三角洲、珠江三角洲和闽南、厦门、漳州、泉州三角地区开辟为沿海经济开放区,初步形成了沿海、沿江开放格局。1988年党中央和国务院决定将沿海经济技术开发区扩展到全国沿海市、县,并批准海南设立经济特区。1990年党中央、国务院决定开发上海浦东新区,使之成为长江沿岸地区开放的龙头。通过给予外资充分的法律保护和制度优惠等措施,我国在这一阶段成功奠定了将外国企业引进来的制度基础,年均实际利用外资约为25亿美元,"引进来"工作实现了从无到有的跨越。但招商引资的质量和水平仍较低,具体表现为:外商投资方式中对外借款占比高而外商直接投资占比低;外商投资主要来源于港澳地区,中小资本居多,平均每个项目的投资额不足百万美元;投资项目大多为劳动密集型产业,技术层次较低;大多数项目集中分布在广东、福建两省以及其他沿海地区,内地吸收外商投资工作则处于起步阶段。

在"走出去"方面,1979年8月13日,国务院颁布文件提出十五项经济改革措施,其中的第十三项就明确提出要"出国办企业",这是首次将对外直接投资作为一项经济政策确定下来,拉开了中国企业"走出去"的序幕。但在这一时期,国家只允许少数对外经济关系与贸易部(今商务部)所属的国有企业或者各省、直辖市经贸委员会(现属国家发展改革委)所属的经济技术合作企业开展对外直接投资活动,如中国船舶工业总司、中国银行、中信公司等,并且所有项目必须上报国务院审批后方可实施。在这些第一批走出去的企业取得初步的境外投资经验后,我国政府对赴海外直接投资的管理开始规范化、法治化。如1985年原外经贸部颁布了《关于在海外开办非贸易性合资经营企业的审批程序和管理办法》,对建立海外合资经营企业的指导思想、前提条件等作了原则性的规定;1989年国家外汇管理局颁布了《境外投资外汇管理办法》,1990年又公布了该办法的实施细则等。同时,这一时期内国家鼓励企业走出去的力度开始加大,如为企业走出去提供专门贷款支持和业务培训等技术支持,推动了我国出境投资企业主体、投资行业类型和投资区域的多元化,部分非国有中小型企业、金融企业、资源开发和加工制造企业纷纷加入了走出去的行列,并且投资区域开始向发达经济体扩展。

2. 双向对外开放的发展阶段(1991—2004)

在"引进来"方面,1992 年邓小平南方谈话之后,我国社会主义市场经济体制得以初步确立。同时,国务院进一步决定开放沿江 6 个港口城市和内陆 13 个边境城市以及内陆 18 个省会城市,我国全方位开放格局正式成型,外商投资热情高涨,我国利用外资的广度和深度有了极大的提高。1992 年我国招商引资中的外商直接投资超越对外借款,成为最主要的引进外资方式。同年,中国成为最大的发展中外资承接国,并于 1993 年成为全球第二大外资吸收国,以后数年中,中国作为全球重要的外资吸收国的地位一直相当稳固。随着引资规模的快速扩张,各地区外资结构同质化严重的问题摆在了我们面前,于是 1995 年国家计委、经贸委和对外经贸部联合颁布了《指导外商投资方向暂行规定》和《外商投资产业目录》,并于 1997 年和 2002 年分别进行了两次重大修订,通过将外商投资项目划分为鼓励、允许、限制和禁止四类的方式,优化我国招商引资质量和结构。为鼓励外资企业进驻中西部地区,2000 年我国还颁布了《中西部地区外商投资优势产业目录》。此后,越来越多的外资项目开始入驻中西部地区。在这期间,还发生了三件对我国招商引资影响深远的重大事件:一是 1997—1999 年的亚洲金融危机,这场危机直接导致我国 1998 年实际利用外资仅增长了 0.46%,1999年直降 11.31%。二是 2001 年中国加入世界贸易组织(WTO),对外开放水平进一步提高,给予了外国投资者对中国制度更大的信心。三是 2001 年美国的"9·11 事件"导致美国"国际资本最佳避险地"的地位被动摇。在后两起事件的共同作用下,2001 和 2002 年我国实际利用外资规模分别实现了 15.1% 和12.5% 的增长。

在"走出去"方面,我国在这一阶段对外直接投资规模一直在低位徘徊。究其原因,一方面是因为我国经济发展水平仍然较低,有能力走出去的企业仍然不多;另一方面是因为国家为避免外汇投机行为和国有资产流失等问题,对有限的外汇储备加大了管控力度,特别是当亚洲金融危机爆发之后,审批金额大于 100 万美元或者私人对外直接投资项目几乎都被取消。进入 21 世纪后,亚洲金融危机已过,"走出去"又一次被我国政府提上了新的高度:2000 年 10 月,第十个五年计划中第一次正式明确了"走出去"战略,并将其作为四大新战略①之一。国家政策上的利好不仅在 2001 年营造了一个走出去的小高潮,而且为下一阶段我国企业大规模走出去奠定了坚实的政策基础。

3. 双向对外开放的新阶段(2004—2022)

在"引进来"方面,这一期间我国吸引外资规模总体上仍保持了稳定增长的态势,不仅始终保住了最大的发展中外资承接国的地位,而且在 2014 年还首次超过美国,成为全球接受外国投资最多的国家。这一时期内美国次贷危机和欧洲债务危机的爆发和蔓延严重拖累了全球经济,对我国吸引外资自然也产生了一定的负面影响,导致 2009 和 2012 两年我国实际利用外资分别下降了 2.56% 和 3.7%,但由于发达国家在危机中受损更重,所以我国作为外国资本最佳投资地之一的地位并没有被动摇。在吸引外资政策上,这一阶段我国在兼顾总量增长的同时,更关注改善招商引资的结构和质量:2004、2007、2011 和 2015 年我国又四次修订《外商投资产业指导目录》,对外资开放的领域逐步放宽,如放开了冶金石化、机械装备等一般制造业,以及商贸物流等部分服务业领域准入限制,推进金融、文化等部分服务业领域有序开放,并鼓励外资投资和发展环保和高科技产业。2004、2008、2013 和 2015 年我国对《中西部地区外商投资优势产业目录》也进行了四次修订,调整优化了中西部地区鼓励重点和方向,充分发挥中西部地区资源、劳动力等优势,促进了中西部地区对外开放水平和利用外资规模。在改善投资便利度方面,2014 年,改革了外商投资管理体制,制定出台外商投资项目核准和备案管理办法,外商投资项目管理由全面核准向普遍备案和有限核准转变,95% 以上的外商投资项目实行备案制,由地方负责办理。党的十八大以来先后设立了 21 个自贸试验区,不仅进一步扩大开放,而且为进一步探索实施准入前国民待遇加负面清单管理模式积累了有益的经验。

---

① 四大新战略分别为西部大开发战略、城镇化战略、人才战略和"走出去"战略。

上述措施的连续发力,导致了我国这一时期利用外资的结构出现了明显的改善。产业结构上,服务业占比日益上升,服务业逐步成为吸引外资的主力产业。

在"走出去"方面,我国实现了"走出去"规模和"引进来"规模之间巨额逆差的逐渐收敛。在这一时期,我国"走出去"规模年均增速42.86%,实现了对外直接投资2012年位居世界第3位,2014年超越日本跃居世界第2位的成就。并且在"十二五"收官阶段,中国双向投资实现了基本平衡,标志着我国即将成为全面的对外净投资国,双向对外开放即将开启一个新的时期。在政策引导方面,国务院2004年7月作出的《关于投资体制改革的决定》改革了项目审批制度,对于企业不使用政府投资建设的项目,一律不再实行审批制,区别不同情况实行核准制和备案制,标志着我国对外投资项目从审批制向核准制(备案制)发生了根本性转变。2009年发布并于2014年修订的《境外投资管理办法》和2014年发布并于2016年修订的《境外投资项目核准和备案管理办法》进一步大大简化了行政审批程序,将核准制为主推成了备案制为主,为企业走出去提供了更加自由、便利的政策环境。这一期间,"走出去"规模激增当然主要是由于我国企业综合实力和国际竞争力不断增强,并受益于国内政策层面的支持与鼓励。但除此之外,还有三方面原因助长了我国在此期间形成"走出去"的高潮:第一,这一期间我国外汇储备进入了爆发式增长的通道。2004—2014年十年间,年均增速超过23.65%,2006年中国外汇储备首次超过日本,登顶全球首位,2014年末外汇储备规模更是达到了3.8万亿美元的历史最高位。第二,2005年人民币汇改之后,人民币汇率进入了升值的快车道。人民币兑美元汇率中间价2006年破8,2007年破7.5,2008年破7,2011年破6.5,2013年末险些破6,进入2014年后才有小幅回升。第三,2008年金融危机之后,欧盟国内生产总值(GDP)至今没能超越2008年的顶峰;日本则在2012年后GDP大幅下挫;美国复苏最快,但不足以拉动全球经济走出泥潭。新兴市场受发达国家需求不足影响,经济增速也纷纷换挡,特别是资源出口型国家,经济一片萧条。综上,巨大的外汇储备规模、不断升值的人民币汇率和大量因深陷经济危机泥淖而寻求出售的外国企业,为我国企业走出去提供了千载难逢的机遇。

我国双向对外开放经历的上述三个阶段很好地印证了传统国际直接投资理论对发展中国家对外开放的论述。如传统国际经济理论中的跨国投资发展路径理论和技术创新产业升级理论都认为发展中国家对外开放的过程是一个首先内向国际化,然后外向国际化的过程。即发展中国家需要首先依靠大规模引进外资企业来引领自身企业技术进步、产业升级,然后本国企业才能获得走出去的实力,进行外向国际化。历经上述三个阶段的发展,当前我国正处在双向对外开放新阶段的入口,即"十三五"期间对外直接投资流量即将超越吸引外资流量,我国将逐渐成为对外净投资国。这种在全球跨国直接投资市场上角色的转变,需要我们厘清我国双向开放阶段的发展脉络,并对其特点和趋势进行深入分析和系统研究。因此,接下来我们将从国际、国内双重视角下,对我国双向开放发展的趋势和特点进行分析和研究。

二、 我国双向开放发展的趋势和特点

近年来,我国经济增速虽然有所下调,但经济结构性优化有了显著进展,整体发展前景良好,经济发展进入新常态。这为我国将来的"引进来"和"走出去"规模增长和质量提高奠定了良好的国内基础。

在"引进来"方面,结构优化和质量提高主要表现在四个层面:

第一,产业结构实现了由制造业主导向服务业主导的转型升级,而且制造业中的高技术产业占比不断提高。如图 7-2 所示,在 2005 年我国制造业实际使用外资占比高达 61.04%,而服务业占比仅为 31.96%,经过多年发展,2011 年服务业首次赶超制造业,实际利用外资占比达 54.16%,成为吸引外资的主力产业,至 2022 年服务业占比已高达 73.87%,主导地位进一步巩固。在制造业内部,通信设备制造等高端制造业利用外资持续增长,新能源、新材料、节能环保等战略性新兴产业的外商投资日益形成规模。2022 年,高技术制造业实际利用外资占制造业利用外资总量的 39.9%。

第二,中西部地区利用外资增长较快。在国家大力推进中部崛起和西部大开发的区域协调发展战略之下,中西部地区近年来实际利用外资增长较快。2006 年东部地区实际利用外资占比高达 90.32%,2022 年这一比例已经下降到

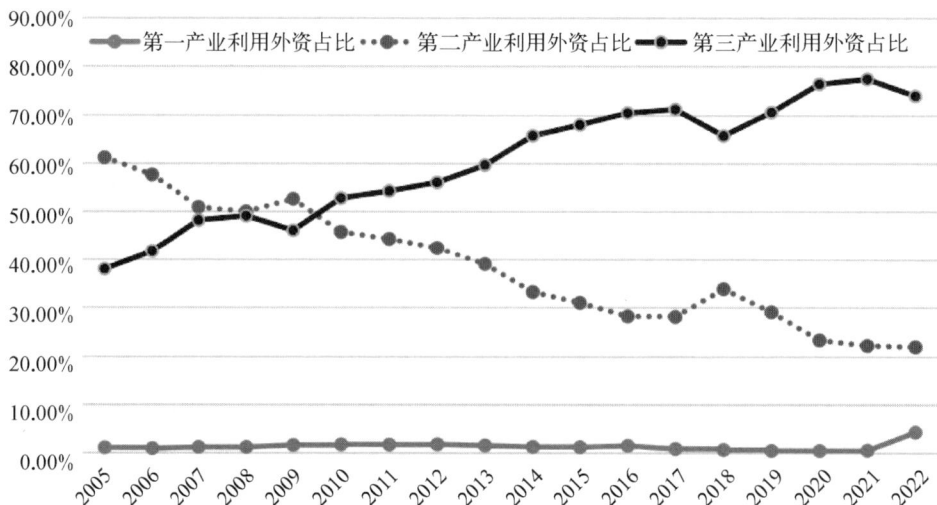

图 7-2　2005—2022 年中国三次产业实际利用外资占比

注：产业分类以《国民经济行业分类(GB/T 4754-2011)》为标准，第一产业为农、林、牧、渔业，第二产业包括采矿业、制造业、建筑业和电力、燃气及水的生产和供应业，其他为第三产业。数据来源于国家统计局网站。

了 83.17%。中西部地区在承接产业转移方面有了明显进展，电子、汽车、航空航天、医药制造、现代农业等高端产业和服务外包等新兴业态也已初具规模，在一些领域开始与东部地区实现同步发展。2022 年中西部地区实际利用外资规模已达到 318.26 亿美元。

第三，利用外资质量不断提高。大规模利用外资对于推动中国开放型经济高速发展，进而推动全面建成小康社会发挥了重要作用。进入全面建设中国特色现代化新阶段，继续利用外资必须建立在提升外资利用质量基础之上。值得庆幸的是，近年来，中国利用外资不仅实现了"稳"，而且实现了"稳中提质"。中国商务部发布的统计数据显示，2022 年中国实际利用外商直接投资中，高技术产业实际使用外资增长 28.3%，占全国比重为 36.1%，较 2021 年提升 7.1 个百分点，其中电子及通信设备制造实际使用外资额增长最快，达到了 56.8%。不求苛刻，如果我们采用项目的平均投资金额作为利用外资质量的评价指标的话，即"大项目"往往意味着利用外资的质量和层次更高，那么基于 2018—2022 年的相关统计数据可见，近年来中国利用外资的项目平均额有逐步提高之势（具体见表 7-1），充分展现了利用外资的"稳中提质"效应。

表 7－1 2018—2022 年中国利用 FDI 项目数及平均额度

	2022	2021	2020	2019	2018
项目个数	38497	47647	38578	40910	60560
项目总额(万美元)	18913241	18096000	14934000	14122000	13831000
项目平均额(万美元)	491.29	379.79	387.11	345.19	228.387

数据来源:根据国家统计局网站公布的统计数据整理计算而得。

在"走出去"方面,结构优化和质量提高是近年来中国对外直接投资中出现的显著发展趋势。

中国商务部发布的统计数据表明,2021 年,中国对外直接投资流量 1788.2 亿美元,比上年增长 16.3%。中国的对外直接投资呈现"重量更重质,稳中有精进"的显著特征;2022 年,中国对外全行业直接投资 9853.7 亿元人民币,同比增长 5.2%(折合 1465 亿美元,同比增长 0.9%)。其中,中国境内投资者共对全球 160 个国家和地区的 6430 家境外企业进行了非金融类直接投资,累计投资 7859.4 亿元人民币,同比增长 7.2%(折合 1168.5 亿美元,同比增长 2.8%)。

《2021 年度中国对外直接投资统计公报》显示,在数量方面,中国在全球直接投资中的重要性稳步上升。2003 年以来,中国对外直接投资(ODI)持续增长,连续十年位列全球 ODI 流量前三位。2020 年,中国 ODI 流量全球排名第一。2021 年,中国 ODI 的流量为 1788 亿美元,年末存量为 2.79 万亿美元,分别占全球的 10.5% 和 6.7%。中国已成为全球直接投资增长的重要推动力。在质量方面,中国对外投资结构不断优化,主要体现在三方面:其一,投资行业优化,对外投资提升了中国企业在全球价值链中的位置。近年来,中国在租赁和商务服务、批发和零售、金融等行业的对外投资都有长足发展,其中制造业对外投资增长尤为明显。其二,投资国家及地区优化,中国对发达国家和发展中国家的投资较为均衡,中国在全球投资布局的态势向好。其三,投资主体优化,国有和私营企业的对外投资齐头并进,各有侧重点。

中国对外投资增长和结构的优化,受到多重因素的共同推动。从国内来看,一方面,对外投资收益对中国国内财富的增长至关重要,提高投资收益要求投资稳健发展,投资结构持续改善。另一方面,中国企业在技术水平、管理经验、资源网络方面积累了一定优势,可以通过对外投资,将自身优势与东道国资源有效结合,实现中国和东道国双赢。这也是中国企业发展成长的内在要求。从国际来看,全球保护主义和投资风险加剧,发达国家面临的通胀高企、生产成本上升等经济困境,增加了国际投资风险,对发展中国家的投资也可能受各国经济复苏不同步、疫情状况不稳定、地缘政治等风险因素影响。优化对外投资的国家、行业、主体结构,是中国企业在外部约束条件改变的情况下,降低投资风险的必然选择。

值得关注的是,中国对发展中国家投资的不断增长,为发展中国家注入源源动力。截至 2021 年底,中国在"一带一路"沿线设立境外企业超过 1.1 万家。2021 年,中国对共建"一带一路"国家直接投资 241.5 亿美元,创历史新高;年末存量 2138.4 亿美元。中国对发展中国家投资的最大特征是:中国对外投资不是附加政治条件的、单方获益的、一次性的投资,而是增强东道国自主经济增长能力、帮助东道国加快实现可持续发展目标的投资。中国对外投资不仅为发展中国家提供了发展亟需的资金,缩小了发展中国家的投融资缺口,也通过对制造业和基础设施建设等领域的高比例投资,为东道国提供经济发展必需的基础设施,推动东道国提升生产水平和创新能力。同时,中国 OFDI 创造的就业机会有利于缩小东道国的收入差距,帮助发展中国家实现可持续发展。中国企业通过融入社区、提供奖学金和培训的方式,有效帮助东道国提升生产技能,培育发展内生动力。此外,中国的对外投资还能帮助发展中国家减排。中国 OFDI 注重采用相对清洁的技术,生产遵守全球中高端产业的环保标准,促使东道国在生产过程中提升节能减排水平。

当然,尽管我国近年来在"引进来"与"走出去"双向对外开放上都取得了规模上的高速增长和质量上的显著改善,但我们也必须认清,我国在国际对外直接投资市场上,无论作为引资方还是作为投资方,都是后进者、学习者、规则的被动接受者,我国在"引进来"与"走出去"两个方面仍存在许多问题有待解决,进步和发展的空间仍非常大。例如,在"引进来"方面,我国中西部地区仍然比较落后,东部地区内各省市的引资同质化现象仍然严峻等。在"走出去"方面,我国投资主体仍然是大型国有企业,投资主要区域仍然是以香港为代表的亚洲周边地区和国家,投资行业仍然过度集中于中低端服务业和采矿业等附加值较低的领域等。因此,我们必须清醒认识到,当前世界对外直接投资市场仍然是以美国为首的发达国家称霸的舞台,我国作为后起的发展中大国,要实现在"引进来"和"走出去"两个方向上,在规模与质量两个维度上,向发达国家靠拢并最终实现赶超,仍然任重而道远。

第二节
新形势下中国利用外资面临的挑战与战略转型

利用外资对加快推动现代化建设的作用不言而喻,但需要指出的是,面临国际国内环境的深刻变化,尤其是适应中国式现代化建设的新要求,中国利用外资战略亟待作出调整,在高质量利用外资中提升产业国际竞争力,助力中国式现代化建设。

一、 新形势下中国利用外资面临的挑战

(一) 利用外资的"浮萍经济"风险开始显现

在全球要素分工条件下,各种生产要素的跨国流动性不断增强,但不同生产要素之间的流动性仍然有强弱之别。生产要素的跨国流动往往是流动性较强的生产要素追逐流动性相对较弱的生产要素,从而形成资源的重新组合和利用,并由此推动着产业和产品生产环节的国际梯度转移。[1] 通常而言,资本等生产要素的跨国流动性相对较强,而劳动、土地以及优惠政策等流动性相对较弱。从要素禀赋优势的全球分布格局看,前者正是发达国家的优势要素,后者正是发展中国家的优势要素。这正是当代经济全球化发展过程中,发达国家将部分产业和产品生产环节,依托跨国公司的对外直接投资,不断向发展中国家转移的理论逻辑所在。毋庸置疑,在生产要素跨国流动性不断增强,以及由此所导致的产业和产品生产环节的国际梯度转移性不断增强的背景下,从微观层面看的企业和从

---

[1] 金碚:《工业的使命和价值——中国产业转型升级的理论逻辑》,《中国工业经济》2014 年 9 月,第 51—64 页。

中观层面看的产业,在国家和地区间的迁移性都将极大增强。不同国家和不同生产要素的相对优势发生变化,尤其是生产要素的相对价格和成本的变化,往往是推动跨国公司在全球范围内重新配置资源,从而推动产业在国家间转移的基本和主要的动力。[①] 由此所带来的企业和产业在国家和地区间的迁移现象,就是所谓的"浮萍经济"效应。

改革开放以来,中国正是通过用足劳动、土地和优惠政策等形成的低成本优势,与发达国家跨国公司的资本等生产要素相结合,承接了产业和产品生产环节的国际梯度转移,实现了产业快速发展。然而,近年来,伴随我国各类生产要素价格进入集中上升期,尤其是劳动力成本的不断上升,大量外资企业开始向成本更为低廉的国家转移,一定程度上出现了"浮萍经济"效应和现象。比如,作为中国大陆外资最集中的几个区域之一的苏州工业园区,近几年,随着劳动力等生产成本的不断提高,一些声名赫赫的跨国公司,如耐克、阿迪达斯、普光、联建、华尔润、宏晖、飞利浦、紫兴、希捷、日东电工等相继关闭撤出,搬迁至劳动力成本更低的诸如越南等东南亚国家。类似的现象不仅在长三角地区出现,在我国其他开放型较为发达的地区尤其是利用外资大量集聚区,如珠三角地区也是不断上演。国家统计局数据显示,2000—2008 年的 8 年期间,我国利用外商直接投资年均增速为 10.78%,而 2008—2016 年同样的 8 年时间,我国利用外商直接投资年均增速仅为 3.95%。与此同时,国家外汇管理局的有关统计数据表明,自 2012年开始我国资本和金融项目出现了逆差。上述统计数据基本表明,一方面,对外直接投资的流入速度在减缓,另一方面,外商直接投资确实出现了撤资现象,中国利用外资的确面临着"浮萍经济"风险和挑战。

(二) 利用外资的"双重夹击"挑战日益严峻

对外直接投资是要素分工的结果和表现,而要素分工的本质是跨国公司在全球范围内整合和利用资源,从而将具有不同要素密集度特征的产业和产品生

---

① 张二震、方勇:《要素分工与中国开放战略的选择》,《南开学报》2005 年 6 月,第 9—15 页。

产环节,配置到具有不同要素禀赋优势的国家和地区。[①] 通常而言,资本、技术和知识密集型的产业和产品生产环节,往往被配置到具有资本、技术和知识等优势要素的国家和地区,而劳动密集型和资源环境消耗型等产业和产品生产环节,就会被配置到具有劳动力等优势要素的国家和地区。这一点也是符合现实国际分工格局的。比如先进和高端制造业、高级生产型服务业以及全球价值链的中高端环节和阶段,仍然主要分布在发达国家,或者说发达国家仍然占据着主导和控制地位;而一般劳动密集型制造业以及全球价值链的中低端生产环节和阶段,则主要被配置在发展中国家,也可以说在全球产业链分工体系中,发展中国家仍然处于从属地位。如前所述,这种产业和产品生产环节的全球配置和分布,并非一成不变和具有固化效应,相反,随着要素禀赋结构的变迁,尤其是优势要素及其成本的变化,产业和产品生产环节和阶段会出现国际梯度迁移。[②] 要素禀赋结构变化和优势要素成本和价格的变化,通常与经济发展阶段密切相关。一般来说,经济发展水平较高的国家和地区,因其处于科技创新前沿,因而在技术和知识等要素上具有显著优势。而经济发展水平较低的国家和地区,则在丰富廉价的劳动力供给上具有显著优势。与之相比,处于中等经济发展水平的国家和地区,通常受到"两头挤压"从而使得其两类优势均不突出,进而在利用外资方面可能面临着双重夹击的发展困境。

目前,中国正处于中等收入发展阶段向高收入发展和向新阶段迈进的关键节点,各类生产要素价格进入集中上升期,而创新驱动的要素集聚和培育尚未完成。因此,与诸如印度、越南等东南亚国家和地区相比,我们的传统要素优势已经基本丧失;而与美国、日本以及欧盟等国家和地区相比,我们在技术等高端要素方面显然又处于劣势地位。特别地,2008年全球金融危机冲击之后,全球经济竞争格局和态势发生了深刻变化,一方面,美国等发达国家实施了"再工业化"战略,积极着手改善投资经商环境,不断加大招商引资力度以期振兴实体经济;另一方面,更多的具有低成本竞争优势的发展中国家加入全球竞争中来,巴西、

---

① 裴长洪、彭磊、郑文:《转变外贸发展方式的经验与理论分析——中国应对国际金融危机冲击的一种总结》,《中国社会科学》2011年1月,第77—87页。
② 洪银兴:《新时代现代化理论的创新》,《经济研究》2017年11月第52期,第17—19页。

俄罗斯、印度、智利、印尼等国家和地区,吸引外资的规模与能力逐步提高,正成为全球新一轮外资流入的热土。在这种背景和条件下,中国利用外资既面临着来自发达国家的前方"堵截",又面临着来自更具低端成本优势国家的后方"追兵",因而容易陷入"两头挤压"和"双重夹击"困境。在全球价值链分工中,我国原有环节和阶段比较优势逐步丧失,新的竞争力尚在培育,就可能出现产业发展"断档"风险。

(三) 利用外资的"自主可控"任重道远

在全球价值链分工条件下,一国绝无可能也绝无必要在所有产业或者所有生产环节和阶段都具备专业化生产能力,并绝对控制着核心生产环节的关键技术等。[①] 但这并不意味着一国就可以在所有产业或价值链链条上都放弃核心环节和关键技术能力的攻克和培育。因为全球价值链分工虽然是国际分工的细化,是各国按照比较优势形成的分工、协作和相互依赖的竞合关系,但这种竞合关系或者说相互依赖程度往往具有不对称性,因此这种关系得以持续的一个重要前提就是外部环境的和平与稳定。没有这一基本前提条件,产业发展缺乏关键零部件和核心技术的一方,一旦面临诸如经贸摩擦、外部封锁、战事等外部冲击,就会遭遇巨大挑战并陷入产业发展困境。这种情形就是产业发展不具备"自主可控"能力的表现和可能遭遇的结果。而要避免这一结果的唯一方式,就是参与全球价值链分工发展本国产业,仍然要具有"自主可控"能力。

所谓产业发展的"自主可控",主要是指一旦发生外部冲击,产业发展不会完全受他人支配和摆布,从而能够将事物演变发展态势控制在预期范围之内。这就要求在全球价值链分工体系中形成的相互依赖关系,具有一定的对称性和对等性。换言之,我们并不需要在所有产业领域和所有环节都具备掌握核心部件和核心技术的能力,但一定要在部分关键产业中具备这种能力,从而形成在某些产业上"我离不开你",而在另外一些产业上"你离不开我"的相互制衡局面。唯有实现这种对称性和对等性的相互依赖关系,一方面在促进部分产业发展时降低对外部依赖程度,另一方面也可以据此制约对方动用其技术优势而任意支配

---

① 张幼文:《以要素流动理论研究贸易强国道路》,《世界经济研究》2016 年 10 月,第 3—6 页。

和摆布己方产业发展。当然,关键部件的生产和核心技术的突破,从特定发展阶段看主要受到自身要素禀赋现状约束而难以实现。但在要素跨国流动性不断增强的背景下,则可以"借鸡生蛋,借船出海",即通过利用外资而集聚外部先进要素以实现自身要素禀赋结构的改善,在开放式创新中培育"自主可控"的产业体系。但就目前我国利用外资的实际情况而言,距离这一目标的实现尚远,我国先进制造业发展"缺芯少脑"仍然是痛点所在。也正因如此,才有今天的中兴事件。中兴事件虽然给了我们沉痛一击,但也给我们及时提了个醒。如何通过扩大开放培育"自主可控"的现代产业体系,是亟待破解的重大课题。

（四）利用外资的"外部环境"不再宽松

资本的逐利性本质虽然是全球对外直接投资的主要动力,但全球对外直接投资能否得以迅猛发展,主要还取决于两个方面的因素,一是科技进步和生产力发展奠定了资本在全球扩张的客观基础;二是相对自由化的制度安排为全球对外直接投资提供了必要的保障。应该说,二战以后以贸易和投资自由化为主要内容的经济全球化快速发展,正是得益于科技进步和生产力的迅猛发展,以及世界贸易组织（WTO）等组织框架下贸易和投资自由化制度的全球化日益推行。应该说,二战以后全球对外直接投资规模的快速增长,除了因为越来越多的国家开始注重利用外资这一基本因素外,也与发达国家和地区大力推动本国资本"走出去"的战略实施是密切相关的。上述两种因素缺一不可。换言之,发达国家资本走向世界市场的强烈欲望和冲动,辅以国家助推战略,与发展中国家经济建设过程中对资本的极度需求切合,导致发达国家的对外直接投资向新兴和发展中经济体流入规模不断扩大。从这一意义上说,中国改革开放以来尤其是自加入WTO 以来,之所以能够成为并多年保持着"吸引外资最多的发展中国家"地位,一方面确实是因为我们实施了改革开放的政策,并采取了一系列吸引外资的政策措施;另一方面显然也是与相对宽松的外部环境分不开的。

然而,伴随全球经济竞争格局的演变和发展,尤其是自 2008 年全球金融危机冲击以来,全球经济进入深度调整期,中国利用外资的外部条件也随之发生了深刻变化,包括以往相对宽松的外部环境变得日益趋紧。这一点不仅表现在前文所述的全球各国引进"外资"竞争日趋激烈方面,还表现为各主要国家出台政策对本国对外投资实施限制,以及全球对外直接投资朝高标准化方向发展。就前一个方面而言,联合国《2014 世界投资报告》的相关研究表明,多数国家和地区尤其是发达经济体,为恢复经济增长以及维持技术等方面的垄断地位,在危机后颁布实施了多项政策措施以影响外国投资,力图鼓励境外资金回流和吸引外国直接投资,采取限制对外投资的政策措施数量也在不断增长,政策走向呈现"吸引内流"和"限制外流"的双向变化趋势。就后一个方面而言,2008 年全球金融危机后,包括对外直接投资在内的全球经济规则进入变革与调整期。[①] 在诸如市场准入、透明度、环境标准、劳动标准,以及公平竞争等方面向高标准演进,是当前新的国际投资规则的重要发展方向。由此可见,无论是引进外资方面的全球竞争加剧,还是部分国家对开展对外直接投资方面的限制措施增多,以及国际投资规则的高标准化发展,都意味着新阶段我国进一步扩大利用外资面临的外部环境将不再宽松。引资战略如不作出适时调整,将会面临竞争和受限的双重压力和挑战,使得我国利用国际高端要素促进产业升级路径受阻。

二、 战略转型的方向和思路

原有引资战略在特定发展阶段具有合理性和必要性,取得的成就也是有目共睹的。但其固有缺陷在中国经济进入高质量发展新时代日益凸显,既不适应我国经济创新驱动的需要,也不适应我国产业迈向全球价值链中高端的现实需求。虽然产业国际梯度转移有其必然性和规律性,但部分产业也需要有根植性,即通过不断的转型升级而扎根本土。因此,新时代依托提升利用外资质量,需要服务于产业转型升级的基本需要,服务于构建自主可控的现代化产业体系的基本需要,如此才能促进我国产业迈向全球价值链中高端,进一步提高我国产业国际竞争力。为此,需要有新的对策思路,实现如下六个方面的转型。

(一) 在引资政策方面要实现从利用优惠政策向采用竞争政策的转型

以优惠政策创造的低成本"洼地"红利空间已经基本消耗殆尽,同时也意味

---

① 洪俊杰、孙乾坤、石丽静:《新一代贸易投资规则的环境标准对我国的挑战及对策》,《国际贸易》2015 年 1 月,第 36—40 页。

着以扭曲要素价格的方式引进资源和配置生产要素面临可持续困难。未来引进外资,必须充分发挥市场在资源配置中的决定性作用,这就要求在引资政策上必须实现由原有的优惠政策向竞争政策的转型。因为竞争是市场的核心和灵魂,唯有实施竞争政策,才能在市场的基础上引导资源在产业间、产业内、产品内以及区域间的合理流动和配置,有效克服资源配置中的行政扭曲。以竞争政策吸引外资流入,本质上就是要创造市场化、法治化和国际化的营商环境。利用外资的市场化实质上就是要求在改革中实现平等对待包括外资企业在内的一切市场主体的基本要求,从而激发市场活力;法治化则表现为增强政府运作的透明度,强化知识产权保护力度、鼓励竞争、反对垄断等;国际化的核心就是加强同全球经贸规则的对接,适应乃至引领国际投资规则的高标准化发展。依托竞争政策的实施,为外资企业创造更有吸引力的投资环境,是新时代进一步扩大利用外资和提升利用外资质量的根本前提,也唯有如此,才能继续发挥外资在提升我国产业国际竞争力中的作用。何况中国加入 WTO 的实践证明,中国并不惧怕竞争,相反,竞争倒逼了改革从而提升了我们的产业竞争力。[①] 当然转向采用竞争政策并非意味着优惠政策不重要,在当前利用外资竞争激烈的态势下,采取符合国际规则的优惠政策,无论对于扩大利用外资规模还是提升利用外资质量仍然具有重要作用。

(二) 在优势要素方面要实现从利用初级要素向培育高级要素的转型

如前所述,跨国公司开展对外直接投资的本质,是在全球要素分工条件下,基于要素质量匹配的基本性原理而进行的资源整合。前一轮开放中利用初级要素禀赋优势,适合于融入全球价值链分工的特定需求。开放发展新阶段,我们更需要构建自己的全球价值链,这离不开高质量外资的作用。利用高质量的外资从而培育更具有根植性和国际竞争能力的产业,夯实构建全球价值链的产业基础,需要有与之相匹配的本土高质量的优势要素。目前,伴随生产要素价格的上升,我国利用廉价丰富的劳动力要素禀赋优势吸引外资的发展路径已经走到了尽头,为了防止利用外资的"浮萍经济"风险的进一步提高,乃至有可能发生的外

---

① 张蕴岭:《中国发展战略机遇期的国际环境》,《国际经济评论》2014 年 2 月,第 9—21 页。

资嵌入型产业发展"断档"风险,在传统引资要素优势不断弱化的条件下,必须加快培育高级生产要素,以抵消前者变化所带来的不利影响。虽然要素高级化发展伴随经济发展可以在自然演进中得以实现,但这并不代表我们应无所作为,相反,实施积极主动地作为,可以加速要素高级化发展的演进速度。更何况,要素高级化发展通常并非一个能够轻松和顺利实现的过程。因此,伴随传统优势要素功能的弱化,无论是基于弥补原有优势的消失和化解可能由此引发的"浮萍经济"和"断档"风险的需要,还是基于高质量发展和培育更具根植性外资嵌入型产业需要,在加强科技创新、人才开发以及完善制度质量等方面培养广义高级生产要素,都具有重要的战略意义和时代价值。

(三) 在利用市场方面要实现从让渡本土市场向开放本土市场的转型

目前,中国经济发展已经实现了从"站起来"到"富起来"的成功转变。这一转变不仅意味着大国经济意义上的市场规模效应开始正在体现,与此同时还意味着市场需求正在向消费升级方向高端化演进。目前,大量的"海淘"现象也证实了中国市场需求规模和层次所发生的上述变化。这种变化为"以市场换技术"奠定了现实的客观基础。遗憾的是,上述这一客观基础的转变,并没有成功地驱动先进生产技术等高质量外资的进入,至少可说效果还不是十分显著,因为"海淘"现象的存在本身就说明高质量的供给仍然主要来自国际市场,外资的本土化生产和供给还比较缺乏。这一情况说明简单地让渡本土市场份额还是不够的,还要辅之以必要的竞争策略。比如,可以通过降低关税和非关税壁垒的方式,开放本土市场形成竞争效应,让更多国家和地区的高质量产品能够成为国内消费者在本土就能进行便利化消费的选择,如此竞争效应加上市场规模化和消费升级效应,将会对高质量外资的进入产生较强的倒逼作用。因此,在新时代继续实施"以市场换技术"战略,必须实现从简单让渡本土市场向开放本土市场的转型,通过扩大开放促进竞争,用进口竞争的方式倒逼高质量外资进入,促进产业的高质量发展。

(四) 在创新驱动方面要实现从传统模仿创新向开放自主创新的转型

在技术差距较大,研发能力有限等各种现实条件约束下,走技术模仿创新的发展道路,可以在最短的时间内实现技术进步并缩小与发达国家之间的技术差距,也可以规避重复研发创新成本和可能失败风险。这正是中国实施开放发展战略在早期选择的主要道路,突出表现为中国东南沿海地区主要通过模仿创新,实现了产业技术的从无到有乃至一定的升级,产业发展由此出现了开阔地式的平推化发展。模仿创新在特定的发展阶段具有一定的合理性和必要性,但发展到一定程度后,一方面伴随技术差距的缩小,模仿创新的空间会不断被压缩,另一方面,也会受到来自技术领先国的技术封锁和排挤,比如当前美国特朗普政府对中兴通讯的制裁,本质上就是一种技术排挤战,同时也反映了我国产业在融入全球价值链分工体系中,"自主可控"能力的缺失及其亟待构建的必要性和紧迫性。在当前新一轮经济全球化的背景下,实施创新驱动的发展战略,必须实现从传统模仿创新向开放自主创新的战略转型,况且对于大国经济来说,也不能没有创新。当然,自主创新不能简单理解为自己创新,而是一种开放式创新。即集聚和整合全球先进和创新要素而实施的创新活动,是通过融入全球创新链参与到全球创新活动中来而实施的创新驱动战略。利用外资的本质内涵也随之转变为以外资为依托而吸引先进技术和高端创新要素如外智等向国内流动和集聚,以开展正常技术交流合作并充分保护外资知识产权等方式,与国内创新要素相结合,变"研发"为"联发",实现开放式协同创新。

(五) 在市场准入方面要实现从产业股比限制等向全面开放转型

中国在前一轮对外开放发展过程中,出于对产业安全以及技术溢出效应等方面的考虑,对外资的开放或者说外资的大量利用,有着较为严格的市场准入管制措施。突出表现在两个方面。一方面,开放领域主要发生在制造业领域,服务业领域开放相对不足。而且即便是在制造业领域,先进制造业的开放仍然有所保留,比如铁路交通、汽车、船舶、飞机等行业就具有较为严格的准入限制。另一方面,即便是对外资开放的产业领域,外资的进入通常也都有一定的股比要求和限制。中国开放型经济发展进入新阶段以后,很多产业已经成熟并具有较强国际竞争力,而尚未成长起来的产业同样需要在开放中提升国际竞争力,因此,采取产业领域的市场准入限制已经失去了必要性和合理性。股比限制纵然有产业安全和尽可能提升技术溢出效应的战略考虑，但从博弈的反向思维角度看，外资企业同样会顾虑由此可能会导致技术优势丧失，从而不愿意采用更先进的技术，尤其是在知识产权保护不力的情况下，外资企业必然存在上述顾虑。因此，新时代通过提升利用外资质量促进产业国际竞争力，除了涉及国家安全和经济命脉的关键部门需要根据自身竞争能力和监管能力而采取渐进式开放外，其他先进制造业和现代服务业领域开放都应该大幅放宽市场准入，对外资股比的限制也要进一步放开，加快实施负面清单和准入前国民待遇等，打消外资企业的顾虑，如此，外资企业才能进入更高端的产业领域，才能将更先进的技术注入产业发展。2018 年 6 月 28 日，国家发展改革委、商务部发布了《外商投资准入特别管理措施(负面清单)(2018 年版)》，结合我国产业发展水平，大幅减少外资限制。金融领域取消银行业外资股比限制，将证券公司、基金管理公司、期货公司、寿险公司的外资股比放宽至 51%，2021 年取消金融领域所有外资股比限制。制造业领域，汽车行业取消专用车、新能源汽车外资股比限制，2020 年取消商用车外资股比限制，2022 年取消乘用车外资股比限制，以及合资企业不超过两家的限制。取消船舶、飞机设计、制造、维修等各领域限制，基本形成全行业开放。这充分说明了我国已经进入通过产业开放促进外资企业和本土企业优势要素在相关产业领域充分集聚、融合、碰撞，以推动技术进步和产业的高质量、高级化发展的新时期。

（六）在跨国公司身份认知方面要实现从简单内外有别向共生共存模式的转型

在全球要素分工体系下，跨国公司通过走出去的方式在全球范围内整合和利用资源，子公司和分公司甚至总部经济遍布世界各地，从而具有了"世界公司"的属性。这种国际化的方式使得企业的边界日益超过了国家的边界，企业"国籍"的属性因此而日益变得更加模糊。[1] 尽管如此，人们对于跨国公司身份属性的传统思维却并没有发生与时俱进的变化。在传统的观念认识中，人们总是将

---

① 张幼文:《贸易投资融合原理与全球化收益的国民属性》,《世界经济研究》2018 年 2 月,第 3—12 页。

跨国公司视为其母国的代表,将跨国公司的利益视为其母国利益的代表,因此往往会上升到国家利益层面来区分本国所获利益和跨国公司所获利益。在这种传统战略思维模式下,从国家宏观层面看,利用外资也就等同于简单地发挥比较优势,在比较优势作用原理作用下实现东道国与跨国公司的互利共赢。这种传统的"身份"认知模式,无疑影响了跨国公司的先进技术等高端要素转移意愿。试想,在同等条件下跨国公司可能更倾向于将最先进和最前沿的技术等控制在母国总部,而不愿意轻易带入东道国原因何在?尽管其中的可能影响因素是多方面的,但利益交汇点和身份属性的认同差异,无疑是重要的作用因素之一。实际上,在跨国公司"国籍"概念日益模糊的背景下,跨国公司的利益与母国利益并非如传统意义上相一致,更多情况下是与其所在东道国的利益一致的,因为外资经济毕竟是东道国国民经济的重要组成部分,只是这种利益的一致性更多地被传统认识和观点人为地割裂开来。因此,新国际分工条件下,改变对外资企业身份属性的传统认知,有利于更好地寻找利用外资与发展经济和产业的共同利益交汇点,有利于更好地实现国内经济与跨国公司利益的高度融合、共同发展,从而打造出外资与本土的普惠发展、包容发展的共生发展模式。这也是"人类命运共同体"开放理念在外资经济和本土经济方面的率先践行和表现,理应成为新时代中国提升利用外资质量重要战略转型的要点之一。

需要指出的是,上述利用外资转型的思路,主要是针对我国开放型经济较为发达的东部地区而言的,并非意味着原有引资方式和做法已经没有进一步发展的空间。实际上,由于我国开放型经济发展存在着区域差异明显等显著特征,因此,原有引资战略中的一些成功经验和做法,实际上在顺应乃至合理引导产业梯度转移中,仍然可以发挥重要作用。比如,相对于东部地区,我国中西部地区仍然具有显著的劳动力成本优势。因此,可以借鉴以往的成功经验和做法,通过基础设施的完善、投资合作新载体的建设等切实降低中西部地区物流成本和企业运营成本,将东部地区的原有"成本洼地"向中西部地区延伸,并成为驱动外资在国内区域间实现梯度转移的重要动力。换言之,整体层面的引资战略转型,配合原有引资成功经验和做法向中西部地区的复制和借鉴,不仅是优化区域开放布局应有的题中之义,也是协调区域发展、延长产业国内价值链,从而打造出产业整体竞争优势的重要方式。

第三节
中国加快"走出去"步伐的路径与对策

进入到双向开放发展的新阶段后,中国亟待通过加快"走出去"步伐,提升参与经济全球化的能力,推动企业积极进行对外投资,打造本土企业的国际竞争力,实现经济的持续、快速发展,更好地服务于全面建设现代化的新需要。我们可以抓住高质量共建"一带一路"的战略机遇,从企业和政府层面出发,构建以企业为"主体"、政府为"支撑"的对外投资促进体系,从而实现企业对外投资的更好、更快发展。

一、 以"一带一路"为抓手加快中国对外直接投资

"一带一路"倡议提出以来,聚焦于互联互通的"五通"建设,将我国与共建"一带一路"国家的合作交流推向一个新的高点,也为推动中国开展对外直接投资、加快企业走出去步伐提供了诸多合作平台和机遇。无论是基础设施的互联互通建设还是资金融通等,均在一定程度上对中国扩大对共建国家的直接投资起到了积极作用。《中华人民共和国 2022 年国民经济和社会发展统计公报》显示,2022 年全年中国对外非金融类直接投资额 7859 亿元,比上年增长 7.2%,折1169 亿美元,增长 2.8%,其中,对共建"一带一路"国家非金融类直接投资额1410 亿元,增长 7.7%,折 210 亿美元,增长 3.3%。由此可见,"一带一路"倡议下中国对外直接投资出现了显著增长,走出去步伐明显加快。因此,未来应进一步依托"一带一路"建设平台,加快推动中国对外直接投资发展。对于微观跨国企业而言,要注重宣传并帮助中国本土的跨国公司提高认识水平,帮助走出去的跨国公司能够在尊重东道国法律法规和当地文化习俗等前提条件下进行合法合规经营,抱着实现跨国公司的发展利益和国家利益、东道国利益相融合的发展理念开展相关业务。如此,才能更好地将"一带一路"倡议的先进引领理念和规则贯彻于具体实践之中,让跨国企业在走向共建国家的过程中走得更稳更远。

二、 加快培育"走出去"的主体

企业自身能力是决定对外投资是否进行以及能否成功的关键因素。因此，培育"走出去"的龙头企业、打造中国本土的跨国公司是加快企业"走出去"的重中之重。为此，要重点扶持具有一定规模实力、品牌优势和市场基础的大型企业集团、行业骨干企业、名牌产品企业、高新技术企业、出口创汇企业，鼓励它们到境外设立贸易公司、建立生产企业和开展其他形式的国际经济技术合作，成为中国"走出去"的排头兵，发挥示范效应；支持有一定规模的企业积极到境外设立营销网点，建立市场营销网络，主动介入国际跨国公司产业链，提高组织化程度，推动多种所有制中小企业积极探索开展境外贸易和生产的途径与方法。为此，从加快中国企业"走出去"的角度，打造并提升中国企业跨国经营的重点，需要尽快实施可行的跨国公司培育计划。例如，可以试着确定一批具有一定经营规模和品牌知名度、拥有自主核心技术和研发能力的中国企业，使其逐步发展成为有竞争力的跨国公司。每年动态评选跨国公司50强：即10家贸易流通型跨国公司，10家资源寻求型跨国公司，10家制造加工型跨国公司，10家技术获取型跨国公司，10家工程总承包跨国公司。力争通过5—10年的努力，培育出一批具有国际竞争力的跨国公司。尤其注重培育民营企业，发挥其在体制、机制上的优势，加速民营经济国际化进程。在实施跨国公司培育计划的基础上，再着重通过建设"四大网络"以推动中国企业"走出去"的能力。一是研发网络。鼓励支持优势企业建立境外研发机构，尤其是要注重通过并购在发达国家建立研发中心，加强国际技术、信息和人才交流，掌握前沿技术和管理，有效利用国际人才。二是营销网络。鼓励支持企业在境外通过设立或并购建设各类营销网点、售后服务网点和境外品牌，引导中国企业建设国外销售网络，带动和促进出口品牌的发展。三是资源能源合作开发网络。鼓励支持企业积极参与境外资源项目合作开发，重点推动铁矿石、煤炭、木材、有色金属等领域的投资合作，缓解资源对全省经济发展的制约。四是生产加工网络。通过加强双边合作，引导省内优势产业在境外设立生产加工基地，形成若干产业集聚区或工业集中区；鼓励在土地、森林资源丰富的国家开展农林生态园区建设，开展种植、加工一条龙产业配套。

三、 鼓励和扶持重点产业"走出去"

从当前中国经济发展的现实基础、比较优势和结构调整的要求出发,制定《对外投资产业指导目录》,做好四个"完善",以鼓励和扶持重点产业"走出去"。一是完善扶持境外矿产资源开发的政策体系。加快实施境外资源开发战略。在投资战略地区的选择上,应重点放在与我国政治友好、经济联系密切,目标矿产资源丰富、勘探开发潜力大,投资环境良好的国家或地区。当前,应重点推进在澳大利亚、俄罗斯、加拿大、纳米比亚、蒙古以及非洲等国家和地区的矿产资源开发,逐步建立在境外稳定的资源基地。在"走出去"的组织形式上,应不断提高"走出去"的组织化、集约化程度。尝试筹组境外矿产资源投资联合体,按照政府引导、企业运作、市场化经营的原则,联合有关政府部门、金融机构、需求企业和技术支持单位筹组成立境外矿产资源投资联合体,实施重点突破。鼓励具有资产经营能力、实业投资能力、勘探开发能力、工程承包能力的省内企业组建境外投资联合体,实施集成"走出去"。鼓励、支持实力较强的股份制企业和民营企业联合国内大型资源型企业实施有利于资源行业健康发展的境外项目。鼓励和支持有条件的国内企业赴境外投资建设境外经贸合作区和生产基地,充分利用国外能源矿产资源,减轻国内能源资源和环保压力。在境外投资矿产资源的方式上,支持和鼓励企业开展矿产资源勘探与矿山开发、收购矿权、收购拥有矿权的境外上市公司、参股矿业公司等项目。

进一步完善扶持境外矿产资源开发的政策体系。(1)在融资方面,加大对境外投资矿产资源的企业的信贷支持。由国家进出口银行、国家开发银行等政策性金融机构提供优惠的资金支持,专门提供给到境外勘探开发国内短缺性和大宗支柱性矿产的企业。根据境外矿产勘探开发的矿产资源种类和资源稀缺程度,在贷款比例、贷款利率、还款期限等方面给予不同程度的优惠,特别是加大对民营企业的支持力度。(2)在财税方面,建立境外投资矿产资源开发项目的配套扶持政策。一方面对企业提供境外矿产资源开发的前期费用补贴,建立境外矿产资源勘探开发投资风险基金,通过财政支持整合行业资源推动跨行业、跨地区的企业联合,提高境外开发竞争力。另一方面,借鉴日本的海外探矿备用金制度[将海外的与矿产销售收入有关的50％开采所得作为公积金使用(3年用完)，无需纳税]，对企业投资境外矿产资源勘探开发的资金，以及企业从境外矿产资源勘探开发投资中获得的利润给予一定的所得税优惠。建立对企业海外勘探开发发生费用的特别扣除制度、海外投资等的亏损准备金制度等。

二是完善境外经贸合作区(工业园)建设的服务配套体系。充分发挥工业门类齐全的优势，在东盟、非洲等国家的适当区位设立专属经济园区或工业园，建立冶金、机械、电子、家电、纺织、机械、设备等零配件组装、农副产品加工、来料加工、加工转口贸易等合作基地。发挥企业组团优势，整合资源和技术，发展面向东道国的外向型经济，形成产业对接走廊。建立过剩产能境外转移补偿基金，用于补足过剩产能转移东盟的企业风险补偿，或者用于激励金融机构扩大优惠贷款和贷款贴息的规模与范围，对境外资源开发性投资、可带动省内产业升级的资产性投资的企业给予特殊补贴或奖励。扩大税收支持力度。对鼓励性转移投资的行业、企业和项目给予一定年限的税收减免；对作为实物投资的出境物资和通过境外投资带动的机器设备、中间产品的出口给予税收补贴；完善地方税收抵免制度和间接抵免的具体操作方法，建立加速折旧、延期纳税、设立亏损准备金等间接鼓励措施用于补偿过剩产能转移境外的企业。

大力宣传推广，营造企业集群式"走出去"发展氛围。通过投资贸易洽谈会等各种平台和各种媒体多形式、多途径加大境外商城、贸易中心、境外经贸合作区(工业园)等的宣传和推广，重点推介境外商城、境外园区的区位、政策、环境和服务优势，加快招商进程。广泛发动，引导企业结合自身过去的出口市场范围和产品特性，密切关注境外商城、境外经贸合作区建设取得的进展和开发企业的招商活动，并有针对性地选择部分有实力、有意向的企业上门辅导。不断激发企业抱团出击海外市场的热情，营造集群式"走出去"的发展氛围。

建立双边工作机制，建立稳定、安全和优惠的投资环境。坚持互利共赢发展原则，与境外园区所在国当地政府建立双边经贸合作机制或者建立外交友好关系。针对境外经贸合作区(工业园)多集中于发展中国家的实际，可通过在发展中国家举办开发区(园区)建设的援外培训班或在有经济条件的国家举办专题研讨会，解决观念问题，传播开发区(园区)建设的成功经验，致力于形成双方共同发展的愿景，争取东道国政府在土地使用、税收优惠、审批等多方面的支持，不断加大协调解决问题的力度，使中国境外园区发展有一个更为稳定、安全和优惠的政治和经济环境。

三是完善高科技产业跨境并购服务体系。针对高科技产业在跨境并购中具有即时性的特点，尝试在对外投资专门管理机构下设立主管部门，统一审批项目，简化程序，方便高科技企业对外投资。成立专门针对高科技产业的海外并购领导协调小组，明确"走出去"工作的统筹协调机构，成立类似日本国家海外投资委员会的机构，对高技术产业内的具有实力的跨国公司发展进行宏观管理和统一规划。研究制定有关海外投资的法律规范和政策，总结海外投资和跨国经营的经验和问题等。针对高科技企业跨境并购中由于信息不对称所造成的高风险性，建议政府在高科技企业跨境并购的信息服务体系方面，设立相关的海外投资信息服务机构。成立专门针对高科技行业的海外并购信息咨询服务机构，建立权威的信息情报中心，完善信息情报网络，强化信息情报搜集工作，形成高效、灵敏的信息情报机制，为高科技企业开展海外并购提供各种信息和咨询服务，提高企业海外并购的应变能力和决策能力。

加强对高科技企业海外投资的金融信贷支持，制定专门针对高科技企业的海外投资金融政策，鼓励各种金融机构参与其中，提供各种服务。一是设立专门针对高科技企业海外并购的"海外并购基金"，加大融资支持力度。基金可通过社会募集、政府相关部门出资等方式设立，委托专业投资机构管理，对"走出去"并购的高科技企业给予相应的资金支持，使产融结合有一个稳定的支点。二是银行要加大对高科技企业跨国投资并购的资金支持。商业银行可以在银保监会关于并购贷款风险指引的原则下，发放海外并购贷款，鼓励更多有条件的企业加入"走出去"的行列。要为高科技企业跨境并购提供保险支持，如借鉴日本等发达国家的经验，建立海外投资保险制度，扩大国家双边投资保护协定的覆盖面，促进对外投资企业加强与风险投资公司、保险公司的联系，进一步完善相关的风险评估与保障体系，鼓励相关保险机构加大对海外并购的高技术企业提供风险保障的力度。建立风险共担机制，帮助高技术企业防范和化解跨境并购风险。

加快建立和完善海外并购的中介服务体系，为企业走出去做好智囊与参谋。

目前我国企业海外并购多依赖于收费高昂的国外中介服务机构,这大大增加了企业海外并购的成本。为此,在构建跨境并购服务体系中,要着重培育大型投资银行,扩大涉外律师队伍。对已具投资银行雏形的规模较大的证券公司重点扶持,鼓励证券商之间的并购,并从政策上鼓励投资银行业务的开展,进而形成一批集团化的专业投资银行,这些投资银行应在扩大规模、积累经验的基础上不失时机地走出国门,有计划、有选择地在国外设立分支机构,重点开展与企业跨境并购有关的业务,真正担负起为企业跨境并购提供全方位、高质量服务的职责。应积极培育金融、法律、会计、咨询等市场中介组织,为企业的海外并购提供规范的中介服务;要在国内加速培育和建立熟悉国外相关法律、会计准则的律师、会计师及专业事务所,为我国企业的海外并购提供全方位的帮助。另一方面要吸引在国外获得法律学位的留学人员回国,组建专门服务机构,提高跨境并购法律服务的质量。积极引导中介组织参与到高科技产业跨境并购中来,努力打造法律咨询、信息情报咨询、会计服务、项目评估、人才培养、企业管理培训等"一条龙"中介服务支持体系,形成合力。

四是完善服务企业国际化经营的政策支持体系。各有关部门要研究采取具体措施,为服务企业"走出去"和服务出口创造良好环境。对软件和服务外包等出口开辟进出境通关"绿色通道",对中医药、中餐、汉语教育、文化、体育、对外承包工程等领域企业和专业人才"走出去"提供帮助,简化出入境手续,并纳入国家有关专项资金扶持范围。在严格控制风险的基础上,积极支持国内有条件的金融企业开展跨国经营,为企业参与国际市场竞争提供金融服务。同时,要鼓励贸易、咨询、法律服务、知识产权服务、人力资源等企业积极为服务业"走出去"提供服务。

大力支持服务企业"走出去",适应国际市场竞争新形势,积极支持服务贸易发展。完善服务贸易外汇管理政策,健全服务贸易非现场监管体系,简化境内服务贸易企业对外支付手续,满足服务贸易企业合理用汇需求。对"走出去"服务企业的后续用汇及境外融资提供便利,支持有实力的中资服务企业开展境外投资和跨国经营。支持符合条件的服务外包企业境内外上市。完善服务企业出口信贷、服务产品买方信贷政策措施,对服务贸易给予与货物贸易同等的便利和支持。鼓励政策性金融机构对列入《文化产品和服务出口指导目录》的出口项目或企业,按规定给予贷款支持,推动文化产品和服务出口。适应国际产业转移新趋势,重点支持服务外包发展,鼓励政策性金融机构在自身业务范围内积极支持服务外包发展;鼓励出口信用保险机构积极开发新型险种支持服务外包产业发展;对服务外包企业办理外汇收支提供便利,大力支持服务企业对外承揽服务外包业务。

四、 鼓励和支持企业"走出去"重点区位选择

鼓励企业"走出去"重点区位选择,除了要在创新管理体制、优化财政政策、提供税收优惠,以及提高便利化程度等方面给予政策支持以外,更为重要的是要为"走出去"企业,提供重点投资选择区位的信息服务支持和海外服务支持,并尽可能地构建起海外风险防范体系。提供信息服务支持,就是要建立以政府服务为基础,中介机构和企业充分参与的对外投资和经济合作门户网站和对外投资和经济合作项目信息库,加强对重点国家和地区市场环境、投资环境的分析研究,为企业提供准确、及时的投资环境和市场信息服务。扶持培育本土跨国咨询机构,为企业对外投资和经济合作提供法律、财会税收、尽职调查等方面的技术援助。提供海外服务支持,就是要加强投资服务中心建设,加强与我驻外经商处和境外投资促进机构的沟通和联系,强化驻海外经贸代表处服务境外投资的职责,推动建立海外企业商协会,为对外投资和经济合作企业提供帮助。从而让具有不同对外直接投资动机的企业,在"走出去"的区位选择上,能够基于尽可能的充分信息和有效的海外服务支持,而作出正确的决策。

东道国(地区)的风险因素,是影响企业"走出去"的重要因素。因此,努力构建完善的风险防范体系,对于鼓励和加快企业"走出去"具有重要的推进作用。构建完善的风险防范体系,可以着重做好以下几个方面的工作:一是探索建立对外投资保险制度。鼓励政策性保险机构(中信保公司)为企业在对外投资和经济合作中遇到政治风险提供保险服务,鼓励商业保险公司参与对外投资合作的商业保险服务。推动扩大中长期出口信用承保规模,调整和扩大发展中国家出口信用保险国别额度,合理降低保险费率。二是建立风险防范预警平台。开展境

外投资国别风险评价和境外合作伙伴资信评估,定期发布投资国别地区风险水平报告,加强外派劳务人员管理培训,建立完善全省境外投资风险预警体系。三是建立风险应对处置机制。对由不可抗力引发的境外投资事件,要建立境外投资风险预案,健全覆盖全省、分级负责的应急机制。力争做到快速反应和果断处置。四是指导企业树立"以人为本"观念,强化对派往境外人员的安全防范和自主救助的风险培训,建立健全派往境外人员保险制度和突发性事件的应急处理体系,及时有效实施境外保护和救助工作。

五、 创新"走出去"的路径和形式

20 世纪 90 年代以来,国际资本流动直接投资和间接投资呈现日益接近、交叉和融合的发展趋势,直接投资越来越多地通过资本市场来进行。一方面,除了"绿地"投资外,跨国并购一直是国际投资的主要方式,这表明直接投资越来越多地通过资本市场来进行,采用间接投资的活动方式,另一方面,大量的国际资本通过私募股权基金投资、风险投资方式控制了企业后,经由资本市场运作,采用出售股权、出售资产的活动方式。国际投资的方式呈现日益丰富化和多样化的发展趋势。我们的调研结果表明,虽然中国企业在对外投资的方式上呈现一定的多样性特征,但是仍然以"新建设厂"为主导,被调研企业中有 34% 的企业选择的是"绿地投资"方式,而仅有 8% 的企业选择兼并、收购方式。为了适应国际投资方式的发展变化趋势,中国企业在"走出去"的路径和形式方面,应突破以绿地投资为单一主导的对外投资方式,丰富"走出去"的路径和形式。具体而言,就是要求中国企业在继续进行"绿地"式国际直接投资的同时,加大间接对外投资的力度,更多地通过私募股权基金、风险投资基金的方式进行国际投资,鼓励中国企业以参股、并购等方式参与国外企业改组改造和兼并重组,等等。

例如,就资源开发的投资路径而言,我们应重点鼓励农业、矿产资源等开发类企业通过与国内外有实力和经验的企业建立战略联盟的方式,共同开展当地或第三国企业收购,支持企业加入全球供应链,以此创新资源开发投资路径。就制造加工的投资路径而言,应着重以国家级境外经贸合作区和省级境外产业集聚区为平台,鼓励具有比较优势、产业成熟度高、国际竞争力强的制造业抱团入

区发展,构建境外适宜企业发展的经济生态环境,以此创新制造加工投资路径。就市场开拓和技术获取的投资路径而言,应鼓励企业选择当地成长型中小企业,通过并购、参股、境外上市等方式获取人才技术和销售渠道,走出一条并购—消化—吸收—再创新的国际化发展之路,以此创新市场开拓和技术获取投资路径。就对外劳务合作的路径而言,应着力推动中国对外劳务合作服务平台与央企等优质外经企业建立长期战略合作关系,以此创新对外劳务合作路径。

六、 优化其他方面的相关政策支持体系

第一,简化项目审批和经贸人员出入境手续。逐步实现对外投资审批制度向登记备案制过渡、事前审批为主向加强事后监管转变,在为企业海外投资提供服务的过程中,探索企业海外投资经营的过程监控,保证对外投资资金的安全性。对重点企业、重点项目的经贸人员出国(境),采取一次审批、多次有效或企业直接报批的方法。对中小企业人员出国(境)经商投资,提供各种便利。

第二,加大财政扶持力度。设立"走出去战略专项资金",重点支持国际营销网络建设、资源开发、高新技术合作、境外研发中心建设,重点支持境外合作区、外派劳务管理、境外投资信息咨询等公共服务平台建设。对重点投资项目提供优惠贷款贴息资助或给予融资担保。对对外承包工程项目提供保函担保和垫支赔付,对因地震、战争等不可抗力造成的企业人员财产及损失给予救助。

第三,提高金融服务水平。加快建立政策性银行为主、商业性银行分工协作的对外投资和经济合作融资支持体系,给予银行在对外流动性贷款、资本金贷款等方面的更大自主权。拓宽并创新对外投资和经济合作企业融资渠道,鼓励银行提供银团贷款、混合贷款、项目融资。引导鼓励金融机构对实力强、信誉好的企业开展境外承包工程项目,给予提供人民币中长期贷款和外汇周转贷款。推动银行等金融机构在对外投资比较集中的地区设立分支机构。对重点企业支持发行中长期企业债券,短期融资券,鼓励有条件的企业境外直接融资。将对外承包工程业务纳入出口信用保险范围,积极鼓励企业投保出口信用保险,降低出口收汇风险,对对外承包工程企业投保出口信用保险给予一定的补贴。

第四,实行税收优惠政策。在避免双重纳税的前提下,区别投资国别、投资

行业等,按规定采取税收相抵免、延期纳税、减税、免税和出口返税等不同的政策,对重大项目给予特殊的政策优惠。对境外承包工程项目企业所得税回注册地缴纳且较上年度有增长的,将增长部分的50％补贴给企业。

第五,加快公共服务体系建设。建立人才国际化交流平台,吸引海外人才加入企业国际化行列。加快发展为企业提供境外投资信息的中介机构和信息网络,向境外投资企业提供投资所在国(地区)的政治社会法律环境、产业政策、市场信息等方面的咨询服务;代办有关境外投资手续和涉外法律服务;帮助企业进行项目可行性研究与评估。建立完善全省境外投资风险预警体系,定期发布投资国别地区风险级别报告,加强与国外已建立友好关系省州的经贸联系,与中国对外投资相对集聚的国外地方政府建立友好省州关系。

第八章

开放创新生态和制度型开放

党的二十大报告强调指出，"推进高水平对外开放。依托我国超大规模市场优势，以国内大循环吸引全球资源要素，增强国内国际两个市场两种资源联动效应，提升贸易投资合作质量和水平。稳步扩大规则、规制、管理、标准等制度型开放。"众所周知，开放型经济应该是一个既有"引进来"，又有"走出去"的双向循环系统，制度型开放也不例外。也就是说，与商品和要素流动型开放的"输入""输出"类似，制度型开放既然属于"开放"，那必然也有"输入"和"输出"，只不过，其"输入"和"输出"的不是商品和要素，而是规则、规制、管理、标准等制度。这就意味着与商品和要素流动型开放相比，制度型开放有其特定内涵，并至少有两个维度，即通过对标国际高标准经贸规则而进行的国内制度优化，以及通过国内制度创新并力求形成国际规则。此外，与商品和要素的"输入"和"输出"不同，制度型开放的"输入"和"输出"，有其内容的特殊性，或者说更多涉及的是规则、规制、管理、标准等制度设计和安排，因此，本质上属于"深化改革"，而且是一种开放条件下的"深化改革"。即制度型开放主要包含两方面内容：一是要加快构建与高标准国际经贸规则相衔接、相协调的国内规则和制度体系；二是通过在国内实施一系列系统性制度创新，逐渐引领全球规则、规制、管理、标准的制定，深度融入并重塑全球经贸规则。

以制度型开放融入乃至推动和引领新一轮经济全球化，是我们在新征程中推进中国式现代化的必由之路。党的二十大报告强调指出，扩大国际科技交流合作，加强国际化科研环境建设，形成具有全球竞争力的开放创新生态。这体现了我国积极融入全球创新网络、深度参与全球科技治理的决心。显然，与以往融入全球价值链分工尤其是制造业全球价值链分工的要求不同，构建开放创新生态，融入全球创新链和创新网络，更加需要依赖制度型开放。

第一节
商品和要素流动型开放：历史演变及中国经验

"制度型开放"概念提出以后，国内学术界对此进行了广泛讨论，其中不乏一些"误解"和理论杂音，特别地，有些研究甚至将"制度型开放"与"商品和要素流动型开放"对立起来。从本质上看,制度型开放与商品和要素流动型开放一直都是密不可分的。制度型开放的最终结果必然会影响商品、服务和要素在不同国家之间的跨境流动和优化配置,商品和要素流动型开放同样需要制度设计来实现。这两者不仅仅有着密切联系,甚至在一定程度上可以被定义为对外开放的两个不同方面:制度型开放是从政策实施主体的角度进行论述的,而商品和要素流动型开放是从政策实施课题的角度进行论述的。当然,二者之间也有显著差别。因此,在具体分析制度型开放问题之前,有必要对商品和要素流动型开放的历史演变及中国经验,作一简要分析。

自第一次工业革命后,市场经济开始向全球扩张,从而形成了真正的世界经济,真正意义的经济全球化拉开了序幕。总体来看,第二次世界大战爆发之前的经济全球化,具有强权占领和殖民掠夺的特征,中国在这一轮世界经济发展进程中不但没有抓住机遇获得发展,反而国运衰落。[①] 第二次世界大战后,尤其是冷战结束后,美国等主导建立起来的三大国际经济组织,即世界银行、国际货币基金组织以及关贸总协定(世界贸易组织的前身),对国际经济关系起到了重要协调作用,其构建起的国际经贸规则和全球经济治理体系,对经济全球化发展提供了必要的制度保障。尤其是世界贸易组织推动下的各国关税和非关税壁垒大幅度削减甚至消除,实现了贸易和投资自由化的大发展,极大地促进了商品和生产要素的跨国流动。因此,与第二次世界大战之前的"巧取豪夺和强权占领"推动的经济全球化不同,战后尤其是冷战结束后经济全球化的发展,主要是以自由贸易理论为指导的。中国改革开放的伟大事业,正是在此背景下开展的。尤其是加入世界贸易组织(WTO)后,中国以开放的姿态接受了现有全球经济治理体系和国际经贸规则,顺应了经济全球化发展大势,逐步构建起了商品和要素流动型的开放发展模式,抓住了经济全球化发展为中国谋求复兴带来的重要战略机遇,实现了开放型经济的快速发展并取得了令世界"瞩目"的巨大发展成就。因此,概括而言,改革开放以来尤其是加入 WTO 以来,中国推进的商品和要素流动型开放,本质上是因为契合了经济全球化发展的基本演进趋势,从而抓住了融入经

---

① 金碚:《改革的机制决定其成效》,《经济研究》2013 年 2 月第 48 期,第 15—17 页。

济全球化发展开放型经济的机遇。因此,中国在前一轮开放中形成的商品和要素流动型开放模式,及其取得的发展成就乃至当前面临的局限性,不仅与中国开放发展模式的自我选择有关,更与此间的经济全球化发展特征趋势有关。

一、 商品和要素流动是第三阶段经济全球化的主要特点

2016 年习近平总书记在省部级主要领导干部学习贯彻党的十八届五中全会精神专题研讨班上的讲话中,将经济全球化划分为三个阶段,其中第三个阶段就是指"随着冷战结束,两大阵营对立局面不复存在,两个平行的市场随之不复存在,各国相互依存大幅加强,经济全球化快速发展演化"。从世界经济发展的演进历史看,第三阶段的经济全球化是在"和平与发展"成为时代主题大背景下,商品和要素逐步实现自由流动所推进的。在经济全球化发展的第一阶段,虽然从形式上看其主要内容和表现也是商品和要素跨国流动,但是其本质是"巧取豪夺""强权占领""殖民扩张",显然不是真正意义上的商品和要素的自由流动,这种发展模式注定也不可持续,并最终导致第一次世界大战爆发。而 1929 年发生的资本主义经济大萧条,更是将当时各主要资本主义国家经济推向了崩溃的边缘。在此情形下,国际贸易保护主义的抬头,各国纷纷采取"以邻为壑"对外贸易措施,国际经贸规则的极度混乱,致使商品和要素的跨国流动极度萎缩,使得世界经济发展更是"雪上加霜"。经济崩溃加之极端的民族主义,导致了第二次世界大战的爆发。事实上,在战争还处于白热化阶段,国际社会就决定设计一个有助于战后经济恢复、繁荣与和平发展的新国际经济体系,于是就诞生了前文指出的美国主导构建的,以协调国际经济关系为目的的三大国际组织,避免再度出现 20 世纪 30 年代的"世界商战"。由此在第二次世界大战结束后,经济全球化便进入到第二个发展阶段。只不过在这一发展阶段,处于"冷战"状态下的社会主义和资本主义形成两大阵营,发展了两个平行的世界市场,社会主义国家并没有参加这些国际性的经济组织,从而使得这些国际性经济组织的作用范围有限。

在冷战结束之前的一段时期内,一方面,广大发展中国家汲取了 20 世纪六七十年代进口替代战略失败的经验教训,认识到进口替代等封闭型经济发展战略对经济发展具有很多弊端。为加快经济发展,它们纷纷开放市场,实行外向型

发展战略,在减少国际贸易中的种种壁垒方面作出了巨大努力。另一方面,20世纪70年代中期以后,发达资本主义国家由于受到经济周期及"石油危机"等因素的影响,经济增长进入一个相对缓慢的时期,加上新贸易保护主义的盛行,发达国家经济总体上形势低迷。因此,为摆脱经济衰退和经济危机的困扰,80年代中期发达国家纷纷主张放松国家间的经济管制,打破各种保护主义壁垒。正是在这样一种背景和现实需求下,伴随冷战的结束,两个平行世界市场随之消失。世界范围内的关税和非关税壁垒大幅降低,贸易和投资自由化成为经济全球化的主流趋势,由此推动了商品和要素跨国流动的迅猛发展。联合国贸易与发展会议(UNCTAD)的统计数据表明,1990年全球货物贸易出口总额为3.49万亿美元,到2008年国际金融危机爆发,全球货物贸易出口总额已经上升到16.15万亿美元,18年间增长了约4.63倍,年均增长率高达8.89%;全球对外直接投资方面,1990年全球对外直接投资存量为2.19万亿美元,到2008年国际金融危机爆发,全球对外直接投资存量已累计高达15.41万亿美元,18年间增长了约7.04倍,年均增长率高达11.45%。可见,商品和要素流动正是第三阶段经济全球化的主要特点。换言之,商品和要素流动型开放,是第三阶段经济全球化发展的本质特征和主要模式。

二、 商品和要素流动是第三阶段全球经济规则主要议题

第三阶段经济全球化下实现的商品和要素流动的迅猛增长,不仅仅得益于无论是发达国家还是发展中国家,都有融入经济全球化发展开放型经济的主观需求,同时还得益于以降低关税和投资壁垒等为主要表现和内容的贸易和投资自由化发展,或者说,得益于贸易和投资自由化的国际经贸规则所提供的保障制度。从微观角度看,要素和商品的跨国流动显然主要是由跨国公司推动和主导的。而商品和要素之所以能够顺利实现跨国流动并持续扩大,显然需要有一定的经贸规则作为基本保障,其中不仅具有促进商品和要素流动的基本政策措施,还要有处理由于商品和要素流动可能产生矛盾的争端解决机制。如果在1919年至1939年期间那种国际规则极度混乱的状态下,实现商品和要素的自由流动是根本无法想象,也是根本不可能的。应该说,稳定的国际规则和国际经济秩

序,是保障世界各个国家共同利益的基本制度需求,是保障商品和要素能够自由流动的前提条件。基于发展以贸易和投资为主要内容的经济全球化的现实需要,围绕促进商品和要素流动问题而构建相应的国际经贸规则和全球经济治理体系,自然也就成为第三阶段经济全球化的主要经贸议题。关于这一方面,突出表现为关贸总协定(GATT)下长达 7 年的乌拉圭回合谈判,以及后来它化身为世界贸易组织(WTO)后推动的多轮谈判。

第二次世界大战结束后成立的 GATT,其宗旨之一就是要降低关税和非关税壁垒,促进自由贸易发展。1947 年至 1993 年底,GATT 共主持了八轮多边贸易谈判,其中以第八轮乌拉圭回合多边贸易谈判涉及范围最广、对世界经济和贸易影响最大。通过前七轮谈判,特别是第六,第七回合的谈判,20 世纪 30 年代大萧条时期构筑的关税壁垒大为削减。有力地促进了二战后国际贸易的自由化和世界经济增长与繁荣。然而,20 世纪 70 年代中期以后,世界经济从高速增长转入停滞,加上两次"石油危机"的雪上加霜后更是长期低迷。在此情况下,国际贸易领域出现了"新贸易保护主义"浪潮,兴起了"非关税"贸易壁垒。面对这种形势,GATT 各缔约国认识到为了维护宗旨、扩大世界贸易、努力打破形形色色的贸易壁垒、净化国际贸易环境重要性,并决定正式发起第八轮多边贸易谈判,由此拉开了长达七年的乌拉圭回合多边贸易谈判的帷幕,以期通过降低和取消关税、数量限制及其他非关税措施与壁垒,促进世界贸易的扩大和进一步自由化。总体来看,GATT 从成立到被 WTO 取代,其间发达国家的平均关税率从 1948 年的 36％降至 20 世纪 90 年代中期的 3.8％,发展中国家和地区同期降至 12.7％,关税壁垒的作用大为降低,非关税壁垒也在很大程度上得到消除。WTO 成立后,确立了全球多边体制下的货物贸易、服务贸易和与贸易有关的投资等一系列新规则。尽管议题和谈判的领域有所扩大,但旨在促进商品和要素流动的大幅削减关税和其他贸易壁垒,仍然是其主要内容和宗旨。据此可见,为适应第三阶段经济全球化发展形势及其现实需要,此间的全球经贸规则也主要聚焦于商品和要素流动问题,GATT 及之后的 WTO,在推动降低关税和非关税壁垒的边境开放方面,作出了历史性贡献。

三、 中国发展商品和要素流动型开放经济的成就及经验

自改革开放以来,尤其是浦东开发开放和加入 WTO 以来,中国实现了开放型经济的快速发展,并取得巨大惊人的发展成就,令世界瞩目。目前,中国在对外贸易总额、利用外资总额、对外直接投资总额、外汇储备总额等方面,均稳居世界前列;并且在开放型经济的带动下,实现了持续多年的经济高速增长奇迹,成为世界第二大经济体;在世界 500 多种主要工业产品当中,中国大约有 220 多种产品的产量居世界第一,并形成了较为完备的工业生产体系,等等。应该说,这些成就的取得,正是因为中国顺应并抓住了第三阶段经济全球化带来的战略机遇,大力发展商品和要素流动型开放经济的结果。关于这一方面,我们可以从如下两个方面的特征事实加以认识。

第一,接受现行国际经贸规则体系,大幅度削减和降低关税和非关税壁垒。中国自改革开放以来,尤其是加入 WTO 之后,作为 WTO 的正式成员国,必须在其现行的规则体系和制度框架内开展对外贸易,必须遵守 WTO 在国际贸易方面所制定的、各成员方普遍接受的规则体系,比如非歧视性原则,逐步实现关税和非关税壁垒的逐步消减,推动货物贸易和投资领域的逐步自由化。为此,中国不仅在加入 WTO 前期作出了巨大努力,而且在加入 WTO 之后也严格履行了入世承诺。2018 年 6 月国务院新闻办公室 28 日发表的《中国与世界贸易组织》白皮书显示,截至 2010 年,中国在降低货物贸易关税方面的入世承诺已经全部履行到位,总体的关税总水平已经由 2001 年的 15.3% 下降到 9.8%。其中,农产品的平均税率已经由原来的 23.2% 降至 15.2%,这一水平约为世界农产品平均关税的约四分之一,不仅远远低于 WTO 中其他发展中成员的 56% 平均关税税率,同时还低于发达成员方约 39% 的平均水平。而工业品的平均关税水平已经由原来的 14.8% 下降到 8.9%。不仅在关税壁垒方面实现了大幅度削减,在非关税壁垒方面也实现了显著削减。比如根据白皮书显示,截至 2005 年 1 月,中国就已经全部兑现了加入 WTO 时候的承诺,全部取消了进口许可证制度、取消了进口配额,以及特定招标等非关税政策。与此同时,根据 WTO 框架下的与贸易有关的投资措施协定,中国不仅不断向外资扩大制造业乃至服务业

领域,还采取了诸多优惠政策,降低要素流动的门槛。总之,中国过去 40 多年的开放发展,是在接受了旨在保障商品和要素流动的现行国际经贸规则和体系下进行的。

第二,大量利用外资和大力发展加工贸易,是过去 40 多年中国融入经济全球化的主要方式和发展路径。中国改革开放的伟大事业是在经济基础十分薄弱的条件下开展的,由于在起步发展阶段,面临着供给和需求的双约束,即一方面由于极度缺乏资本和技术,从而产业发展面临着较强的生产约束;另一方面由于经济发展水平较低,收入水平还难以托起强劲的市场需求。在此背景下,中国一方面通过大量利用外资,并依托外资流入而带动的一揽子生产要素诸如技术和管理等,与中国丰富而廉价的劳动力要素禀赋优势相结合,破解了产业发展面临的资本和要素等生产层面的约束。另一方面,依托经济全球化繁荣发展期间国际市场的强劲需求,破解了需求不足对产业发展的抑制作用。尤其是利用外资和加工贸易的结合,中国逐步成为新一轮产业和产品生产环节转移过程中,跨国公司的重要制造业生产基地和世界出口平台。这正是中国开放型经济发展形成"两头在外""大出大进"格局的深刻背景和内在理论逻辑。联合国贸易会议的统计数据表明,1980 年中国累积利用外商直接投资仅为 10.74 亿美元,2017 年已经达到了 1.49 万亿美元;1980 年中国货物进出口货物总额约为 380 亿美元,其中出口贸易额为 181 亿美元,进口贸易额为 199 亿美元;2017 年货物进出口货物总额已经上升至 4.11 万亿美元,其中出口贸易额为 2.26 万亿美元,进口贸易额为 1.85 万亿美元。并且在货物贸易中,尤其是 2008 年国际金融危机爆发之前的很长一段时间内,加工贸易一直占有半壁江山。[①] 利用外资、大进大出、两头在外等突出特征,充分展示了改革开放 40 多年来,中国在本质上发展的是商品和要素流动型开放经济。

综上可见,商品和要素流动型开放是第三阶段经济全球化的重要特征和主要内容,而在这一背景下,中国开展的改革开放伟大事业,正是顺应了经济全球化的这一发展大势,在充分尊重和利用现行国际经贸规则中,不断降低和削减关

---

① 桑百川:《利用外资与本土产业发展》,《国际贸易》2009 年 9 月,第 20—23 页。

税和非关税壁垒,不断推进贸易和自由化,商品和要素流动型开放型经济得到了快速发展,突出表现为外资大量的利用和进出口贸易规模的急剧增长。然而,伴随国际分工的演进,当前经济全球化出现了一些新形势、新特点;与此同时,中国开放型经济发展也进入了新阶段,亟待推动由商品和要素流动型开放向规则等制度型开放转变。

第二节
制度型开放:现代化新阶段构建开放创新生态的必然要求

2008 年全球金融危机冲击之后,世界经济进入到深度调整期。此间,由于前一轮科技革命和产业革命形成的推进动能基本衰竭,而新一轮科技革命和产业革命又尚在孕育之中,还未集中爆发并形成新的生产力,从而世界经济增长动力不足仍然是突出问题。正因如此,第三轮经济全球化发展中积累的一些问题,也是在经济相对繁荣时期容易"隐藏"的问题,如发展失衡、公平赤字、治理赤字、数字鸿沟等,在世界经济周期性因素作用下得到放大,进而引发了当前"逆全球化"思潮的兴起和贸易保护主义的抬头。尽管经济全球化进程遭遇挑战,但由于经济全球化是技术进步和生产力发展的必然规律和结果,因此,经济全球化发展是不可能中断和停止的,只能说明经济全球化原有的模式、路径及其主导的规则和理念需要得到变革和调整。已有研究认为:"期待新型经济全球化的到来会愈来愈成为共识,成为世界各国各地区人民的共同意志和呼声",并且指出,"未来要实现的新型经济全球化就是第四阶段经济全球化"。[①] 我们认为,与第三阶段主要以商品和要素流动型开放的经济全球化不同,第四阶段的新型经济全球化可预期的主要特征之一必将是制度型开放。过去 40 多年中国开放型经济成功发展的宝贵经验之一,就在于顺应了经济全球化发展形势,因此,在经济全球化从以往商品和要素流动型开放向制度型开放转变的大背景下,中国发展新一轮高水平开放型经济,构建和形成具有全球竞争力的开放创新生态,依然需要在继

---

① 滕文生:《国际社会对构建人类命运共同体理念的赞赏和评论》,《世界社会主义研究》2019 年 2 月第 4 期,第 87 页。

续适应、顺应乃至引领经济全球化发展大势下实现。具体而言,进一步理解制度型开放作为中国新一轮高水平开放的必然要求,既要明晰经济全球化发展转向制度型开放的必然性和趋势性,也要清楚中国以此为契机发展更高水平、更高层次开放型经济面临的机遇及其内在逻辑。

一、　制度型开放是经济全球化开放创新演变趋势的必然要求

如前所述,第三阶段的经济全球化发展的主要特征和内容就是商品和要素流动型开放。关税和非关税壁垒的降低和消除,即贸易自由化的深度演进,以及以全球对外直接投资为主要表现的生产要素跨国流动性日益增强,导致国际分工发生了本质变化,即传统以最终产品为界限和主导形态的国际分工,逐步发展为以产品生产环节和阶段为界限和主导形态的国际分工。后者就是 20 世纪 80 年代以来一直被学术界和实践部门所津津乐道的全球价值链。实际上,全球价值链分工不仅意味着产品生产环节和阶段被分布在不同国家和地区,而且由于伴随有生产要素的跨国流动,即便某一生产环节和阶段,都可能是多国要素共同参与生产的结果,因而更本质地看当前的国际分工属于"要素分工"。[①] 在要素分工条件下,由于生产具有全球性,换言之,由于不同生产环节和阶段被配置到不同国家和地区,由于生产过程需要多国生产要素的共同参与,因此,无论是从最终产品生产完成角度看,还是从某一特定生产环节和阶段的顺利进行角度看,都需要达到无缝对接,才能确保生产的顺利进行、成本的最小化以及生产的高效运转。可以想象,如果来自不同国家的生产要素在共同参与生产过程中不能实现更好的磨合和协作,必然会对特定生产环节和阶段的产出质量和效率等带来不良影响,而不同生产环节和阶段若不能实现无缝对接,包括交货时间、流转成果、质量参数匹配等,最终产品生产的实现必然会透过价值链而"深受其害"。而无论是来自不同国家的生产要素实现"无缝对接",还是来自不同国家的不同生产环节和阶段实现"无缝对接",其中最重要也是最为关键的因素就是要实现规则和制度相容和一致。制造业不同生产环节和阶段如此,研发国际化或者说全球创新链的形成和发展更是如此,因为分布在不同国家的创新活动,其有效协调

---

① 方勇、戴翔、张二震:《要素分工论》,《江海学刊》2012 年 4 月,第 88—96 页,第 238 页。

和运转更加依赖于制度型开放。当前,全球价值链演变和发展已经向全球创新链方向进一步深化和拓展,开放创新已经成为经济全球化的重要趋势和特征之一。第三阶段的经济全球化已经基本实现了贸易自由化和投资自由化,而两个"自由化"引起的国际分工质变,尤其是开放创新或者说全球创新链的发展演变,必然要求各国进一步在国内规则和制度上实现兼容和一致。从这一意义上说,制度型开放已经成为经济全球化发展新形势下的当务之急。

二、 制度型开放是新一轮全球高标准经贸规则必然趋势

第三阶段经济全球化发展,从国际经贸规则提供的制度保障角度看,内容主要是关贸总协定(GATT)及之后世界贸易组织(WTO)主导下的边境开放。如前所述,边境开放在推动贸易和投资自由化,进而促进商品和要素流动型开放方面作出了巨大的历史性贡献。但是,商品和要素流动性不断增强及其由此带来的国际分工质变,对与之相适应的国际经贸规则提出了更高的要求。如同生产力的发展要求生产关系不断变革以与之相适应一样,科技进步和生产力发展推动的分工演进,必然推动全球经贸规则朝着更高标准方向发展。目前,WTO 主导下的经贸规则调整仍然主要局限在边境开放措施,而尚未深层次涉及前文所述的制度型开放问题,因而面临着被边缘化和破产的风险。[①] 这也正是为什么区域性贸易谈判发展得如火如荼的根本原因。比如,2009 开始由美国主导的跨太平洋伙伴关系协定(TPP)就是朝着高标准化方向发展并代表未来国际经贸规则演进主要方向的区域协定。在新一轮的国际经贸规则议题中,诸如传统的关税、配额、许可证等为特征的边境开放措施已不再是焦点问题,取而代之的是以贸易和投资便利化、知识产权保护、政府采购、竞争中立、营商环境等新议题为特征的"境内开放"措施和规则问题。TPP 谈判虽然后来在特朗普当选美国总统后遭遇挫折,但美国的退出并没有导致 TPP 完全夭折,由 TPP 演变而来的全面进步的跨太平洋伙伴关系协定(CPTPP)于 2018 年 3 月 8 日得以签署,并于 2018 年 12 月 30 日开始正式生效。其所涉及的国际经贸规则仍然预示着新一代贸易规则的最高标准,并且,并不排除美国重返其中进而不断扩大其规模和影

---

① 理查德·巴德温、杨盼盼:《WTO2.0:思考全球贸易治理》,《国际经济评论》2013 年 2 月,第 156—158 页。

响力的可能。应该说,高标准化的国际经贸规则演变是适应经济全球化深度演进的必然要求,或者说,新一轮以制度型开放为表征的高标准国际经贸规则,是跨国公司进一步统筹全球价值链、整合和利用全球生产要素的根本性制度保障需求,尤其是全球价值链向全球创新链拓展演变的内生需求。从这一意义上说,构建和形成具有全球竞争力的开放创新生态,必然要求制度型开放。

三、　制度型开放是中国构建开放创新生态的必然选择

当前,经济全球化新形势具有两个方面的重要表现,一方面,从经济全球化的历史演进趋势看,科技进步和生产力发展必然推动全球价值链或者说全球要素分工进一步向纵深维度发展;另一方面,国际经贸规则和全球经济治理体系由于未能"与时俱进",出现了与国际经贸格局调整的短期不适应,从而导致逆全球化思潮兴起和主要经济体之间贸易摩擦加剧,经济全球化的总体环境趋于严峻和复杂,国际经贸规则面临大调整和大重塑。其中,就经济全球化发展内容的主要演变趋势,即上述第一个新形势的表现而言,它为中国新一轮高水平开放无疑带来了重要战略机遇。第三阶段的经济全球化发展虽然基本实现了商品和要素的自由流动,但是就后者而言,要素跨国流动主要表现为一般性生产要素的流动,创新要素的跨国流动仍然不足。这突出表现为跨国公司通过外商直接投资(FDI)形式推进的产业和产品生产环节和阶段的国际梯度转移,具有典型的边际转移特征,即通常所谓的"保留核心的、外包其余的"。因此,以资本为纽带的一揽子生产要素跨国流动,主要是处于边缘生产技术或成熟技术的国际扩张和转移。实际上,与一般性的生产要素相比,创新生产要素之所以跨国流动仍然不足,主要原因就在于其对生产经营过程中的制度环境要求相对较高。如果说贸易和投资壁垒的降低,能够极大促进一般性生产性要素的跨国流动的话,那么对于创新要素的跨国流动,则还需要更高标准的国内制度环境。从全球价值链分工进一步深度演进趋势看,以往的制造业价值链分工格局基本已经定型,新一轮的发展正在向全球创新链和现代服务业领域拓展,全球价值链正在向全球创新链进一步演变拓展。可以说,在新一轮的开放发展中,哪一个国家的制度环境更为优越,对创新要素的吸引和集聚能力就会越强,就越能够打造开放创新的生态

环境。这也与党的二十大报告提出的"形成具有全球竞争力的开放创新生态"要求相一致。因此,为了抓住这一发展契机,充分利用全球创新要素发展更高层次、更高水平的开放型经济,中国必须从商品和要素流动型开放,转向规则等制度型开放。

四、 制度型开放是中国引领新一轮经济全球化的使命担当

客观而言,中国过去 40 多年商品和要素流动型的开放发展,虽然是在顺应经济全球化发展趋势下主动选择开放的行为和结果,但本质上看属于被动和跟随式发展。所谓被动和跟随式发展,主要是指作为现行国际经贸规则的接受者和遵守者,而不是规则的制定者和参与者,以"被整合者"的身份融入发达国家跨国公司主导的全球价值链分工体系中。众所周知,现行国际经济规则虽然在推动第三阶段经济全球化发展方面作出了积极贡献,但毕竟是发达国家主导的"游戏规则"从而更多代表发达国家利益诉求,对发展中国家利益诉求考虑不足;而以"被整合者"的身份融入全球价值链分工体系,虽然有助于在中低端层面实现规模快速扩张和一定程度的升级,但在迈向中高端进程中则会面临显著的制约因素,包括来自发达国家跨国公司的封锁和堵截。显然,新一轮高水平开放绝不仅在分工地位上不能继续停留在中低端水平和层次,在规则上也不能再继续成为被动接受者。经过 40 多年的开放发展,中国已经成为一个"巨型"开放经济体,经济总量上仅次于美国而位居全球第二,正日益走向世界舞台的中央。在经济全球化走到十字路口的关键阶段,在全球经贸规则亟待大调整、大重塑的背景下,中国有责任也有能力在引领新一轮经济全球化发展中作出应有贡献。因此,无论是为了顺应和引领全球经贸规则高标准化方向发展,还是为了推动新一轮经济全球化发展,中国都需要率先在制度型开放上走在全球前列,充分展现中国的使命和担当。换言之,也只有率先实施制度型开放,才能在顺应新型经济全球化发展的历史大势中,提升开放型经济发展水平和层次,进而进一步起到引领作用;唯有率先实施制度型开放,才能在新一轮高标准全球经贸规则调整和重塑中提升话语权,为发展中国家融入经济全球化争取更优的发展环境。

第三节
制度型开放高地：中国自贸试验区的生动实践

建设中国特色的自由贸易试验区（后文简称自贸试验区），是以习近平同志为核心的党中央在新时代推进改革开放的一项重要战略举措，在我国改革开放进程中具有里程碑意义。自贸试验区作为"新时代改革开放的新高地"，在迈向第二个百年奋斗目标的新征程中被赋予新的重大使命。

"十三五"以来，针对自贸试验区建设问题，习近平总书记亲自谋划，并提出一系列新思想、新观点和新要求。2016年底习近平总书记对上海自贸试验区建设明确提出要进一步彰显全面深化改革和扩大开放的试验田作用的目标任务，并指示上海自由贸易试验区建设要"大胆试、大胆闯、自主改"，力争取得更多可复制推广的制度创新成果。可见，形成可复制、可推广的开放发展新途径、新路子，是习近平总书记对上海自贸试验区建设寄予的厚望，也是上海自贸试验区建设肩负的重任。习近平总书记在十九大报告中明确指出，要赋予自贸试验区更大改革自主权，探索建设自由贸易港。2018年10月习近平总书记在考察广东自贸试验区建设情况时，作出重要指示，要求广东将自贸试验区打造成高水平对外开放的门户枢纽，从而推动广东在更高水平上扩大开放。2020年6月习近平总书记对海南自由贸易港建设作出重要指示，特别强调要把制度集成创新摆在突出位置。2021年7月9日，习近平总书记在主持中央全面深化改革委员会第二十次会议时强调以更大力度谋划和推进自由贸易试验区高质量发展。习近平总书记对自贸试验区建设提出的这一系列要求，都是自贸试验区肩负的重要使命和目标任务。自2013年上海设立自贸试验区以来，截至目前全国已部署设立21个自贸试验区，形成覆盖东西南北中、海陆统筹的"1＋3＋7＋1＋6＋3"雁阵开放态势，推出一大批制度创新成果，积聚和建成了一批具有世界领先地位的产业集群，在推动中国高水平开放上已经取得了初步成功，在引领经济高质量发展、助力实现中国式现代化中，初步显示出自贸试验区开放发展高地的应有作用。

一、自贸试验区制度型开放的基本成就

（一）形成了一批含金量高的制度创新成果

制度创新是自贸试验区建设的核心任务，也是在新发展阶段从政策性开放向制度型开放转变的根本要求。商务部 2022 年发布的数据显示，自贸试验区已在国家层面向全国或特定地区推广 278 项制度创新成果，这些制度创新成果涉及贸易和投资自由化便利化、金融开放创新、国有企业改革以及生态环境保护等领域。如同前文所述，中国自贸试验区制度创新具有"因地制宜，差异探索"的典型特征，因此，除了形成能够在全国范围推广的制度创新成果外，更多的制度创新成果只是在省内或者自贸试验区所在城市推广，乃至于仅限于特定平台载体或者自贸试验区内。因此，相对于面向全国推广的制度创新成果，未面向全国推广的制度创新成果更多。比如，江苏自贸试验区成立三周年发布的建设成果数据显示，江苏探索形成的制度创新成果总数为 196 项，其中，仅有 9 项在全国推广，有 88 项在省内推广，有 6 项在国家部委完成备案。可见，实际取得的制度创新成果数量远高于在全国推广的制度创新成果数量。制度创新对于降低制度性交易成本、激发企业活力和创新力，具有极为重要的意义。

（二）开放经济质态显著提升

国家统计局的统计数据显示，2020 年中国全年货物进出口总额为 321557 亿元，其中自贸试验区的进出口总额为 38265 亿元，占全国货物贸易进出口总额的比重高达 11.9%；2021 年中国全年货物进出口总额为 391009 亿元，比 2020 年增长 21.6%，其中自贸试验区的进出口总额为 47233 亿元，比 2020 年增长 23.4%，增速高于全国平均水平，占全国贸易进出口总额的比重提高到 12.1%。在利用外资方面，2020 年全国实际使用外商直接投资金额约 1444 亿美元，其中自贸试验区实际使用外商直接投资金额为 113 亿美元，占全国实际使用外商直接投资金额的比重为 7.8%；2021 年全国实际使用外商直接投资金额约 1735 亿美元，比 2020 年增长 20.2%，其中自贸试验区实际使用外商直接投资金额为 145 亿美元，比 2020 年增长 28.3%，增速同样高于全国平均水平，占全国实际使

用外商直接投资金额的比重提高到8.4%。在全球贸易和对外直接投资并不景气的大环境下,中国在进出口和利用外资两方面同时实现"逆势增长",其中自贸试验区发挥了重要的引领作用,充分体现了开放发展的经济韧性。

就开放型经济发展大省江苏而言,与全国范围内自贸试验区发展质态提升相比,江苏自贸试验区既有相同之处,也有不同之处。相同之处在于,自贸试验区开放型经济质态与全国其他自贸试验区一样,得到快速提升,不同的是,江苏自贸试验区开放型经济质态提升更为明显,在全国自贸试验区开放型经济发展方面走在了前列。比如,作为全国第五批设立的自贸试验区,江苏自贸试验区于2019年8月才设立。虽然设立时间相对较晚,但发展速度非常之快,外贸外资指标均位居全国自贸试验区前列。

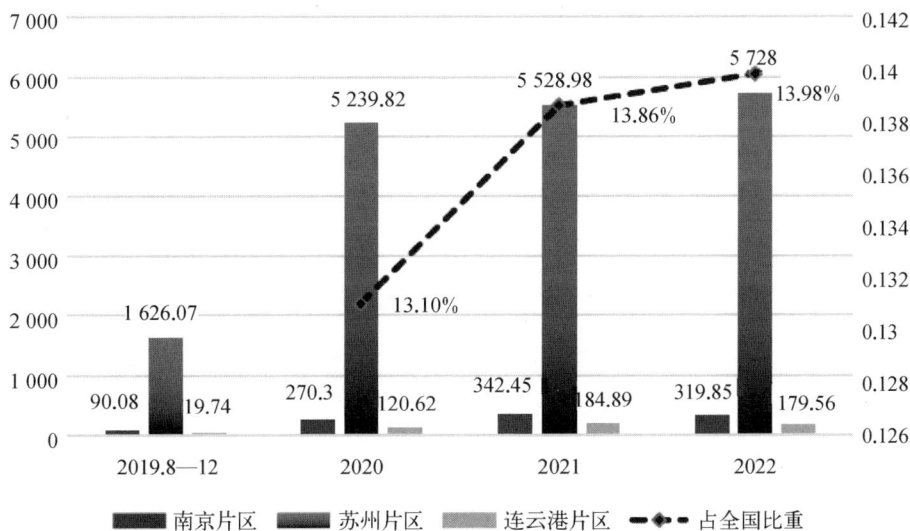

图8-1 2019年8月—2022年江苏自贸试验区进出口数据(单位:亿元)

统计数据显示,2020年江苏自贸试验区苏州片区以占全国自贸试验区2.78%的面积,贡献了全国自贸试验区7.9%的实际使用外资和11.2%的进出口总额。数据显示,江苏自贸试验区设立后,2020年实现了5630.48亿元的进出口总额,占全省12.7%,占全国自贸试验区出口比重为13.1%;2021年实现了6056.33亿元的进出口总额,增长7.56%,占全省11.6%,占全国自贸试验区出口比重为13.86%;2022年实现了6227.41亿元,占全省11.44%,占全国自贸试验区出口比重为 13.98%。在利用外资方面,2020 年实现了利用外资 22.87 亿美元,占全省 8.1%;2021 年实现了利用外资 24.11 亿美元,增长 5.43%,占全省 8.36%;2022 年实现了利用外资 27.5 亿美元,占全省 6.5%。图 8-1 和图 8-2 根据统计数据绘制了 2019 年 8 月—2022 年江苏自贸试验区进出口情况以及实际利用外资情况。

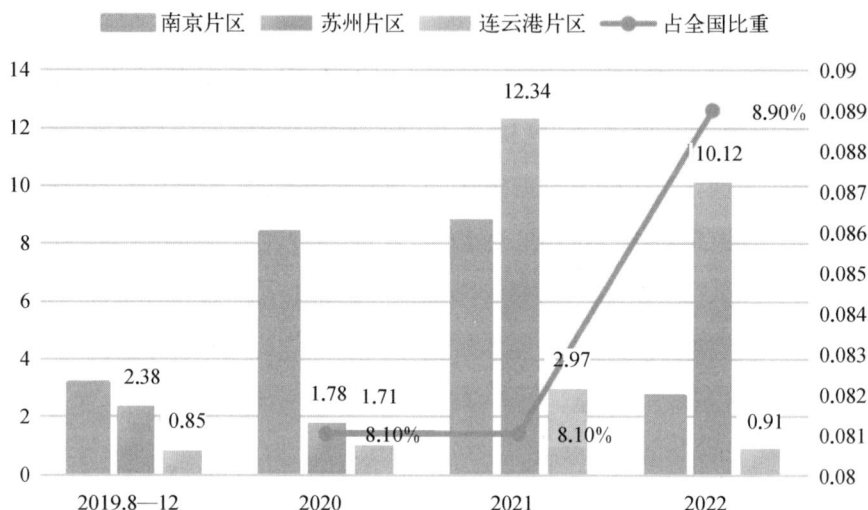

图 8-2 2019 年 8 月—2022 年江苏自贸试验区实际使用外资数据(单位:亿美元)

此外,开放型经济质态提升还表现在扩大服务业开放以及培育贸易新业态新模式等方面。比如,在扩大服务业开放方面,放开市场准入,3 家企业获批开展增值电信业务;在加快培育贸易新业态新模式方面,支持银行为新型离岸国际贸易提供高效便捷的跨境资金结算服务,2021 年业务结算量同比增长 190%;在推动数字贸易创新发展方面,升级扩容国际互联网数据专用通道和"服贸通"中新数据专线,等等。

(三) 更具国际竞争力的现代产业体系得以加快构建

近年来,伴随着产业升级步伐的加快,中国在全球价值链分工中的地位不断提升,部分领域的发展模式正在从合作主导逐步转向竞争主导,这引发了部分发达国家的焦虑和不安,进而导致了贸易保护主义、单边主义抬头的发展趋势,其典型表现就是由美国挑起并不断升级的对华贸易摩擦。美国等发达国家采取的

"断供""出口管制""长臂管辖"等一系列政策举措,给中国开放型经济发展上了生动的一课,使国人认识到构建自主可控的现代化产业体系、保障产业链供应链安全是多么重要!正如习近平总书记所言,"关键核心技术是要不来、买不来、讨不来的",必须靠自力更生,提升自主创新能力,构建更具国际竞争力的现代产业体系。这也是自贸试验区建设肩负的重要使命。综合来看,自贸试验区基于构建更具国际竞争力的现代产业体系的现实需要,无论在科技和产业创新方面,还是在培育战略性新兴产业集群方面,无论在集聚高端人才方面,还是在金融开放创新方面,均已取得可圈可点的发展成就。比如,在自主创新能力和科技进步方面,党的二十大报告在总结过去十年发展成就时指出,"基础研究和原始创新不断加强,一些关键核心技术实现突破",其中一些重要突破正是来源于自贸试验区的重点研发项目和重大科技成果转化项目。比如,北京自贸试验区取得首个自主可控的区块链软硬件技术体系"长安链",湖南自贸试验区推动实现了时速600公里以上高速磁浮交通系统技术的突破等。再如,集成电路、生命健康、新一代信息技术、生物医药、高端装备制造、纳米技术应用、新医药和新材料等战略性新兴产业在自贸试验区得到了培育和快速发展。

以江苏自贸试验区建设为例。江苏自贸试验区设立三周年的成就单显示,在加快发展新一代信息技术、生物医药等战略性新兴产业方面,江苏自贸试验区先后签约落地亿元以上重大产业项目113个,总投资超过2000亿元。其中,聚焦数字经济等新业态新模式,自贸试验区所在设区市建成5G基站5.5万个;南京创建国家新一代人工智能创新试验区,苏州建设省区块链产业发展集聚区,连云港创建省工业大数据应用示范区。南京片区集成电路、生命健康两大主导产业保持每年50%和30%以上快速增长,国内集成电路设计十强企业有半数落户南京片区,全国排名前20的基因检测公司1/3在片区集聚。苏州片区生物医药创新型企业数量、创新型人才规模、企业融资总额等指标均领先全国。连云港片区石化产业基地加速建设,累计引进产业项目30个,盛虹炼化一体化项目顺利建成,卫星化学、中化国际部分项目投产达效,集聚油品贸易企业近500家。"中华药港"核心区一期建成投用,招引生物医药上下游企业64家,项目入驻率达70%。

（四）市场化、法治化、国际化一流营商环境营造效果显著

党的二十大报告提出，要营造市场化、法治化、国际化一流营商环境，这一点同样是自贸试验区建设的重要任务。实际上，先后设立的 21 个自贸试验区，均把"加快转变政府职能，营造市场化、法治化、国际化一流营商环境"置于自贸试验区建设十分重要的位置，把优化营商环境当作打造自贸试验区开放发展高地的重要抓手。针对这一点，在各自贸试验区建设方案中均有明确说明。比如，2015 年 4 月国务院发布的《进一步深化中国（上海）自由贸易试验区改革开放方案的通知》，明确指出了推进政府职能转变、优化营商环境的 12 个重点领域。《中国（江苏）自由贸易试验区总体方案》明确提出：从打造国际一流营商环境、推进行政管理职能与流程优化、创新事中事后监管体制机制等多方面共同发力，加快转变政府职能。商务部国际贸易经济合作研究院发布的《中国自由贸易试验区发展报告（2021）》显示，各自贸试验区建设方案中提出的"营造市场化、法治化、国际化一流营商环境"的政策举措，落实率均达到 90％以上。在上海、江苏等经济发达地区的自贸试验区，当地政府不仅积极落实自贸试验区建设方案，还不断创新举措推动营商环境持续优化，形成了一批可在全国推广的制度创新成果。

（五）各具优势的产业发展格局初步形成

伴随技术进步等因素的作用，社会分工不断细化和深化，从而使具有不同功能的产业或产品生产环节分布于不同的地理空间，或者使相同或类似功能的产业和产品生产环节向特定地理空间集聚，这已经成为当代国际分工的普遍现象。这一点无论在全球价值链分工演进中还是国内价值链分工演进中，都已得到充分验证。一项基于中国融入经济全球化的实证研究表明，企业通过嵌入地方产业集群进而嵌入全球价值链的所谓"双重嵌入"，是当前国内国际分工的典型特征。正是基于此，各地区的自贸试验区建设，往往会把制度创新与自身优势特色产业发展紧密结合，如此才能依托制度创新加速吸引优质生产要素流入，在差异化探索中不断强化自身产业优势，并形成自身产业特色，成为在某一或某些特定领域高质量发展的引领者和示范者。比如，上海的总部经济、江苏的生物医药、

天津的飞机融资租赁、浙江的万亿级油气产业、湖北的新一代信息技术产业、山东的医疗康养、四川的电子信息等，在"因地制宜、差异探索"中形成了各具优势的产业发展格局。

差异化发展不仅体现在不同自贸试验区之间，还体现为同一自贸试验区不同片区之间。仍以江苏自贸试验区建设为例。江苏自贸试验区建设总体方案在对江苏自贸试验区三大片区功能进行划分时，明确指出，"南京片区建设具有国际影响力的自主创新先导区、现代产业示范区和对外开放合作重要平台；苏州片区建设世界一流高科技产业园区，打造全方位开放高地、国际化创新高地、高端化产业高地、现代化治理高地；连云港片区建设亚欧重要国际交通枢纽、集聚优质要素的开放门户、'一带一路'沿线国家（地区）交流合作平台。"正是在这一功能定位引领下，各片区坚持大胆试、大胆闯、自主改，开展差异化探索实践，形成各具特色、各有优势的发展格局。南京片区聚焦打造具有国际影响力的自主创新先导区，落地基因与细胞实验室、EDA创新中心等一批高水平创新载体，实施海外人才合伙人计划，加快建设中国（南京）知识产权保护中心，不断提升自主创新能力。在推进知识产权全链条运营，打造"互联网＋金融＋知识产权"服务模式，建成全国首个知识产权资产数字化交易平台，发行全省最大规模的知识产权证券化项目等方面，取得了显著成效。苏州片区围绕建设世界一流高科技园区，厚植中新合作优势，大力培育生物医药、纳米技术应用、人工智能等新兴产业，加快打造外资总部经济集聚区，开放与创新、创新与产业实现深度融合。连云港片区加快建设亚欧国际重要交通枢纽，建设连云港港国际枢纽海港，提升中哈物流基地、上合组织物流园、哈萨克斯坦-东门无水港建设水平，打造国际班列连云港品牌，不断完善"一带一路"交汇点战略支点功能。

（六）技术创新能力持续增强

全面落实中央关于深化产业结构调整、深入实施创新驱动发展战略的要求，推动全方位高水平对外开放，是各自贸试验区发展的战略定位及发展目标。实现技术创新能力不断提高，是从要素驱动转向创新驱动的关键，也是新时期培育我国参与国际合作与竞争新优势的必然选择和必由之路，更是贯彻落实党的二十大报告提出的"具有全球竞争力的开放创新生态"重要战略部署的具体实践。作为新时期开放发展高地的自贸试验区,其重要任务之一就是要依托不断提高的技术创新能力,助力高水平科技自立自强,增强产业发展新动能,培育国际竞争新优势,这是自贸试验区建设的重要使命担当。

正是基于这一现实背景和需要,江苏自贸试验区自设立以来一直把持续增强科技创新能力摆在突出位置,赋予三个片区与设区市同等的高新技术企业推荐申报权。江苏自贸试验区成立三周年的成绩单统计数据显示:江苏自贸试验区高新技术企业数量超过 3500 家、占全省 9.5%。为加强"卡脖子"关键技术攻关,江苏自贸试验区聚焦集成电路、工业软件、高端装备制造等重点产业领域,取得了一系列科技创新成果。在重点项目研发方面,2019 年以来累计部署实施 90 余项重点研发项目,支持自贸试验区创新主体承担省级重点研发任务,实现了在 5G 射频模块、高性能存储器等一批重大产业关键核心技术上的重要突破;在科技成果转化方面,2019 年以来累计组织 49 项重大科技成果转化项目,省级财政拨付资金超 4.4 亿元,带动项目总投资超 69 亿元,培育出打破国外技术垄断的"高端数字信号处理 DSP 芯片"等一批标志性成果;在加快建设重大创新平台方面,南京集成电路设计自动化技术创新中心获批省产业(技术)创新中心,获批建设国家医疗健康大数据(东部)中心、下一代互联网国家工程中心(IPv6)、"元起点"元宇宙体验中心,苏州片区获批建设国家生物药技术创新中心、第三代半导体技术创新中心、国家新一代人工智能创新发展试验区、材料科学姑苏实验室联合行业龙头企业实施"量子级联激光器"等 29 个重大攻关项目,连云港片区国家重大科技基础设施高效低碳燃气轮机试验装置首台全温加压单筒燃烧室试验台成功点火;在知识产权保护中心建设方面,南京、苏州两个知识产权保护中心 2019 年以来共受理专利申请预审 11801 件,合格 8657 件,授权 6437 件,专利快速审查业务量、授权率均居全国前列。

显然自贸试验区建设取得了显著成效,但是与此同时也存在一些问题,既涉及认识和理念层面,也涉及宣传乃至实践行动层面。比如,在自贸试验区认识层面,至今仍然存在不少误区,把自贸试验区建设等同于"政策红利",对其本质的认知不深刻。由于对自贸试验区缺乏必要的宣传,从市场经济的微观主体到相关主管部门,甚至不了解究竟什么是自贸试验区,更不了解中国特色自贸试验区建设的本质特征及其制度创新的核心要义。正因为如此,企业作为市场经济的微观主体对自贸试验区建设的获得感并非普遍存在。这也从另一个角度说明自贸试验区制度创新仍然存在较大空间。尤其是在当前产业链供应链分工日益细化和深化的条件下,制度创新的碎片化已经不能满足新的发展需求。实际上,各自贸试验区主管部门制度创新的非集成性,不仅不能满足新形势下产业和企业发展的实际需要,在制度创新成果落地过程中也会遭遇来自其他环节和阶段的阻力,从而降低制度创新成果的实际实施效果。总之,自贸试验区建设目前仍然面临一系列问题,如不彻底解决,这些问题就会制约自贸试验区应有功能的发挥。

二、 中国式现代化背景下自贸试验区的新目标、新任务

党的二十大报告指出,中国式现代化是人口规模巨大的现代化、是全体人民共同富裕的现代化、是物质文明和精神文明相协调的现代化、是人与自然和谐共生的现代化、是走和平发展道路的现代化。因此,与全面建成小康社会的发展阶段不同,全面开启建设现代化国家新征程对具有引领作用的开放发展必然提出新要求。作为首要任务的高质量发展,必须更加依赖创新驱动,从开放角度看,必须更加依赖具有全球竞争力的创新生态系统。

（一）自贸试验区建设要有助于推进人口规模巨大的现代化

党的二十大报告指出,"我国十四亿多人口整体迈进现代化社会,规模超过现有发达国家人口的总和,艰巨性和复杂性前所未有,发展途径和推进方式也必然具有自己的特点。"应该说,人口规模巨大的现代化是中国式现代化的首要特征。在如此庞大的人口规模和人口基数之上,实现现代化建设任务的艰巨性和复杂性毋庸置疑,因为现代化建设不仅意味着需要高质量发展,还必须保持合理的增长速度。不论经济增长质量和增长速度之间是何种关系,至少有一点是肯定的,那就是,如果没有合理的经济增长作为保障,那么即使经济发展质量再高,也无法满足巨大规模人口对巨大财富的基本需求。目前中国的年人均收入水平刚刚迈过 1 万美元门槛,要达到中等发达国家人均约 3 万美元的收入水平,显然

需要使经济增长速度保持在合理区间内。如果从"动态"角度来看,即考虑到发达国家经济增长及其收入水平的变化,那么未来人均收入 3 万美元是否还能作为进入中等发达程度的标准,实际上是存在疑问的。考虑到这一点,要如期实现现代化建设,在推动高质量发展的同时,必须保持合理的经济增速。这也是党的二十大报告提出"推动经济实现质的有效提升和量的合理增长"的重要原因所在。

改革开放 40 多年来,经济高速增长所奠定的物质财富基础,包括因生产力不断进步而形成的财富创造能力提升,都与开放发展起到的引领作用密切相关。但是需要指出的是,受百年未有之大变局叠加新冠疫情等因素影响,依托低成本优势嵌入全球价值链形成的"大进大出、两头在外"的传统开放发展格局,已经无法继续发挥以开放发展实现财富积累的应有作用,更无法适应人民日益增长的美好生活需要,因此,中国亟待迈向更高水平的开放。这不仅是培育竞争新优势的必然之举,也是在提升开放发展效益中满足更高层次需求的内在要求。从这个意义上说,对于这些任务,作为开放发展高地的自贸试验区自然"责无旁贷"。可见,为推进人口规模巨大的现代化提供助力,是中国式现代化赋予自贸试验区建设的首要新目标、新任务,为此,必须加快形成具有全球竞争力的开放创新生态。

(二)自贸试验区建设要有助于推进人民共同富裕的现代化

党的二十大报告指出,"我们坚持把实现人民对美好生活的向往作为现代化建设的出发点和落脚点,着力维护和促进社会公平正义,着力促进全体人民共同富裕,坚决防止两极分化。"虽然西方发达国家率先走上了现代化发展道路,但是西方发达国家是以资本为中心的,这必然意味着其现代化发展主要是为资本服务,而不是为普通大众服务。以资本为中心的现代化发展之路所带来的必然结果就是两极分化。与西方发达国家的现代化道路截然不同,中国式现代化是以人民为中心的现代化,因此,实现人民共同富裕自然就成为中国式现代化的内在要求。然而,我国当前的发展阶段与实现人民共同富裕的现代化目标之间尚有差距,这不仅体现在不同要素收入之间存在明显差距,而且体现在地区间、行业间、城乡间等存在典型的发展不平衡、不协调现象。比如,如何实现乡村振兴和城乡融合发展,已经成为推动中国式现代化进程中亟待解决的重要问题。较为一致的观点认为,推进人民共同富裕的现代化,重点在乡村振兴,难点在城乡均衡。

地区间、行业间、城乡间等存在的发展不平衡、不协调问题,固然是由众多因素共同作用的结果,但是显然非均衡式政策性开放在其中扮演了极为重要的角色。在生产力极其落后、人民收入水平较低的条件下,选择部分地区以及重点产业领域率先开放,在特定的发展阶段具有一定的合理性和历史必然性,有助于发挥"集中力量办大事"的制度优势,而且也是实现邓小平同志提出的"一部分地区、一部分人可以先富起来,带动和帮助其他地区、其他的人,逐步达到共同富裕"战略目标的重要举措。但是当我国发展到一定阶段后,尤其是当国际国内环境发生深刻变化时,不仅非均衡式政策性开放的红利已经基本挖掘殆尽,而且更为重要的是,现在已经发展到了在继续夯实共同富裕物质基础的同时,需要更加注重协调和均衡发展,进而逐步实现共同富裕的新阶段。从开放引领发展的角度看,要实现共同富裕战略目标,就要改变非均衡式的政策性开放,转向更加公平、公正的制度型开放。这就赋予自贸试验区建设以新的目标任务,即推进人民共同富裕的现代化。为此,必须加快形成具有全球竞争力的开放创新生态。

(三) 自贸试验区建设要有助于推进物质文明和精神文明相协调的现代化

党的二十大报告指出,"物质富足、精神富有是社会主义现代化的根本要求。物质贫困不是社会主义,精神贫乏也不是社会主义。"实现精神生活的共同富裕是中国式现代化建设的重要内容,换言之,满足人民日益增长的美好生活需要,不仅是物质层面的,同时也是精神层面的。对外开放对于精神文明建设是一把双刃剑。一方面,在开放条件下,人们的思想更容易解放,这有助于吸收国外的先进管理经验,引进国外的科学、技术、人才;但是另一方面,也容易对人们长期以来形成的是非判断标准和价值观等形成冲击。总体来看,对外开放与社会主义精神文明建设之间具有辩证关系。邓小平同志曾经指出,要善于学习世界先进的东西,广泛吸收人类文明的一切优秀成果,包括优秀的精神文明成果。此处要强调的是,服务业是精神文明建设的重要内容,也是满足精神生活需求的重要组成部分,但是正如前文所述,以往的开放发展是非均衡式的,其典型表现就是制造业领域的"单兵突进"与服务业领域的开放不足。

服务业领域的开放相对滞后,这当然是由发展阶段的特定性决定的,其中包含对安全因素的重要考虑。一方面,当前经济全球化出现了一些新形势、新变化,服务业全球化以及服务贸易规则在全球范围内的逐步推行,已经成为经济全球化发展的重要内容和重要趋势;另一方面,40多年来的对外开放不仅使得中国产业实现了长足发展,而且使中国的经济社会治理能力也实现了大幅度提升。如果说服务业发展确实构成精神文明建设的重要组成部分,或者成为满足精神文明生活不可或缺的组成部分,那么传统制造业"单兵突进"式的开放发展,显然已经无法满足现代化建设对精神生活的现实需求。因此,无论从顺应乃至引领经济全球化发展角度,还是从中国自身发展需要角度,尤其是从进一步丰富精神生活角度,扩大服务业领域对外开放都是必要且可行的。这也是中国式现代化建设赋予自贸试验区建设的新目标、新任务。为此,必须加快形成具有全球竞争力的开放创新生态。

(四) 自贸试验区建设要有助于推进人与自然和谐共生的现代化

党的二十大报告指出,"坚定不移走生产发展、生活富裕、生态良好的文明发展道路,实现中华民族永续发展。"众所周知,改革开放之初,受制于当时要素禀赋的现实约束,中国只能选择以"低端嵌入"的方式融入国际分工体系,以大量利用外资或者接受发达国家跨国公司外包的方式,承接产业和产品生产环节国际梯度转移中的低端部分,即大部分产业或者产品生产环节都是劳动密集型或者污染密集型的。这种适应特定发展阶段的开放模式,虽然促进了经济发展,但也带来了一定程度的生态环境破坏。现有的关于开放条件下中国是否会成为"污染天堂"或者"污染避难所"的大量讨论,就是明证。进入新发展阶段尤其是高质量发展已经成为中国式现代化建设的首要任务以后,以往以牺牲环境为代价的开放发展显然不可持续,必须转向绿色发展。事实上,进入高质量发展的新阶段以后,"绿水青山就是金山银山"发展理念的深刻内涵,不仅蕴含"保护生态环境就是保护生产力、改善生态环境就是发展生产力"的道理,而且"绿水青山"本身也成为高质量生活的基本追求。

实际上,一方面,能源和气候问题已经成为全球关注的重点,向节能减排的绿色化方向转型是人类经济社会实现发展的必然选择,这一点也决定了"绿色化"将成为衡量一国参与国际合作与竞争的重要指标;另一方面,伴随环境问题的日趋严峻,继续将环境作为"免费投入"的发展模式将越来越不可持续,换言之,以相对较低的环境成本获取的竞争优势已经逐步丧失。可见,从对外开放与环境保护之间关系的新形势和新变化来看,加快转向"绿水青山就是金山银山"的新发展模式,不仅是满足高质量发展的新需要,也是参与全球合作与竞争的新需要。总之,传统的开放发展模式已无法满足人与自然和谐共生的现代化新需要,推动开放发展模式的转型升级,以更好地助推人与自然和谐共生的现代化,是中国式现代化赋予自贸试验区建设的又一重要目标任务。为此,必须加快形成具有全球竞争力的开放创新生态。

(五)自贸试验区建设要有助于推进走和平发展道路的现代化

党的二十大报告指出,"我们坚定站在历史正确的一边、站在人类文明进步的一边,高举和平、发展、合作、共赢旗帜,在坚定维护世界和平与发展中谋求自身发展,又以自身发展更好维护世界和平与发展。"有研究指出,在第一次世界大战爆发之前,经济全球化的主要特征是"占地为王",即部分国家通过战争、殖民、掠夺等方式,加速财富的积累,这种充满血腥味的现代化发展道路,虽然成就了部分国家,却以牺牲其他国家的利益为代价。中国一贯主张和平、热爱和平,实现现代化建设的道路选择,同样是一条和平发展的道路,不会走西方发达国家"战争、殖民、掠夺"的老路。这一点体现在融入经济全球化发展的开放型经济层面,就是中国一贯主张的"坚持互利共赢"开放。经济上相互促进,共同发展,而不是造成贫富悬殊,这是中国构建国际经济新秩序的基本主张。习近平总书记指出:"我们要坚定不移发展开放型世界经济,在开放中分享机会和利益、实现互利共赢。"

但是,在以往的开放发展过程中,中国主要以融入方式参与发达国家跨国公司主导的国际分工体系，被动地接受发达国家制定的国际经贸规则。这种以被动式融入为主的开放发展使中国在全球经济治理体系中处于边缘地位。因此，尽管中国一贯主张"互利共赢"，但是由于影响力不足、话语权不够，无法改变在部分发达国家兴起的逆全球化思潮，甚至不得不被动应对部分发达国家对华挥舞的贸易保护主义大棒。毋庸置疑，一个国家开放发展的成效，不仅与自身选择的开放发展战略有关，也与经济全球化的整体大环境有关。目前，经济全球化遭遇逆风逆流逆浪，处于关键的十字路口。在此背景下，中国坚定地选择站在历史正确的一边，扛起了贸易和投资自由化的大旗。但是，仅仅有决心是不够的，能否推动和引领新一轮经济全球化发展，还需要中国能够在"互利共赢"的发展过程中做好"榜样"，即为新一轮经济全球化贡献中国方案，如此才能更好地走出一条"互利共赢"的开放发展之路，才能更好地推动现代化建设走在和平发展的道路上。这是中国式现代化赋予自贸试验区建设的另一新目标、新任务。

三、 中国式现代化下自贸试验区提升战略与对策

自中国（上海）自由贸易试验区设立以来，目前已形成 21 个自贸试验区，覆盖东西南北中。从打造开放型经济新高地的角度看，在实践中确实已经取得了显著成效，但也面临一些问题，加之中国式现代化又赋予自贸试验区以新的目标任务，因而自贸试验区建设面临的挑战不容小觑。为此，必须贯彻落实党的二十大精神，加快实施二十大报告提出的"自由贸易试验区提升战略"。以助力中国式现代化为指引，实施"自由贸易试验区提升战略"，需要着力从如下五个方面着手，寻求思路和对策举措。

（一） 实施自贸试验区制度创新提升战略

制度创新是自贸试验区建设的核心任务之一。实际上，作为制度型开放主要表现的制度创新，也是转变以往非均衡式政策性开放的必然要求。从政策优惠转向构建统一的规则、规制、管理、标准等制度型开放，不仅是迈向更高层次和更高水平开放的重要体现，也是解决开放发展中出现的结构性失衡问题的重要举措，更是积极实施"互利共赢"开放之路的重要制度保障，以及，加快形成具有全球竞争力的开放创新生态的制度需求，对于推进人民共同富裕、走和平发展道

路的中国式现代化具有重要战略意义。虽然自贸试验区自设立以来已经取得了丰硕的制度创新成果,但正如前文分析指出的,制度创新仍然有着较大的提升空间。关于这一点,主要表现在两个方面。一是对标高标准国际经贸规则,我国在相关制度建设方面仍然有较大的提升空间。目前,我国虽然加入了一些区域经济一体化组织,比如涉及人口最多、经贸规模最大的《区域全面经济伙伴关系协定》(RCEP),但是还有诸多具有高标准国际经贸规则的区域协定尚待签署和加入,比如《全面与进步跨太平洋伙伴关系协定》(CPTPP)以及《数字经济伙伴关系协定》(DEPA)等。况且,即便已经生效并在全国落实的 RCEP,其大部分条款也是鼓励性而非强制性的。因此,我国相关的制度建设与高标准国际经贸规则仍然有较大差距。二是系统集成创新仍然有较大提升空间。总体来看,目前取得的制度创新成果系统集成性不够,多数制度创新只是为了解决开放发展中的具体问题而进行的散点式改革和创新。部门间纵向和横向协同的集成性制度创新仍然较为缺乏。因此,亟待在上述两方面实施自贸试验区制度创新提升战略。

(二) 实施自贸试验区顶层设计提升战略

在自贸试验区建设过程中,制度创新居于核心地位。虽然中央多次提出和强调,要赋予自贸试验区更大的改革自主权,让自贸试验区在建设过程中"大胆试、大胆闯、自主改",有针对性地解决制度创新中的堵点和难点,但是在实践中存在授权不足的问题。这从各地区自贸试验区建设总体方案中可略见一斑。通过研究各地自贸试验区总体方案不难发现,原则性、方向性的表述居多,在具体实施时需要中央部委进一步授权。而中央部委的授权往往涉及多个部门,部委权限的下放和改革往往周期很长,一定程度上制约了改革进展。同时,虽然明确说自贸试验区可以"大胆试、大胆闯、自主改",但并没有对此明确建立容错机制,这也在一定程度上限制了自贸试验区深化改革的步伐和力度。换言之,由于激励问责机制不完善,部分干部"大胆试、大胆闯、自主改"的主观能动性有所不足,甚至"不敢改、不愿改"。更为重要的是,在当前产业链供应链分工日益细化的条件下,提升产业链供应链的韧性和安全水平,需要的不仅是"围绕产业链部署创新链、围绕创新链布局产业链",还需要从全产业链发展视角打造"制度创新链",

即制度集成创新。解决这些问题需要优化顶层设计。这也是未来自贸试验区提升战略的重要内容和方向。

（三）实施自贸试验区联动创新提升战略

建设自贸试验区的核心要义,不仅是要将自贸试验区打造成新时代中国开放型经济发展的新高地,更为重要的是能够为全国的开放发展起到探路、示范、带动和辐射作用,包括形成在全国范围内可复制、可推广的制度创新成果。由于我国地域辽阔、人口规模巨大,即便能够将地理空间非常有限的自贸试验区打造成为开放发展新高地,但其在推动中国式现代化进程中发挥的直接作用也是有限的。为了进一步发挥自贸试验区的发展带动作用,必须以自贸试验区建设为核心,带动更多开放发展平台共同发展,比如各种经济技术开发区,在联动创新中形成更多高能级的开放发展高地。然而,从自贸试验区建设的实践成效看,尽管其自身开放发展取得了显著成效,但是这些成效主要限于从自贸试验区看自贸试验区,并没有从外溢效应角度进行进一步分析和考察。目前,少量针对自贸试验区建设经济效应的研究认为,自贸试验区建设取得了显著的经济绩效,但并未对周边城市产生显著的"辐射"和"带动"作用,相反,自贸试验区自身经济绩效的提升有一部分来自对周边地区的"虹吸"。因此,必须加快实施自贸试验区联动创新提升战略,这也是加快形成具有全球竞争力的开放创新生态的重要内容和表现。

（四）实施自贸试验区增量扩容提升战略

目前,虽然中国已经先后设立了海陆统筹的"1＋3＋7＋1＋6＋3"自贸试验区分布格局,但是与幅员辽阔的国土面积相比,自贸试验区数量偏少并且所占的面积也极为有限。比如,在"一带一路"建设中具有"桥头堡"之称的江苏连云港,其自贸片区的面积仅有 20.27 平方公里,其中还包含连云港综合保税区 2.44 平方公里。要充分发挥自贸试验区的带动作用,尤其是要推动全国开放型经济迈向更高水平和更高层次,仅仅依靠现有自贸试验区的数量和容量是不够的。要发挥开放发展在推进中国式现代化建设中的引领作用,必须增强自贸试验区强大的"动力引擎",自贸试验区自身体量过小,所能形成的牵引力自然就会不足。

因此,需要从增量和扩容两个方面推进自贸试验区提升战略。所谓增量,主要是指在有条件、有需要的地区继续增设自贸试验区,从而使自贸试验区的区域布局更加均衡,避免因自贸试验区建设的区域布局差异形成新的地区发展不协调。所谓扩容,主要是指在原有自贸试验区建设基础上,根据其发展状况以及所在地区开放型经济发展的现实需要,考虑扩大其所包含的面积。

(五) 实施自贸试验区提质增效提升战略

前文指出,与西方发达国家"以资本为中心"的现代化发展道路不同,中国式现代化是"以人民为中心"的现代化发展道路,因此,从本质上看,在自贸试验区建设上必须坚持以人民为中心的发展思想。也就是说,对自贸试验区建设成效的评价,需要充分考虑当地居民、消费者和生产者等市场经济微观主体的感受。2022年,在中国(江苏)自由贸易试验区成立三周年之际,为全面总结、科学评估江苏自贸试验区设立三年来的改革发展情况,江苏省商务厅委托新华社中国经济信息社全面系统收集整理相关资料,通过座谈交流、电话访谈、问卷调查、实地调研等多种方式,对自贸试验区建设情况进行了深入分析和研究。其中部分统计调查结果显示,11.89%的受访企业表示不了解自贸试验区三年来的改革成效,27.5%的受访企业表示并不了解政府近三年出台的改革举措,10.72%的受访企业认为政府出台的改革举措"没有解决实际问题,对企业缺乏吸引力"。这些调查结果在一定程度上表明,当前的自贸试验区建设在提升微观经济主体获得感方面仍然存在较大的空间。出现此类情况纵然可能与政策宣传力度不够有关,但更重要的是自贸试验区建设在提质增效方面可能还需要更大的作为。具体而言,自贸试验区不仅要进一步通过制度创新为新业务、新业态提供制度保障,还要能够为激发创新活力营造优良环境;不仅要在推动服务业领域开放发展方面迈出更大步伐、进行更多探索,还需要在推动生态文明和精神文明建设方面有更大作为;等等。如此,才能更好地促进共同富裕,提升人民的获得感和幸福感。总之,以推进中国式现代化为导向,提质增效理应成为实施自贸试验区提升战略的重要方向。

第九章

中国式现代化是和平发展的现代化

党的二十大报告强调指出，我国不走一些国家通过战争、殖民、掠夺等方式实现现代化的老路，那种损人利己、充满血腥罪恶的老路给广大发展中国家人民带来深重苦难。我们坚定站在历史正确的一边、站在人类文明进步的一边，高举和平、发展、合作、共赢旗帜，在坚定维护世界和平与发展中谋求自身发展，又以自身发展更好维护世界和平与发展。

第一节
西方现代化道路的局限性

西方国家现代化过程中产生的内外对抗性，即社会内部出现的阶级对立和阶级剥削，国家外部衍生的殖民扩张和殖民掠夺，是西方现代化道路具有的显著局限性。

一、西方现代化道路具有贫富两极分化的内在缺陷

西方国家的现代化道路，始终是一条由资本主义主导的发展道路。生产资料的私人占有及雇佣劳动制度，必然要产生资本与劳动的对立，因而产生资产阶级和工人阶级的对立。[①] 由于有这种对立的存在，西方国家的现代化进程始终伴随着难以克服的社会矛盾及持续不断的社会冲突，两极分化日趋严重。劳资矛盾进而必然带来的收入分配两极分化的矛盾，在经济全球化条件下得到了进一步强化。众所周知，经济全球化一直是资本的盛宴，尤其是本轮以全球要素分工为主要内容的经济全球化，更为明显。

在要素分工体系下，资本在全球配置获得极大利润的同时，也将财富和收入的不平等增长以及贫富差距的扩大推向了极致。跨国公司资本、技术进步加上新自由主义的政治精英三者"铁三角"式结合，无论是对发达国家还是对发展中国家的中低层阶层，均构成了范围更大、程度更强、形式更多样的盘剥和压榨。从而使得全球中低阶层日益被边缘化，全球化红利分配的极化效应日益显著。尤为重要的是，这种新型国际分工模式对于发达经济体的影响可能要甚于对于

---

① 秦刚：《社会主义是当代中国实现现代化的成功之路》，《求是》2018年2月，第3页。

发展中经济体的影响。这是因为除了资本所具有的盘剥和压榨这一固有天性外,要素分工的本质特征对内部利益分配失衡产生了内生性影响。众所周知,制造业生产技术容易标准化而且扩散能力比较强,一直是产业和产品生产环节国际梯度转移的主要内容。因此,在要素分工背景下,除了发达国家技术进步导致对一般劳动者的需求在不断下降,一方面,伴随产业和产品生产环节的国际梯度转移,首先转移的大多是劳动密集型环节然后依次推进,从而对就业带来了巨大冲击;另一方面,产业和产品生产环节的国际梯度转移很大一部分是通过对外直接投资形式开展的,资本的流出意味着劳动的相对过剩,因此劳动边际收益会随之下降。这是全球要素分工演进对西方发达国家内部利益分配失衡产生影响的重要作用机制。由于西方现代化道路进程中,考虑的主要是资本所有者的利益而非劳动者的利益,因此,劳资矛盾的天然对立以及收入分配差距治理能力的缺失,叠加经济全球化的影响,必然进一步加剧西方现代化道路中贫富两极分化的内在矛盾,使其缺陷日益凸显。

目前西方发达国家收入分配差距究竟是怎样的呢?联合国开发计划署(UNDP)于 2020 年 12 月 15 日发布的《人类发展报告 2020》显示,在大多数西方发达国家中,最穷的 40% 人口的可支配收入占总收入的比重大都不超过 20%,其中,占比最大的挪威为 23.2%,占比最小的美国只有 15.4%;而大多数国家中最富 1% 人口在总收入中所占的比重都超过了 10%,其中占比重最小的丹麦和荷兰为 6.2%,占比重最大的美国则达到了 20.5%。美国最富的 1% 人口所占有的可支配收入,居然比最穷的 40% 人口多出了 5.1 个百分点。更值得关注的是,这种分化的趋势还在加剧。2019 年,经济发展与合作组织(OECD)综合了其收集到的 17 个成员国——加拿大、丹麦、芬兰、法国、德国、希腊、以色列、意大利、日本、卢森堡、墨西哥、荷兰、挪威、新西兰、瑞典、英国、美国的长期资料,对这些国家家庭收入增长的平均值、中位数以及收入最低 10% 和最高 10% 家庭可支配收入的增长趋势进行了分析和描述,研究发现,受 2008 年国际金融危机的影响,这些国家的家庭可支配收入曾略微下降,但其总体趋势是在增长,只不过收入最低的 10% 人口的家庭可支配收入增长幅度明显低于平均值和中位数,而最富的 10% 人口家庭可支配收入增长幅度明显高于平均值和中位数,且 1985 年至 2015 年二者之间的差距越来越大。虽然上述趋势分析仅仅是以 17 个国家为基础，但其结论与联合国发展规划署的统计数据完全吻合。这表明，西方社会确实出现了又一波收入两极分化。

二、 西方现代化道路具有引发民主之"危"的内在缺陷

世界历史表明，现代化进程每向前推进一步，都会或多或少推动所在国家的民主发展，导致公民政治参与逐步扩大。当前，西方民主处于重大危机之中，这既是其民主政治走向衰败的具体体现，也集中暴露了西方现代化所具有的诸多局限性。

精英政治助推少数人富裕的现代化。在西方现代化进程中，总有一些弱势群体的利益得不到关注和维护，这与精英政治密切相关。[1] 西方国家的民主进程，一直被精英群体所掌控，体现的是持续不变的精英视角。在精英群体有意识引导下，政治运作持续向富人倾斜，回应富人的偏好，着重维护富人的利益诉求。这种精英政治在历史上催生出大量赢者通吃现象，近几十年更是形成了 1％与 99％的群体尖锐对立。绝大多数人不仅没有从国家经济增长中获益，反而在经济全球化的困境中长期受损。金钱政治滋长物质至上的现代化。近代以来，资本主义生产方式带来了生产发展，物质进步的信念深植于西方民众心中。这种信念极大地调动了个体创造财富的积极性，却也让社会陷入对物质和金钱的崇拜怪圈。这一点在西方民主政治中得到了体现和强化。美国允许各种利益集团凭借金钱开路，对政治运作施加不成比例的影响，并将其作为民主和自由的表现。美国经济学家斯蒂格利茨将美国民主称为"一美元一票"。各种利益集团以权钱交易为手段，通过合法程序在各项重大决策中独占利益，这在社会上进一步滋生了金钱至上的错误信念，助长了物质至上的现代化模式。

竞争性政治强化了零和博弈的现代化。西方国家有着根深蒂固的"强者意识"，它们一直按照零和博弈的逻辑推进现代化，留下了殖民扩张和对外掠夺的历史罪责。这种零和博弈的思维，体现在西方民主政治的方方面面。比如，在极化背景下，西方国家的政党和候选人操纵媒体相互攻击、抹黑，通过制造新闻、放

---

[1] 张君：《西方现代化的民主之"危"》，《半月谈》2022 年 11 月，第 6—9 页。

大丑闻的方式误导选民,促使选战陷入"选丑困境"。同时,竞争性选举也让西方政党热衷炒作新兴经济体崛起和"逆全球化"议题。美国正是用这种立场和思维,从经济、政治、意识形态、公众舆论等方面对他国进行极限施压。

三、 西方现代化道路具有殖民扩张和侵略的内在缺陷

自近代工业革命以来,西方资产阶级为了完成资本的原始积累,在全球大肆进行野蛮侵略和殖民统治,巧取豪夺各种原材料、资金和劳动力市场。纵观当今资本主义发达国家,几乎都有过殖民侵略史。马克思曾在《资本论》中写道,"资本来到世间,从头到脚,每个毛孔都滴着血和肮脏的东西",深刻揭露了资本原始积累的残酷性。在原始积累的基础上,西方现代化创造了巨大的生产力,增强了自身优越感,不仅拒绝承认其他国家拥有与其平等的权利,而且自认为天生就拥有主导世界的权利,走上了霸权发展之路。资本主义的向外拓展主要是借助战争掠夺和殖民扩张的方式实现的,这就必然要给西方国家的现代化进程打上扩张和掠夺的印记。这种侵略性扩张和掠夺,给许多国家造成了无尽的灾难和痛苦,也导致世界性或地区性的冲突和动荡不断出现。其内在缺陷决定了经济全球化条件下,这种现代化道路和模式是不可持续的。

经济全球化要求商品、资金(资本)、人员等在世界范围的顺畅流动,表现为贸易自由、投资自由、移民自由(自然人国际迁移自由)等政策主张及制度安排。而在现实中,所有的"自由"都是在一定的地缘政治格局中实现的,因而总是存在各种难以突破的障碍和错综复杂的关系。欧洲各国历经长年战乱,在 17 世纪达成了以承认国家主权和多元化共存为基本原则的威斯特伐利亚体系,其精神一直深刻影响至今。[①] 尽管威斯特伐利亚体系承认大小各国权利平等,遵守共同认可的若干国际关系准则,可以达到"谁也不吃掉谁"的均势状态,但这是以国家实力相当或者国家实力对比不发生极大变化为假定前提的,而且以各国均不阻碍贸易、投资和人员自由流动,也不谋求国家"野心"为条件。但这些前提和条件并非总能存在。所以,尽管人类尚未形成比威斯特伐利亚体系更能获得共识的国际关系体系,但威斯特伐利亚体系也未能确保长久的世界和平。

---

① [美]艾里希·弗洛姆:《健全的社会》,孙恺祥译,上海译文出版社 2011 年版。

当世界进入第一次经济全球化时代，欧洲工业革命极大地促进了生产力发展，各国为拓展全球市场和投资空间，表现为以占据更多领土，拓展更大殖民地，控制更广泛的"势力范围"为特征的国家间争夺，直至爆发战争。所以，第一次经济全球化具有"列强吞食"的特征。而"直到第一次世界大战爆发前，英国始终扮演着均势维护者的角色"。它"把国家利益与维护均势视为一体"。[①] 虽然当各列强或不同列强集团势均力敌的时候，威斯特伐利亚体系可以维持，但当列强之间的实力关系发生重大变化，产生了意欲重新瓜分领土和势力范围的野心国家时，威斯特伐利亚体系就会被列强战争所取代，而英国已完全没有能力控制局面。因为，当时"均势至少受到两方面的挑战：一是某大国的实力强大到足以称霸的水平；二是从前的二流国家想跻身列强行列，从而导致其他大国采取一系列应对措施，直到达成新的平衡或爆发一场全面战争"。到"一战"之前，威斯特伐利亚体系已经无法应对这样的挑战。这就是经济全球化 1.0 时代人类爆发了两次世界大战的根本原因。即自由资本主义的经济全球化，走向了帝国主义列强之间无节制的争夺和战争。可见，西方现代化道路的殖民扩张的内在缺陷，决定了其在经济全球化条件下的不可持续性。

在中国的社会主义现代化进程中，社会内部虽然有各种矛盾存在，但绝大多数是非对抗性的。中国始终坚持社会主义的基本原则，把社会整体利益置于首位，通过完善社会制度来调节社会利益矛盾，通过推进民主法治建设来化解和处理社会问题，这就使现代化进程有了相对稳定的社会环境。在全面建设社会主义现代化国家的新征程上，中国会从自身实际出发，全面发展全过程人民民主，坚定不移地推进中国式现代化，为实现第二个百年奋斗目标和中华民族伟大复兴的中国梦而团结奋斗。中国面向世界发展的过程中，尽管与其他国家也会存在利益上的冲突，但始终坚持求同存异，以合作取代对抗，以共赢取代独占，避免相互冲突和对抗，这就使中国的发展有了良好的外部环境。因此，中国现在不会、将来也永远不会像西方国家那样制造出一套把阶级剥削合理化、把对外扩张正当化的理论，而是在总结历史教训的基础上秉持共商共建共享的全球治理观，

---

① ［美］亨利·基辛格：《世界秩序》，胡利平译，中信出版社 2015 年版。

提出构建人类命运共同体的理念,并努力以自身的发展促进和带动世界的发展与繁荣。这是中国的现代化轨迹,也是中国给世界现代化树立的新典范。

第二节
中国式现代化给世界带来发展新机遇

党的二十大报告指出:"科学社会主义在二十一世纪的中国焕发出新的蓬勃生机,中国式现代化为人类实现现代化提供了新的选择……"中国式现代化不是国外现代化的"翻版",它找到了社会主义的现代化新道路,开辟了后发国家的现代化新模式,开创了东方文明古国的现代化新形态,具有深远的世界意义。对此,清华大学习近平新时代中国特色社会主义思想研究院常务副院长、马克思主义学院肖贵清教授作过系统归纳和总结。[1]

一、 中国式现代化预示着人类文明进步的新方向

现代化是人类文明发展到一定阶段的必然趋势。历史和现实表明,西方式的、资本主义的现代化发展模式已经暴露出深层次的危机,不能继续引领人类文明的发展方向。中国式现代化是中国共产党领导的社会主义现代化,具有自己的文化渊源和先进本质,能够主动借鉴吸收人类一切优秀文明成果,代表了人类文明进步的新方向。

中国式现代化涵养于中华优秀传统文化。每个国家和民族的历史传统、文化积淀、基本国情不同,其发展道路必然有着自己的特色。现代化不是无本之木、无源之水,失掉本国传统的底色,难以打牢现代化的根基。中华优秀传统文化是中华民族的精神命脉,是中华民族的根与魂,反映了中华民族深层次的精神追求,是我们在世界文化激荡中站稳脚跟的坚实根基。中华优秀传统文化中的"天行健,君子以自强不息""天下兴亡,匹夫有责""己所不欲,勿施于人""老吾老以及人之老,幼吾幼以及人之幼"等思想理念、价值观念,都有其永不褪色的时代价值,都是我们不断走向现代化的精神依托。以中华优秀传统文化涵养的中国

---

[1] 肖贵清:《推进中国式现代化的世界历史意义》,《中国教育报》2023 年 3 月 23 日。

式现代化始终充满蓬勃的生机。在推进中国式现代化过程中,一定要充分挖掘、传承、汲取中华优秀传统文化,把马克思主义基本原理同中华优秀传统文化相结合,增强我们发展前行的底气。

中国式现代化体现科学社会主义的先进本质。邓小平同志指出:"我们搞的现代化,是中国式的现代化。我们建设的社会主义,是有中国特色的社会主义。"中国式现代化是中国共产党领导的社会主义现代化。中国式现代化不是以资本为中心的现代化、不是两极分化的现代化、不是物质主义膨胀的现代化、不是对外扩张掠夺的现代化,既不同于西方资本主义性质的现代化,也与苏联等传统社会主义的现代化有所区别。中国式现代化既坚持了科学社会主义的基本原则,又具有鲜明的中国特色,推动物质文明、政治文明、精神文明、社会文明、生态文明协调发展,是科学社会主义的重大创新成果。

中国式现代化借鉴吸收人类一切优秀文明成果。中国式现代化不是故步自封、孤芳自赏的现代化,并不排斥人类优秀文明成果,而是以海纳百川的胸怀大胆吸收借鉴一切符合国情的人类优秀文明成果。作为中国式现代化的引领者,中国共产党在现代化建设过程中始终以世界眼光关注人类文明发展,不断吸收更多人类优秀文明成果以丰富和发展中国式现代化,这与资本主义国家现代化发展过程中排斥甚至抵制其他文明形态形成鲜明对比。人类历史上,一些资本主义国家为了维护自身现代化发展取得的既得利益,把自己的价值观视为人类文明的样板,把自己的文明和文化凌驾于别国的文化和文明之上,以血腥和暴力对待其他国家的文明成果,推行所谓"普世价值",罔顾国际公理和正义,实际上延缓了人类现代化文明向前发展的进程。

二、　中国式现代化展现了现代化发展的新图景

中国式现代化,打破了"现代化＝西方化"的迷思,展现出现代化的另一幅图景。中国式现代化是独立自主的现代化道路,为世界上其他国家走向现代化提供了中国方案。

中国式现代化提供不同于西方的现代化方案。西方发达国家用了近300年的时间基本实现了现代化,由此西方国家的现代化之路也被一些人认为是通往

现代化的唯一道路,被奉为现代化的标杆和范式。但实际上没有放之四海而皆准的现代化之路,每个国家的具体国情不同,现代化之路也会不同,因而现代化不等于西方化。西方资本主义国家的现代化,建立在对外殖民掠夺、对内残酷剥削的基础上。为了获取利润,资本家采取各种手段剥削工人的剩余价值,劳动人民和资产阶级的矛盾、资本主义国家和发展中国家的矛盾贯穿资本主义国家的现代化过程。人类历史已经充分证明西方式现代化的弊病和短板,近年来西方现代化道路的问题越来越明显地暴露在世人面前,面对金融危机等重大经济社会治理问题,"中国之治"和"西方之乱"形成鲜明对比。

中国式现代化展现具有中国特色的现代化图景。中国式现代化是人口规模巨大的现代化,是全体人民共同富裕的现代化,是物质文明和精神文明相协调的现代化,是人与自然和谐共生的现代化,是走和平发展道路的现代化。我国人口规模超过现有发达国家的总和,发展途径和现代化推进方式必然有自己的特点。人口多,基本公共服务需求也大,但也会形成超大规模市场和超大规模经济体。共同富裕是人民群众的殷切期盼,是社会主义的本质要求。共同富裕不是少数人的富裕,也不能实行"福利主义",需要根据国情扎实推进。物质富足和精神富有是社会主义现代化的根本要求,物质贫困不是社会主义,精神贫乏也不是社会主义,离开精神文明进步的单一物质文明发展,不是我们追求的现代化。我们要建设人与自然和谐共生的现代化,坚定不移走生产发展、生活富裕、生态良好的文明发展道路。我国不走一些国家通过战争、殖民、掠夺等方式实现现代化的老路,我们坚定站在历史正确的一边,站在人类文明进步的一边,高举和平、发展、合作、共赢旗帜,在坚定维护世界和平与发展中谋求自身发展,又以自身发展更好维护世界和平与发展。

中国式现代化是坚持独立自主的现代化道路。中国式现代化是近代以来无数仁人志士为之不懈奋斗的长远目标。历史证明,靠依附别人实现现代化不可行,靠照搬照抄实现现代化不可取。社会主义现代化,要依靠中国共产党带领中国人民独立自主、艰苦奋斗来实现。要坚持把国家和民族的发展放在自己力量的基点上,坚持把我国发展进步的命运牢牢掌握在自己手中。不能做其他现代化国家的附庸,不能依靠别国"恩赐"来完成现代化的历史使命。习近平总书记指出："走自己的路,是党的全部理论和实践立足点,更是党百年奋斗得出的历史结论。"①党的百余年奋斗史告诉我们,坚持独立自主,是中国人民从近代以来的深重苦难成功走向涅槃重生的关键所在。中国式现代化之路没有现成答案,只有依靠中国人民的不断探索和不懈奋斗才能达成目标。

三、 中国式现代化创造了人类文明新形态

在中国共产党领导下,通过对现代化实践、价值、制度的创新,中国式现代化创造了一种人类文明新形态,给人类现代化的发展提供了全新的选择,是对世界现代化理论和实践的重大创新。

一是创造了举世瞩目的人类文明实践新形态。中国共产党团结带领中国人民通过走中国式现代化道路,仅用几十年的时间就走完了西方发达国家几百年走过的工业化历程。在经济快速发展的同时,中国社会保持了长期稳定,为中华民族伟大复兴奠定了坚实基础。中国的巨变昭示了中国进入到一个全新的历史时期,出现了几千年历史中没有过的"中国之治",开创了现代化建设的伟大实践形态。党的十八大以来,中国特色社会主义进入新时代,以习近平同志为核心的党中央采取一系列战略性举措,推进一系列变革性实践,实现一系列突破性进展,取得一系列标志性成果,经受住了来自政治、经济、意识形态、自然界等方面的风险挑战考验,党和国家事业取得历史性成就、发生历史性变革,推动我国迈上全面建设社会主义现代化国家新征程,中国式现代化的伟大实践形态已然形成。

二是创造了独特的人类文明价值新形态。从人类文明形态来讲,价值观构成了文明形态的内核。西方式现代化和中国式现代化承载着不同的价值体系和价值形态。中国式现代化蕴含的世界观、价值观、历史观、文明观、民主观、生态观,形成了独特且富含解决人类各种问题密码的价值体系,指引了一条迥异的现代化之路,孕育了独特的人类文明价值新形态。中国式现代化,致力于推动构建人类命运共同体,倡议建设持久和平、普遍安全、共同繁荣、开放包容、清洁美丽的世界,倡导践行共商共建共享的全球治理观,彰显了中国博大、包容、胸怀天

① 习近平:《在庆祝中国共产党成立100周年大会上的讲话》,中华人民共和国中央人民政府网,https://www.gov.cn/xinwen/2021-07/15/content_5625254.htm。

下、合作共赢的世界观。中国式现代化，坚持物质文明和精神文明的协调统一，在保障人民物质生活水平提高的同时丰富人们的精神世界。中国式现代化是人民当家作主的现代化，全过程人民民主、协商民主等丰富的民主实践形式，切实保障了人民的民主权利，同西方的虚伪民主观形成鲜明对比。在生态文明建设领域，中国式现代化主张人与自然和谐共生，提出"绿水青山就是金山银山""实行最严格的生态环境保护制度"等理论观点，形成了绿色发展的生态观。

三是创造了富有生机的人类文明制度新形态。中国特色社会主义制度和国家治理体系是党和人民长期奋斗、接力探索、历尽千辛万苦、付出巨大代价取得的根本成就，是人类制度文明史上的伟大创造。党的十八大以来，我们将完善和发展中国特色社会主义制度、推进国家治理体系和治理能力现代化作为全面深化改革的总目标，中国特色社会主义制度日趋成熟定型，中国特色社会主义法治体系不断完善，为推动党和国家事业取得历史性成就、发生历史性变革发挥了重大作用。当今世界，中国式现代化之所以能在激烈的国际竞争中呈现出"风景这边独好"的局面，很重要的原因就是我国国家制度具有显著优越性和强大生命力。实践证明，我们党把马克思主义基本原理同中国具体实际相结合、同中华优秀传统文化相结合，在古老的东方大国建立起保证亿万人民当家作主的新型国家制度，使中国特色社会主义制度成为具有显著优越性和强大生命力的制度，保障我国创造出经济快速发展、社会长期稳定的奇迹，也为发展中国家走向现代化提供了全新选择，为人类探索建设更好社会制度贡献了中国智慧和中国方案。

第三节
高质量共建"一带一路"与包容性开放

与以往发达国家主导和推动的经济全球化不同，中国"一带一路"倡议由于秉持着人类命运共同体先进理念，不仅为更多发展中国家融入全球价值链分工提供了更多机会，而且力图改善其分工地位从而推动经济全球化朝着更加具有包容性开放方向发展，让开放发展的成果能够更多地惠及世界各国，尤其是其他发展中国家。高质量共建"一带一路"，充分体现了中国的包容性开放，生动地阐释了中国式现代化对其他国家尤其是发展中国家的积极意义。经济全球化发展的历史进程表明,无论是资本主义殖民扩张时期"占地为王"的发展阶段,还是第二次世界大战后形成的"两个平行世界市场"发展阶段,抑或"两个平行世界市场"结束之后经济全球化进入到所谓"夺市为强"的发展阶段,以西方发达国家为主导和推动的经济全球化发展,由于秉持着"赢者通吃""零和博弈"等传统观念,虽然在一定程度上推动了世界经济的繁荣发展乃至人类文明的进步,但"弱肉强食""丛林法则"的非"人类共存之道"也给世界各国发展带来了一系列问题和矛盾。其中最为突出的表现就是南北发展鸿沟的不断扩大。经济全球化发展中出现和积累的一系列问题和矛盾,不仅不符合开放发展"互利共赢"的本质要求,而且积累到一定程度后也会成为影响经济全球化持续健康发展的重要制约因素,影响众多发展中国家通过融入经济全球化实现现代化的发展道路。

为适应经济全球化发展的新形势、新变化、新趋势,与西方发达国家兴起贸易保护主义等逆全球化举措不同,中国毅然决然地选择站在历史正确的一边。以习近平同志为核心的党中央为应对世界经贸格局发生的改变,提出了共建"丝绸之路经济带""21世纪海上丝绸之路"的伟大构想。如果说以往西方发达国家在"赢者通吃""零和博弈"等传统思维模式下主导和推动的经济全球化发展,必然导致世界经济形成"中心—外围"发展格局的话,那么以人类命运共同体先进理念为引领的新时代经济全球化发展,必将有助于推动经济全球化朝着更加开放、包容、平衡、普惠、共赢方向发展。

一、 中国"一带一路"倡议有助于共建国家实现包容性开放

众所周知,"一带一路"倡议是中国针对当前动荡的经济全球化新形势提出的经济全球化发展新方案,旨在秉持人类命运共同体先进理念,倡导"共商、共建、共享"的和平合作原则,致力于解决全球经济的潜在性问题,为世界提供普惠的公共产品,为世界各国提供共同繁荣、文化互通、平等互助的全球性平台。无论是在引领理念上还是所遵循的基本规则上,建立在"一带一路"倡议基础上的新型经济全球化,都与以往美国等发达经济体主导的、在全球经济治理上具有明显霸权特征的经济全球化完全不同。"一带一路"倡议以政策沟通、设施联通、贸

易畅通、资金融通、民心相通的"五通"为目标,坚持以人民为中心,旨在增进全球各国的民生福祉,是人类命运共同体的实践平台,其理念符合发展中国家的诉求。从发展的角度来讲,"一带一路"倡议通过优化资源配置的有效性,促进要素流通的有序,深化市场融合,助推发展中国家摆脱贫困落后,走向富裕,实现经济和社会的可持续健康发展,为世界经济再平衡、参与全球化机会平等、收入分配均等创造互利共赢的区域经贸合作平台。由于秉持的发展理念不同,遵循的基本原则不同,因此中国倡导的"一带一路"建设,不会形成以往经济全球化发展过程中"中心—外围"格局。中国在与共建"一带一路"国家开展产能合作过程中,包括通过开展抱团式对外直接投资等方式加快与共建国家在基础设施、产业园区等方面的共建与合作,不会像以往发达国家那样对东道国进行技术封锁和技术限制。国家发展改革委等四部门印发《关于推进共建"一带一路"绿色发展的意见》,旨在进一步推进共建"一带一路"绿色发展,让绿色切实成为共建"一带一路"的底色,体现的就是高质量建设"一带一路"的决心。中国凭借其自身比较优势通过互联互通的平台,在多个经济领域与共建国家或地区形成产能优势互补。在项目实施过程中向共建国家输出大量资金、先进的现代技术和管理经验,有利于增强共建国家的劳动力技能、教育文化水平,令劳动力素质和专业化明显增强,人力资本也得到较大的提升,为当地人民创造更多就业机会,从而有效地改善"一带一路"共建国家的民生发展。由此可见,中国"一带一路"倡议由于践行的是人类命运共同体先进理念,不仅对共建国家的经济增长等能够产生推动作用,还有助于实现社会其他方面的共同发展和进步。也就是说,中国"一带一路"倡议本质上具有包容性开放的特征。

二、 推动全球价值链分工机会更加均等的作用机理

以人类命运共同体先进理念为引领,中国"一带一路"倡议从建设实践角度看,究竟如何能够有别于以往西方发达经济推动的经济全球化,从而带动共建国家包容性发展?或者说,其中的作用机制究竟是什么?实际上,20 世纪 80 年代以来,美国等发达国家推动和主导的全球价值链虽然得到了快速发展,但犹如前文分析指出的,其中也积累了一些矛盾和问题,而且并非所有的国家和地区都能

够顺利地融入经济全球化进程中,成为经济全球化的受益者。更确切地说,全球价值链分工在演进和发展过程中,仍然存在着两个方面的突出问题,一是分工机会不均等问题,二是分工地位不平等问题。从分工机会不均等角度看,一些发展中国家受制于交通、信息、技术,以及地缘因素等影响,可参与全球价值链的扩展空间越来越小,基础设施和体制制度软硬件不足的问题凸显,被排除在全球价值链分工体系之外,无法融入以西方国家为主导的全球分工体系中,发展潜力难以得到释放。当然,就发达国家跨国公司而言,在全球范围内以最优方式配置资源,或者说以成本最小化方式构建生产网络,本无可厚非。只不过在缺乏“包容性”发展理念时,纯粹的市场行为乃至在利益驱动下的不完全竞争行为,会使得部分发展中国家在全球价值链分工中被边缘化。与之不同的是,“一带一路”倡议通过推进陆海联通、经济走廊建设、中欧班列等铁路交通的建设以及其他方面的互联互通建设,将共建国家联通在一起,逐步改变了很多国家因为诸多劣势而无法很好融入国际分工体系的局面。“一带一路”建设和发展,不仅加强了各国间的产业链的分工与合作,而且在能力提升中还增强了对发达经济体主导的价值链分工体系的融入,乃至推动价值链进行重新布局,从而为这些发展中国家加入全球价值链带来契机,[①]为共建国家利用经济全球化实现经济发展带来了机会,为推动区域一体化的发展、重振全球经济提供了动力。总之,中国“一带一路”倡议通过为共建国家提供更多融入国际分工的机会,推动全球价值链分工朝着机会更加均等方向发展,对经济全球化红利的平衡分配产生了重要影响,体现了较好的包容性开放特征。

三、 推动全球价值链分工地位更加平等的作用机理

中国“一带一路”倡议对于共建国家提供了融入全球价值链分工的全新机会,不仅使得全球价值链分工朝着机会更加均等方向发展,与此同时,还有助于提升共建国家全球价值链分工地位,或者说推动全球价值链分工朝着地位更加平等方向发展,从而能够有助于共建国家不仅在融入国际分工中获得发展经济

---

① 马淑琴、张友丰、陆立军:《分工深化、知识积累与专业市场全球价值链嵌入——基于报酬递增视角的分析》,《经济体制改革》2021 年 4 月,第 111—116 页。

的机会,而且能够实现发展效率的提升乃至经济社会其他方面的联动发展。比如,随着国际专业化分工深刻发展,环境问题日益凸显,而"一带一路"倡议在强调全球市场深度融合的同时,将构建人类命运共同体作为终极目标,提出绿色健康发展的理念,推进能源绿色转型、节能低碳减排以及保护生物多样性等环境治理建议。[①] 生态环境问题已关系到人类福祉和可持续发展。在以往的产业国际梯度转移过程中,诸如中国等发展中国家在参与国际分工的过程中,通常会承接低附加值、高能耗的行业,低端行业的生产增加了二氧化碳排放,加剧了环境恶化。[②] 而现有研究表明,"一带一路"倡议有助于共建国家提升交通碳排放效率、碳减排潜力(和技术密集型产业的碳排放效率,且技术水平越高的行业参与全球分工越有利于碳排放效率的提升)[③]。还有学者从碳排放量角度研究发现,与中国共建"一带一路"的国家碳排放量有明显的减少。[④] 这说明"一带一路"倡议不仅有助于共建国家提升全球价值链分工参与度,从而利用开放推动经济增长,而且有助于在高层次合作中或者更高层次的合作中,改善全球环境,促进低碳经济的可持续增长,实现共建国家民生发展的需求。此外,还有研究将工业废物、废水、废气,硫和碳排放作为指标衡量环境质量,得出"一带一路"倡议会改善共建国家环境,促进产业结构向清洁化演进的结论。[⑤] 如前文所述,中国在高质量推动"一带一路"建设过程中,不仅不会对共建国家进行技术封锁,相反,还会向共建国家输出大量资金、先进的现代技术和管理经验,帮助提升共建国家的劳动力技能、教育文化水平以及人力资本水平,在为当地人民创造更多就业机会的同时,为共建国家提供了"从被动嵌入由发达国家主导的全球价值链转向自动升级"的新思路,从而实现互利共赢共同发展的新格局。戴翔和宋婕利用亚行多区域投入产出数据(ADB-MRIO)61 国数据,以参与年份为政策实施年份,使用变

① 王灵桂、杨美姣:《发展经济学视阈下的"一带一路"与可持续发展》,《中国工业经济》2022 年 1 月,第 5—18 页。

② 吕越、吕云龙:《中国参与全球价值链的环境效应分析》,《中国人口·资源与环境》2019 年 7 月第 29 期, 第 91—100 页。

③ 杨青、郭露、刘星星等:《中国省域交通碳排放空间关联格局的驱动特征》,《中国环境科学》2024 年 2 月第 44 期, 第 1171—1184 页。

④ 郑新业、张阳阳:《新发展理念推动开创人类文明新形态》,《当代中国与世界》2021 年 4 月,第 20—31 页。

⑤ 曹翔、高瑀:《低碳城市试点政策推动了城市居民绿色生活方式形成吗?》,《中国人口·资源与环境》2021 年 12 月第 31 期,第 93—103 页。

时点双重差分模型进行实证分析,证实了"一带一路"倡议通过"五通"中的政策沟通、设施联通、贸易畅通及资金融通四个中介机制,实现了对"一带一路"共建国家全球价值链地位的优化提升。[①] 全球价值链分工地位的改善,显然有助于在推动经济增长的同时实现更有效的发展,改善"一带一路"共建国家的民生状况。[②] 总之,中国"一带一路"倡议对共建国家产生的包容性开放效应,还会通过提升共建国家全球价值链分工地位而得以实现。

第四节
人类命运共同体理念引领中国式现代化

理念是行动的先导,一定的发展实践都是由一定的发展理念来引领的。发展理念是否对头,从根本上决定着发展成效乃至成败。对外开放是中国的基本国策,也是实现国家繁荣富强的必由之路。在经济全球化深入发展的当代,全面建设中国式现代化离不开经济全球化,经济全球化健康持续发展同样离不开中国。特别地,在经济全球化走到十字路口的关键阶段,为发挥中国推动和引领经济全球化健康和可持续发展的能力,习近平总书记创新性地提出了建设"人类命运共同体"的理念。以此先进理念引领中国式现代化建设,可以更好地推动和引领新一轮经济全球化发展。

一、 西方传统理念的局限性

西方推崇的"华盛顿共识"理念,由于只考虑资本利益而对全球劳动者正当利益重视不够,过分强调发达国家利益诉求而忽视发展中国家正当权益,从而在世界经济发展进入到新阶段后,由于其局限性影响,在现代化发展道路上难以成为引领新时代、构建开放型世界经济的理念。

一是传统零和博弈的二元对立思维的局限性。有关经济全球化的早期理论

---

① 戴翔、宋婕:《"一带一路"倡议的全球价值链优化效应——基于沿线参与国全球价值链分工地位提升的视角》,《中国工业经济》2021 年 6 月,第 99—117 页。

② 张原:《"一带一路"倡议下的中国对外合作减贫——机制、挑战及应对》,《当代经济管理》2019 年 1 月第 41 期,第 11—16 页。

中,以重商主义为代表的观点就认为,国际分工和贸易本质上是一种零和博弈,分工和贸易参与国的利益在本质上是对立的。重商主义受到了古典政治经济学的批判,创立了自由贸易理论,论证了分工和贸易的互利性原理。但是,一方面,从理论层面看,自由贸易理论主要是在推演分工和贸易具有互利共赢基础方面给出了完美的理论逻辑,却并没有揭示出能够保证互利共赢实现的基本机制。换言之,从封闭走向开放后,虽然以世界总产出增长为表征的利益总额构成了互利共赢的基础,但是在利益分配方面实际上仍然存在冲突,因为利益总额大小一旦既定,一方所得更多就必然意味着给另一方留下的部分就越少,从而在本质上看仍然会陷入“你输我赢”零和博弈的二元对立思维困境。另一方面,从实践层面看,真正的、公平公正的互利共赢也从来没有实现过,广大发展中国家和最不发达国家,在国际分工体系中长期处于不利地位的格局并没有改变,部分国家不断被边缘化,能够获得的经济全球化红利十分有限,甚至成为经济全球化的输家,而发达经济体则是经济全球化的主要受益者。即便是在经济全球化深入发展的今天,仍有很多国家秉持着“重商主义”的思维模式,错误地将贸易逆差简单地等同于利益损失,比如特朗普对中美贸易失衡问题的指责。应该说,长期以来,经济全球化利益分配严重失衡的局面,正是传统零和博弈和二元对立思维主导下的必然结果。如果说这种思维模式在世界经济特定发展阶段具有一定的合理性和必然性的话,那么当分工演进使得世界各国之间已经形成“你中有我,我中有你”的真正意义上相互依赖、彼此交融的关系后,世界经济发展显然也就具备了“一荣俱荣,一损俱损”的本质特征。国家间利益和风险的共振、共生、共存必然要求摒弃传统的零和博弈的二元对立思维,否则,传统思维模式不仅难以进一步推动和引领世界经济发展,反而会成为严重地束缚和制约经济全球化进程的障碍,不利于其他更多发展中国家通过融入全球化而实现现代化。

二是传统赢者通吃的丛林法则思维的局限性。赢者通吃的丛林法则体现的是生物学方面的物竞天择、适者生存、优胜劣汰的规律法则。这种规律法则在促进生物进化方面无疑具有极大的积极意义。从这一意义上看,市场经济中的自由竞争理念无可厚非,因为这一竞争法则在促进效率提升方面是具有关键意义的。因此,其中的积极意义是值得肯定的。而且在人类社会发展的特定阶段,也是具有必然性和合理性的。但是，人类社会毕竟不同于生物界，除了具有正常的自然属性外，还具有社会属性。如果一味强调自然属性的一面而忽略了社会属性，不仅不符合道义需求，到了特定发展阶段甚至会带来灾难。最典型的案例就是国家间利益之争走到了极端状态，引发的第一次世界大战和第二次世界大战，对于人类社会发展而言无疑是一场浩劫和灾难。可以想象，在许多国家已经具备和掌握了足以毁灭地球的武器条件下，丛林法则下的利益之争如果再次走向极端，对于人类来说可能会带来毁灭性的结果。因此，从社会属性角度看，人类不仅需要竞争，还需要合作，世界经济的发展更是如此。何况，以新自由主义为理论基础的"华盛顿共识"虽然崇尚和强调市场经济中的自由竞争，但西方经济学理论同时也承认完全竞争市场只是一种理想状态，在现实中并不存在。因此，如果一味地秉持简单的赢者通吃的丛林法则，"不完全竞争"必然导致强者愈强弱者愈弱。从某种意义上说，正是在上述思维观念主导下，市场经济的全球蔓延导致国家间发展差距日益扩大，许多国家内部尤其是发达资本主义国家内部分配收入差距也在日益扩大。如果说，赢者通吃的丛林法则在世界经济发展还不具备利益彼此相依的阶段时，尚不至于构成障碍和约束的话，那么，在国际分工演进已经进入到全球产业链、全球价值链乃至全球生产要素都已出现合作共生的条件下，必须摒弃"赢者通吃"的狭隘心理，每个国家和利益集团都应该努力成为产业"生物链"和"生态链"中更有涵养者，如此才能推动世界经济良性发展，才能更好地为世界各国通过融入经济全球化实现现代化提供更多机遇。

三是传统利己主义的以偏概全思维的局限性。经济学鼻祖亚当·斯密虽然指出人都有自利倾向，但同时也认为人的行为实际上是受到道德约束的。但是后来西方经济学中的主流经济学为分析问题之便，并且出于数理模型完美演绎的需要，"见木不见林"地将亚当·斯密关于人都有自利倾向的观点，抽象出所谓"理性经济人假设"，即所有人都是完全理性的、绝对自利的，并且总是试图实现自身利益的最大化。[1] 实际上，即便是在西方经济学流派中，也有许多理论研究并不完全赞同"理性经济人假设"，比如利他主义经济学就认为，不管是出于遗传

---

[1] 裴长洪、刘洪愧：《习近平新时代对外开放思想的经济学分析》，《经济研究》2018 年 2 月第 52 期，第 4—19 页。

因素还是出于道德情感等因素作用,利他主义的行为就是一直存在的,这种行为不仅存在于人类社会,甚至存在于动物界。行为经济学同样认为对公平和正义的偏好同样是影响人类经济行为的重要因素。这一点正如亚当·斯密在其《道德情操论》中指出的那样:如果社会财富只集聚在少数人手里,那是不公平的,而且注定是不得人心的,必将造成社会的不稳定。然而在发达资本主义经济体主导的经济全球化扩张过程中,长期以来一直秉持着"利己主义"的思维模式,一直以自身利益最大化为诉求,而较少考虑弱势群体的利益需要,导致全球财富分配严重不均。如果说这种发展思维模式在世界经济处于较低发展水平时,还具有一定的可行性的话,那么,当世界经济发展进入到较高水平和阶段后,无论是从不同国家经济之间的融合共生关系角度看,还是从不同利益集团之间的相互作用看,对互利共赢的要求、对公平正义的追求都将越来越强烈。在"混血、交织、转基因"的世界经济形态下,由于利益的创造更加依赖于合作关系本身,或者说能够产生多大的利益以及在此基础上各方能够获取多少利益分配,在很大程度上受制于影响合作关系的利益分配本身。完全的利己主义不仅使得重复博弈难以持续,即便是在有限次短期博弈中,由于伤及对方从而影响合作能力,最终也会伤及自身的获益能力。因此,完全的利己主义思维模式局限性愈发明显,已经难以适应新形势下世界经济发展的现实需要。新阶段世界经济的可持续发展,必然要求在注重自身利益的同时,也要关切他人的利益,如此才能在实现现代化进程中通向"共赢"。

二、"人类命运共同体"理念的先进性

从理论内涵上看,"人类命运共同体"更加强调"和合共生",更加强调"合作共赢",更加强调"共商共建共享",因而可以从本质上解决传统理念所面临的局限性。

"和合共生"突破了传统二元对立的思维模式,更加符合新时代世界经济发展的现实需要。实际上,中国早在《周礼》中就出现了"和合"一词,这体现了中国传统文化崇尚不同事物的共同发展。所谓"和"主要是指不同事物和不同观点之间的相互补充,这是新事物生成的必然规律;而所谓"合"则意味着不同事物之间

能够在互通中实现相异相补、相反相成、协调统一、和谐共进。与传统的零和博弈和二元对立的思想不同,这一发展思想具有相当的哲理高度,遵循了唯物辩证法关于矛盾对立与统一的基本原理。尤其是在世界经济发展日益具有一体化特征的新发展阶段,不同国家和民众生活在同一个地球村里,通过各种千丝万缕的关系网络成为一个整体,越来越成为"你中有我,我中有你"的命运共同体。任何一个国家和地区均是世界经济这一有机整体中的一分子。因此,在这种新型经济发展格局中,各国和地区之间绝不是传统意义上的对立关系,同时还具有统一关系。矛盾对立与统一的唯物辩证法基本原理意味着,"和合"不仅是世界经济发展到特定阶段对道义的彰显和需求,还是实现世界经济"共生"的需求,尤其是持续推动世界经济不断迈向高水平发展和高质量发展的需求。可见,"人类命运共同体"所内含的"和合共生"发展思想,顺应着新一轮经济全球化发展的需要,也必将成为引领它的重要理念。以此先进理念引领中国式现代化建设,可以更好地发挥中国在推动和引领经济全球化持续健康发展中的积极作用。

"合作共赢"突破了赢者通吃和丛林法则的传统思维局限,更加契合世界经济发展新阶段"开放"的本质内涵。中国从古至今都非常明白"合则强,孤则弱"的基本道理。古有管子"夫轻重强弱之形,诸侯合则强,孤则弱"的箴言,今有费孝通老先生"各美其美,美人之美,美美与共,天下大同"的佳话,无不反映了中国传统文化思想所包含的"合作共赢"重要思想和理念。与赢者通吃和丛林法则的思维模式不同,合作共赢所强调的不仅仅是一种和谐共生的崇高境界,更是强调了在寻求各方利益交汇点中将各方共同利益结合起来,通过相互补充、取长补短,从而实现最终利益的最大化,实现最终的双赢、多赢和共赢。尤其是在当代"你中有我,我中有你,你我中有他,他中有你我"的命运共同体和世界经济新格局下,各国之间的利益关系错综复杂,相互交织,共同利益的基础越来越夯实,共同利益的交汇点也越来越多,甚至形成了共同利益的交汇面、交汇体,通过合作实现共赢就显得更加重要。它将不仅有助于整体利益的最大化,而且也有助于各参与国个体利益的最大化。如前文分析指出的,世界经济发展中的"开放"内涵正在向纵深维度上不断拓展和蔓延,并不局限于经济领域,也在不断向文化、安全等领域拓展。这一背景下的合作共赢显然已经超出了经济领域的范畴,理应成为世界经济发展新阶段处理国际事务的基本政策取向，是"开放"新内涵的必然要求，也是通过中国式现代化建设推动和引领新一轮经济全球化发展的内在要求。

"共商共建共享"打破了利己主义的傲慢与偏见，更加适应世界经济新格局变化对完善全球经济治理的需要。利己主义的文化熏陶及其不断膨胀，必然会滋生出傲慢自大与偏见的心态和观念。这也是世界经济发展进程中长期以来，为什么"霸凌主义"和"一言堂"一直是主导全球治理模式的根本原因所在。然而，伴随着世界经济的多极化发展，"霸凌主义"和"一言堂"的世界经济治理模式不仅因为缺乏道义基础的支撑，从而面临着不可持续问题，也因为面临着世界经济格局的调整而丧失了在执行力方面的现实能力。换言之，世界经济格局的"均势"化发展，正在不断侵蚀"霸凌主义"和"一言堂"赖以生存的基础。在"命运相连，休戚与共"的世界经济发展新阶段，世界经济发展何去何从？其命运应该由世界各国共同掌握，治理世界经济的规则体系应该由各国共同商讨书写，世界经济发展过程中面临的各种事务和问题，应该由各国共同参与治理，世界经济发展的成果也理应由各国共同分享。① 这也正是人类命运共同体的核心要旨。可见，"共商、共建、共享"不仅占据着道义制高点，从而代表和反映了更多国家对参与世界经济的利益诉求，同时也顺应和引领了世界经济格局变化发展的新趋势。也唯有本着"共商、共建、共享"的基本原则，才能切实推动国际政治经济秩序朝着更加公平、公正和合理的方向发展，从而为世界经济健康发展提供必要的制度保障。因此，对于已经深度融入经济全球化的中国而言，全面建设现代化必须以人类命运共同体先进理念为引领，如此才能让中国式现代化的世界意义更加凸显。

---

① 王义桅：《立己达人 共谋发展 不断推动共建人类命运共同体》，《中国纪检监察报》2018年12月25日第二版。

第十章

中国式现代化与全球治理体系

积极参与全球经济治理和区域合作在"十二五"规划中被明确提出,在《中共中央关于制定国民经济和社会发展第十三个五年规划的建议》中,积极参与全球经济治理不仅再次被提出,而且其具体含义也进一步明确,就是要"推动国际经济治理体系改革完善,积极引导全球经济议程,促进国际经济秩序朝着平等公正、合作共赢的方向发展。加强宏观经济政策国际协调,促进全球经济平衡、金融安全、经济稳定增长。积极参与网络、深海、极地、空天等新领域国际规则制定"。[①] 党的二十大报告明确强调,"中国积极参与全球治理体系改革和建设,践行共商共建共享的全球治理观,坚持真正的多边主义,推进国际关系民主化,推动全球治理朝着更加公正合理的方向发展。"《中共中央关于进一步全面深化改革 推进中国式现代化的决定》强调,"参与引领全球治理体系改革和建设,坚定维护国家主权、安全、发展利益,为进一步全面深化改革、推进中国式现代化营造良好外部环境。"[②]与全面建成小康社会时期中国主要是被动接受现行全球治理体系不同,进入全面建设现代化的新阶段,中国需要积极参与全球治理体系改革和建设。

第一节
全球经济治理主导权的变化及其规律

全球经济治理是指在一部分或全体主权国家之间进行的、超越国家主权的经济合作和共治,它既包括合作行为和行动,也包括创立和运行合作机制,同时也包括相关的各种理念和构想。[③] 全球经济治理与国际经济秩序的特征密切相关,本节首先分析国际经济秩序的概念和基本特征,然后探讨其发展演变的过程和基本规律。

一、 国际经济秩序的基本概念

所谓国际经济秩序指的是一种制度安排,其目的在于在世界经济发展的背

---

① 《中共中央关于制定国民经济和社会发展第十三个五年规划的建议》,《人民日报》2015 年 11 月 4 日。
② 《中共中央关于进一步全面深化改革 推进中国式现代化的决定》,《人民日报》2024 年 7 月 22 日。
③ 周宇:《全球经济治理与中国的参与战略》,《世界经济研究》2011 年第 11 期。

景中促进发展中国家的经济和社会发展。它是一个包括规范主权国家关系规则和制度的框架,以此消除发展中国家对发达国家企业的依赖,允许发展中国家控制自己的自然资源,实现自力更生的同时引入国际管理资源和适合自身需要的合适技术。[①] 这一概念实际上是二战后发展中国家争取公平发展机会的体现,是发展中国家对传统所谓经济自由主义的国际经济秩序加以修正的要求。

19 世纪的国际经济秩序以市场体系为基础并通过殖民政策加以强化,其贸易体系强化了北方国家工业专业化和南方国家的专业化。二战以后,国际经济新秩序(NIEO)的演变经历了两个阶段,第一阶段关注的重点是工业革命;第二阶段以发展中国家的"觉醒"为标志,这体现为 1974 年联大宣言。[②]

从经济学基本理论看,商品和要素的自由流动能够实现资源的优化配置,对参与分工的各个国家都是有利的。分工与自由贸易的利益早在亚当·斯密的《国富论》中就得到阐述,"劳动生产力上的全面提高,以及生产中所表现出来的技能性、熟练性和判断力的逐步完善似乎都是分工的结果……分工的程度必然受交换能力大小的限制,也就是说,要受市场大小广狭的限制……在每一个私人家庭的行为中是精明的事情,在一个大国的行为中就很少是荒唐的了。如果外国能以比我们自己制造还便宜的商品供应我们,我们最好就用我们有利地使用自己的产业生产出来的物品的一部分向它们购买。"大卫·李嘉图进一步发展了自由贸易理论,指出建立在"比较优势"基础上的自由贸易是有利的,"在商业完全自由的情况下,各国都必然把它的资本和劳动用在最有利于本国的用途上……它使人们都得到好处,并以利害关系和相互交往的共同纽带把文明世界各民族结合成一个统一的社会"。后来的要素禀赋理论和新贸易理论则进一步指出要素禀赋优势和规模经济的实现都能成为各国参与国际贸易的基础,并且能使各国从中获益。各国参与国际贸易的基本原因有两个:第一,进行贸易的各个国家之

---

① Hope K R., Basic Needs and Technology Transfer Issues in the "New International Economic Order", *American Journal of Economics and Sociology*, 1983, 42(4): 393 - 404.

② Brinkman, Richard L., The New International Economic Order and Value Theory, *Journal of Economic Issues*, 1984 Vol. XVIII No. 2, pp 493 - 506.

间存在着千差万别。第二,国家之间通过贸易能达到生产的规模经济。[①]

　　建立在比较优势或者规模经济基础上的自由贸易能够为参与贸易带来社会福利的增进,但是即便主流经济学也承认"经济增长"和"经济发展"并不是相同的概念。"增长"只是发展的一个方面,而"发展"还要求诸如产业结构的高度化和技术水平的提升。以自由主义为基础的"中心—外围"模式的国际经济秩序更可能使得发展中国家的经济增长以牺牲未来的经济发展为代价。"财富的原因和财富本身完全不同……财富的生产力比之财富本身,不晓得要重要到多少倍"。因此,李斯特经济国家主义成为二战以后影响南方国家政策制定者的一种重要意识体系。[②]

　　应该看到二战以后建立的以经济自由主义思想为基础的国际经济秩序建立的基础是美国和欧洲在世界经济中的"霸权"地位,也服务于它们的经济利益。发达国家建立起以规模经济为基础的国际分工体系,使它们能够在差异化产品上实现分工,实现规模经济的收益,因此发达经济体是二战后国际经济秩序的受益者和维护者,二战后的世界经济格局中国际贸易和国际投资主要发生在发达经济体之间。二战以后随着发展中国家脱离殖民统治,以欧洲统治为核心的国际经济体系走向终结。这些发展中国家面临的主要问题是经济发展,需要解决的问题如何克服根植于历史上形成的不平等的依附关系。1950 年代早期外围国家平均的经济情况只是略微好于 1750 年。[③] 因此,国际经济秩序是典型的"中心—外围"模式,世界经济格局表现为"南—北"格局,北方国家拥有资本、技术和制造业优势,而南方国家依附于北方国家,主要从事初级产品和低附加值产品的生产,在国际分工利益分配上处于不利地位。这种国际经济秩序实际上是殖民地时代国际经济秩序的一种延续,因此发展中国家的主要"斗争"目标就是建立"国际经济新秩序",这导致了 1960 年代后期国际经济新秩序运动的兴起。1974 年 5

---

① [美]保罗·R.克鲁格曼、[美]茅瑞斯·奥伯斯法尔德:《国际经济学》(第六版),中国人民大学出版社 2006 年版,第 10 页。

② Helleiner E., Economic Liberalism and Its Critics: The Past as Prologue?, *Review of International Political Economy*, 2003, 10(4): 685 - 696.

③ Philip S. Golub, From the New International Economic Order to the G20: How the "Global South" Is Restructuring World Capitalism from Within, *Third World Quarterly*, 2013, 34(6): 1000 - 1015.

月 1 日,联合国大会通过两项决议,即关于建立国际经济新秩序宣言的第 3201(S-VI)号决议和关于建立国际经济新秩序行动纲领的第 3202(S-VI)号决议。[①]

当代全球经济治理框架的基本基础是二战后伴随着国际货币基金组织(IMF)、国际复兴开发银行(IBRD)、世界银行(WB)以及世界贸易组织(WTO)的前身关贸总协定(GATT)的建立而建立的全球经济秩序。目前全球经济治理的是一种混合结构,一方面是诸如 IMF 的正式制度,另一方面是诸如 G20 等非正式制度安排,而这种全球论坛为正式的制度安排设定总体议程并能发挥引领和指导作用。[②] 这种混合制度安排存在其显著的优点,一方面不同类型的经济体可以利用非正式的制度安排就有关议题进行充分的讨论和协商,求同存异;另一方面,又可以利用正式的制度安排将非正式制度安排中得到的共识予以确认并保证其有效实施。

21 世纪是"新"世纪的开始,与三个世纪的"旧"世界相比,21 世纪不仅是经济全球化和知识、技术的扩张,而且是不断增加的不确定性和风险以及可控制性的下降……因此新世界变得更加复杂和差异化……更加复杂的内外部环境使得国家传统意义上的管理能力受到限制。[③] 在这种背景下,国家间在贸易投资和金融等领域进行紧密和有效地合作显得尤为必要。

二、 支配国际经济秩序演变的动力

很多研究把国际经济秩序变迁的动力的来源归于经济霸权(Economic Hegemons)的变化和全球权力结构(Distribution of Power)的变化,而新兴经济体的崛起显著改变了 21 世纪政治和经济格局。"整个 20 世纪全球大国较少,美国、苏联、日本和西北欧。而 21 世纪完全不同,中国和印度作为经济和政治大国崛起……这种结构上的变化对于美国 20 世纪 40 年代以来主导的全球制度是一个挑战……除非中国和印度被纳入这个框架,否则全球制度的未来将是令人不快的不确定。"[④]全

---

① 《建立国际经济新秩序宣言》,2011,http://legal.un.org/avl/pdf/ha/ga_3201/ga_3201_c.pdf。

② Madhur S., Asia's Role in Twenty-First-Century Global Economic Governance, International Affairs, 2012,88(4):817-833。

③ Cheung A B. L., A Response to "Building Administrative Capacity for the Age of Rapid Globalization: A Modest Prescription for the Twenty - First Century", Public Administration Review, 2009,69(6):1034-1036.

④ Drezner D. W., The New New World Order, Foreign Affairs, 2007,86(2):34-46.

球经济实力的变化不仅仅表现为中印等新兴经济体的崛起，"而且大的新兴市场近来开始将它们组织起来，以协调与全球经济秩序相关的活动。"[1]

但是，认为权力格局的改变一定会对全球经济秩序带来根本性改变，或者带来难以预测的不确定性的观点是不准确的。一国对于国际经济秩序的需求归根到底还是为本国的利益服务的，国际经济秩序不过是全球范围内利益集团博弈的结果。国际经济秩序的变化的动力来源于权力格局变化和目标变化的综合情形，即便权力格局未发生变化，世界经济情况的变化也可能导致国际经济秩序作出相应的调整。反过来看，特定国家或者国家集团作为一个特定的利益集团，政治或者经济"权力"的变化只是说明该利益集团对于国际经济秩序可能影响力增强或者削弱，而影响力提升的利益集团是否有必要或者有动力改变国际经济秩序，还要看现有国际经济秩序是否符合其利益。如果全球"权力"格局的变化并未改变影响力上升集团对国际经济秩序的需求，那么国际经济秩序并不会发生根本性改变。因此，认为新兴经济体经济影响力的提升或者中国的崛起将根本性改变现有国际经济秩序甚至认为它是国际经济秩序的不稳定因素的看法是片面的。

贸易投资自由化发展实际上符合以中国为代表的新兴经济体经济发展的需要，但是 20 世纪 90 年代以来世界经济格局毕竟发生了根本性变化，这个变化也必然导致国际经济秩序出现相应的调整。

第二节
全球经济格局的变化与全球经济治理的完善

一、 新兴经济体的崛起

新兴经济体的崛起是 20 世纪 90 年代以来世界经济格局演变的主要特征之一，这在发展中经济体在世界生产、贸易和投资中的重要性的显著变化中得到清晰的展现。

---

[1] May C.，Nölke A.，Capitalism in Large Emerging Economies and the New Global Trade Order，54th Annual Convention of the International Studies Association，3－6 April 2013，San Francisco.

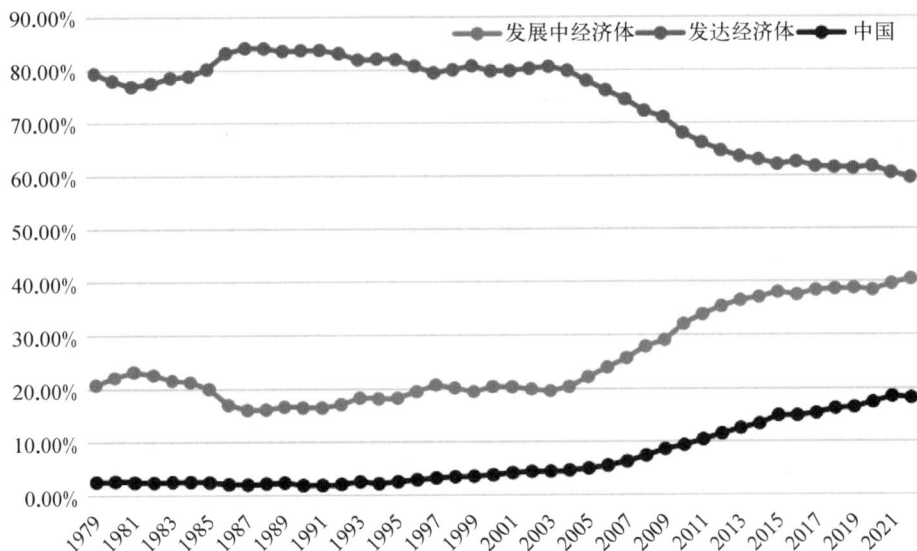

图 10 - 1　1979—2021 年发达经济体、发展中经济体和中国 GDP 占世界比重

数据来源:联合国贸发会议统计数据库(https://unctadstat.unctad.org/)

20 世纪 90 年代之前发展中经济国内总产值(GDP)占世界 GDP 的比重较为稳定,在 20%左右,但是 90 年代以后这一比重呈现增长的趋势,尤其是 2004 年以后这一比重快速上升,到 2022 年已经达到接近 40.41%。与此相对应,发达经济体 GDP 占世界 GDP 的比重则出现显著的下降(图 10-1)。

发展中经济体在世界经济中地位的提升也反映在投资和贸易领域。在传统资本国际流动模式中,发展中经济体主要扮演着资本流入国的角色。但是,近十年来,发展中经济体对外直接投资发展迅速,在世界对外直接投资总额中的比重呈现稳定上升的趋势(图 10-2)。

从 2013 年的情形看,发展中国家和转型经济体的跨国公司主要投资消费领域。特别是继续扩大在食品和饮料,建材,公用事业的投资,以及酒店和餐馆、商业服务和金融服务的领域的投资。三分之二以上南方国家跨国公司的跨境并购流向发展中国家和转型经济体,这些投资一半是由发达国家在发展中国家和转型经济体的外国子公司完成的。[①] 发展中经济体对外直接投资的很大一部分是

---

① UNCTAD, *Global Investment Trends Monitor*, No. 16, 28 April, 2014.

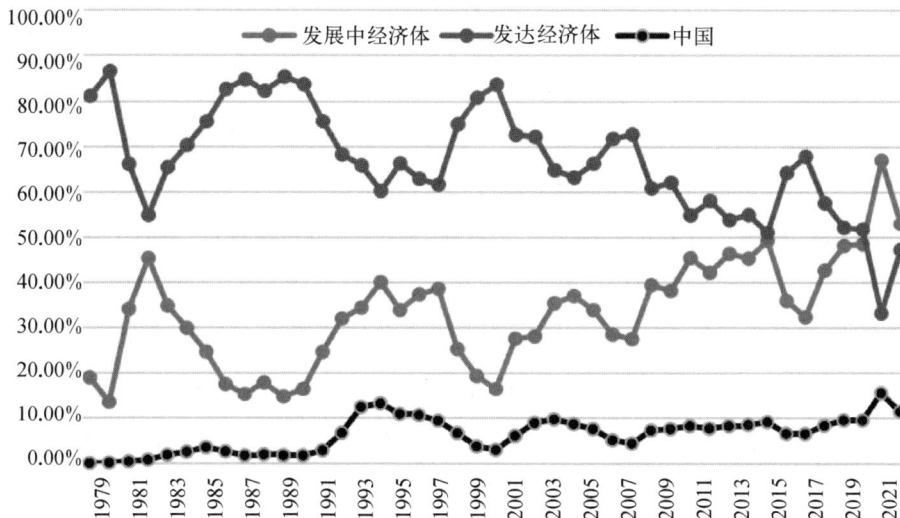

图 10 - 2　1979—2021 年发达经济体、发展中经济体和中国对外直接投资的比重

数据来源：联合国贸发会议统计数据库（https://unctadstat. unctad. org/）

技术获取型的，发展中经济体在外国的研发活动已经出现快速增长，一些发展中国家的跨国公司以发达国家，如美国的知识基础作为投资的目标，研发活动出现国际化趋势。[1] 包括来自新兴经济体跨国公司的技术驱动型对外直接投资格局将为国际政治经济学带来根本性改变。来自新兴经济体越来越多的 FDI 流入可能导致发达东道国限制性管制的变化，并因此导致国际投资制度的变化。但是，对于发展中经济越来越多的对外直接投资是否会以及会如何改变国际投资制度的相关研究很少，而新兴经济体技术驱动型对外直接投资的可能影响则几乎被忽略。[2]

在传统的国际分工模式下，发展中国家在国际直接投资中的主要角色是作为发达国家对外直接投资的东道国。事实上，发展中国家对于来自发达国家的直接投资的态度也经历了一个转变的过程，从惧怕发达国家直接投资摧毁本土制造能力的"狼来了"心态，转向经济吸引外资流入推动本土要素红利的实现以及本土产业结构的提升，20 世纪 90 年代以后这一趋势更加明显。这种趋势实际上在国际直接投

---

[1]　UNCTAD，*World Investment Report 2005*，http://unctad. org/en/Docs/wir2005_en. pdf.

[2]　Dantas E.，Meyer N.，Stehnken T.，Growing Outflows of Technology-Driven Foreign Direct Investment from Emerging Economies and the Implications for the International Investment Regime，*Fraunhofer ISI Discussion Papers Innovation Systems and Policy Analysis*，2013.

资领域实现着发达经济体和发展中经济体的双赢。因此,20 世纪 80 年代和 90 年代,尤其是 90 年代,不管是发达经济体还是发展中经济体都在推动 FDI 自由化。[①]

但是,随着新兴经济体的崛起,国际直接投资领域发生了显著的变化。这体现在两个方面,首先随着世界经济环境的变化,发达国家对于对外直接投资的态度发生了变化。2007 年开始的经济衰退不仅是一场金融危机,其背后的本质是发达国家产业结构失衡和技术周期的变化。因此,结构调整将成为后危机时代美国等发达经济体的主要趋势之一,美国的经济发展长期依赖消费,在产业结构上过多依赖金融业,因此调整的重点可能在于去杠杆化和"再工业化",通过重视制造业的发展,重塑美国经济发展的稳健性。另一方面,发展中经济体对于发展中国家越来越多的直接投资,尤其是"战略性资产"获取型直接投资,是否会引起发达经济体的忧虑,还值得关注。发达经济体对于新兴经济体技术驱动型对外直接投资的忧虑,可能来源于这些投资对于发达国家的研发能力可能带来的"空心化"(hollowing-out)效应。具体来说,就是担心发展中经济体的投资将技术资产从工业化的东道国转移到母国。

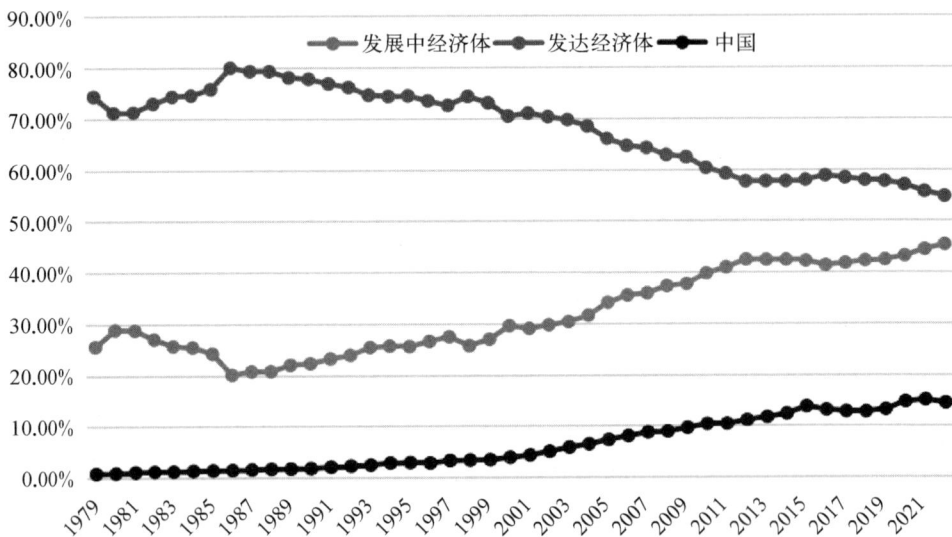

图 10-3　1979—2021 年发达经济体、发展中经济体和中国商品出口比重

数据来源:联合国贸发会议统计数据库(https://unctadstat. unctad. org/)

[①] Golub, S. S., Measures of Restrictions on Inward Foreign Direct Investment for OECD Countries, *OECD Economic Studies*, No. 36, 2003.

发展中经济体在世界贸易中的重要性的提升显著超过了在世界生产和投资领域的重要性,发展中经济体商品出口占世界总出口的比重自 1986 年起就保持较为稳定的上升趋势,到 2013 年其比重已经与发达经济体接近,超过 45%(图 10-3)。新兴经济体更深入地融入世界经济,使其能够成为影响国际经济秩序演变的力量,"是融入世界经济的水平,而不仅仅是经济规模,使得新兴经济体具备影响力"。[1]

金融危机后,新兴经济体在世界生产、贸易和投资领域重要性的显著提升,"使得西方工业化国家再也不能忽视新兴市场国家的崛起……特别是以 BRICS(金砖国家)为代表的新兴经济体可能成为影响全球治理体系的主要力量……新兴市场不应该被归为同质性的集团,因为它们在消费和投资模式以及金融市场发展等方面表现出不同的特征"。[2] 新兴经济体的崛起对于全球经济秩序的影响得到越来越多的关注。有观点认为新兴经济体崛起对于国际经济秩序的影响与其国内经济制度的特征密切相关,比如,认为要明白中国的经济制度必然需要明白"关系"是日常互惠原则的基础。[3] 一个基本的观点是,从新兴经济体的观点看,它们管理外部关系的方式不会与管理内部关系的方式存在根本性不同,而"选择性"是新兴经济体经济制度的重要特点,与二战后全球自由经济秩序相比,由新兴市场支配的全球经济秩序可以看作是基于互惠交换的非自由秩序。[4]

以中国为代表的新兴经济体经济上的崛起甚至超出了很多学者的预期并由此引起了一些担忧,比如 Drezner 2007 年预测到 2025 年中国将成为世界第二大经济体,但是这一个目标到 2010 年即已实现。"20 世纪 40 年代以后,国际体系就是由美国支配的,此国际体系促进了自由化、资本市场的开放和无核化以及实现了美国的利益……除非中国等崛起的新兴力量被纳入这个框架,否则国际体

---

[1] Subacchi, P., New Power Centres and New Power Brokers: Are They Shaping a New Economic Order?, *International Fairs*, 2008, 84: 3, PP. 485 - 498.

[2] Priya S., Global Governance: Role of Emerging Economies during Global Financial Crisis, *Journal of Politics & Governance*, June 2013, Vol. 2, No. 1/2.

[3] 对此详细的研究可见 Alena Ledeneva, Blat and Guanxi, Informal Practices in Russia and China, Comparative Studies in Society and History, 2008 (50), pp 118 - 144, 论文直接使用"guanxi"来表示"关系"。

[4] May C., Nölke A., Capitalism in Large Emerging Economies and the New Global Trade Order, 54th Annual Convention of the International Studies Association, 3 - 6 April 2013, San Francisco.

系将落入不幸的不确定性之中……美国需要作出让步，如果中国和印度在现有国际体系中受到欢迎，它们另起炉灶而让美国在外观望……从美国角度看，更可取的方式是让中国和印度在美国领导的全球体系中实现自身利益，而非处于其外。"[1]

所以，全球经济危机爆发和以中国为代表的新兴经济体在全球经济中地位的提升，是全球经济治理结构变迁的转折点和催化剂。当代全球经济治理的特征可以用"经济一体化，治理碎片化"进行概括。战后美国为主导建立的国际经济秩序虽然仍然占据主导地位，但是一方面该体系已经难以为全球经济一体化发展提供有效的制度背景，另一方面新兴经济体已经具备影响全球经济规则制定的能力并显示出了需求。

二、 全球经济格局的变化

当今世界是经济全球化的世界，基于国际价值链分工的国际生产网络的快速发展成为 20 世纪 90 年代以来经济全球化发展的重要特征。改革开放以来，尤其是 20 世纪 90 年代以来，中国通过深入融入经济全球化、发展开放型经济，实现了经济上的成功，表现为经济的高速增长和产业结构的提升。但是，进入21 世纪，随着内外部发展环境的变化，中国开放型经济逐步进入了一个新的阶段，一方面随着多年的经济发展，中国经济规模已经跃居世界第二，并且成为世界第一大贸易国，成为世界经济舞台的重要新兴力量；另一方面，中国经济逐步迈入"新常态"，经济增长从重视速度转向速度和质量并举的新阶段。伴随着中国开放型经济发展进入新阶段，中国开放型经济模式也必然出现相应的转变，这种转变也对国际经济秩序产生了相应的新的需求。

"中心—外围"模式是研究国际经济秩序的主要分析模型，该分析模式在 20 世纪 60 年代是一种分析国际经济新秩序的流行模式。在这个分析模式中，世界经济体系由力量不对称的两极构成：中心国家控制和影响外围国家。中心国家利用制造业优势向外围国家出口金融资本和高附加值的制造品以交换外围国家

---

[1] Drezner D. W., The New New World Order, *Foreign Affairs*，2007，86（2）：34 - 46.

的低附加值产品。① 在这种国际经济体系下，外围国家对于国际经济新秩序的诉求就是主张制定区别对待发展中国家与发达国家，并对发展中国家作出有利的特殊权利义务安排的规则，以弥补其竞争实力不足的弱势，求得与发达国家间表面上不平等、实质是公平的结果。② 因此，"斗争"成为国内研究文献中对二战以后直到 80 年代后期发展中国家争取利益途径的基本概括，在此期间发展中国家也作出了联合起来争取利益的努力，比如在 1964 年第一届联合国贸易和发展会议上成立的"77 国集团"。作为发展中国家"斗争"的结果，"特殊与差别待遇"被体现在诸多国际经济制度安排之中。当然随着发展中国家的经济发展，尤其是中国经济实力的提升，中国以发展中国家身份要求享有"特殊与差别待遇"日渐艰难，因此有学者提出崛起中的中国等新兴国家应更加着力改变现行"反映市场逻辑之规则"的不平等适用状况，即开辟主张"平等与无差别待遇"的新路径。③

对于国际经济秩序的研究往往集中于世界经济格局调整期，这种调整带来了不同国家的利益格局的变化。中国学界对于国际经济秩序问题的研究主要集中在 20 世纪 50 年代后期至 80 年代初期发展中国家建立国际经济新秩序的斗争。冷战结束之后，发展中国家建立国际经济新秩序的斗争陷入低潮，我国学界对国际经济秩序问题的研究亦曾一度沉寂。④ 伴随着以金砖国家（BRICS）为代表的新兴经济体的崛起，尤其是中国在世界经济体系中地位的提升，世界经济多极化趋势越发显现，同时国际分工格局发生根本性改变，不同经济体在世界经济中的地位和利益诉求与 20 世纪 90 年代相比发生了显著变化，因此现有国际经济秩序存在改善的需求和可能。事实上，国际经济秩序正在发生变化，当今世界经济的复杂化导致国际经济秩序向多极结构转变，不同主体相互发生影响。⑤

---

① Subacchi, P., New Power Centres and New Power Brokers: Are They Shaping a New Economic Order?, *International Fairs*, 2008, 84: 3, PP. 485 - 498。
② 徐崇利：《新兴国家崛起与构建国际经济新秩序》，《中国社会科学》2012 年第 10 期。
③ 徐崇利：《新兴国家崛起与构建国际经济新秩序》，《中国社会科学》2012 年第 10 期。
④ 徐崇利：《新兴国家崛起与构建国际经济新秩序》，《中国社会科学》2012 年第 10 期。
⑤ Subacchi, P., New Power Centres and New Power Brokers: Are They Shaping a New Economic Order?, *International Fairs*, 2008, 84: 3, PP. 485 - 498.

这种多极化的秩序受到新兴经济体如中国的欢迎,因为这种结构有利于提升其地位并且最小化美国的影响力。[①] 随着以中国为代表的新兴经济体的崛起,世界经济原有力量格局发生了改变,因此新兴经济体崛起与国际经济秩序重构再次成为研究的热门话题。不管是国内学者还是国外学者对此的研究中,中国的崛起都被视为国际经济秩序重构的诱因,而中国经济规模位居世界第二并且贸易规模位居世界第一被当作中国崛起的证据。国内外文献对战后国际经济秩序的演变进行了很好的梳理,而且几乎都认为国际经济秩序面临重构,而以中国为代表的新兴经济体的崛起改变了原有世界力量的配置是重构的动力。

但是,应该看到目前世界经济体系不仅仅是在经济规模层面上出现了力量转移,更重要的是当今世界经济一体化的格局发生了本质变化。从中国角度看,随着中国经济发展阶段的提升,开放型经济模式也发生了根本性改变。因此,中国对国际经济秩序的需求也必然发生改变,不仅仅是通过"斗争"来获取原则性的"特殊与差别待遇"或者"公平公正待遇",而是要依据自身能力和开放型经济模式转变的方向,确定自身在贸易、投资和金融领域对于国际经济秩序的需求。

第三节
中国式现代化对全球治理体系的完善

一、 中国式现代化为完善全球经济治理贡献中国方案

当前,全球经济处于深度调整期,世界面临的不稳定性及不确定性相当突出,世界经济增长动能不足,贫富分化日益严重,地区热点问题此起彼伏,恐怖主义、网络安全、重大传染性疾病、气候变化等非传统安全威胁持续蔓延。导致经济全球化发展面临许多挑战。但和平与发展仍然是时代主题,并没有发生根本性变化,经济全球化是生产力发展和科技进步必然结果的理论逻辑永远不会变。因此,在全球经济处于大发展、大变革、大调整时期,在世界经济朝着多极化、信息化、多样化深入发展的转型期,世界所面临的问题并不是要不要推进经济全球

---

① Kapp, Robert A., The Big Crap Shoot, *China Economic Quarterly*, 2008, 12（1）: 27.

化的问题,而是如何通过全球经济治理体系的变革和完善来更好地推进经济全球化深度发展的问题,通过发展来解决发展中出现的各种问题,而不是要重回以邻为壑的老路。

理念引领行动,全球经济治理滞后,一方面反映的是全球公共产品供给不足,另一方面表明全球经济新形势需要有新的治理理念。而作为公共产品的一种,全球经济治理的概念和内容通常包括治理主体、治理方式和治理机制。十九大报告强调指出,中国要坚持推动构建人类命运共同体,并秉持共商、共建、共享的全球治理观。应该说,倡导"人类命运共同体"理念,坚持"共商、共建、共享",正是对当前全球经济治理机制不足和缺陷的补充和完善,能够有效解决当前全球经济治理所面临的不适应问题。

构建"人类命运共同体"的倡议为全球经济治理提供了先进的理念。原有的全球经济治理规则单纯以市场效率为基础,重利而轻义。你少我多、损人利己或者你输我赢、一家通吃,这或许满足效率原则,但很难符合道义需求。随着以价值链分工特征的经济全球化深入发展,世界各国客观上形成了"你中有我、我中有你"的命运共同体。利益之间的彼此融合与交织,使得各国在利益分配上只有实现"共赢"才能实现利益获取的可持续性,甚至可以说只有实现"共赢"才能保证自身利益的顺利获取。如果在经济全球化进程中只顾自身利益而不关切他人利益,甚至自身利益的获取是建立在损害他人利益基础之上,那么必然导致全球价值链的断裂以及全球生产网络的破坏,最终导致自身利益也难以如期实现。在要素流动和全球价值链的新型国际分工体系下,各国同处统一利益链条,具有了典型的命运共同体特征。因此,在此新形势下,只有义利兼顾才能共同发展,只有义利平衡才能互利共赢。中国秉持的"人类命运共同体"的先进理念,蕴涵了"道义为先,义利平衡"的正确义利观。这一先进理念超越了国家的狭隘和国际的差异,树立了人类整体意识,体现的是中华文明中"天下大同"的深邃思想,彰显的是中国对和平发展、合作共赢的孜孜追求以及道义为先的大国风范,也反映了作为社会主义国家的应有担当。

中国为完善全球经济治理提出的"共商"理念,体现的是平等参与思想。一方面,全球经济治理本就应该以平等为基础,正如十九大报告指出的,"倡导国际关系民主化,坚持国家不分大小、强弱、贫富一律平等,支持联合国发挥积极作用,支持扩大发展中国家在国际事务中的代表性和发言权"。因此,世界各国都是国际社会平等成员,理应平等参与决策,享受权利,履行义务。另一方面,以中国和印度等为代表的发展中国家和新兴经济体力量上升,已经从根本上改变了世界经济格局和力量对比,完善全球经济治理,必须增加新兴市场国家和发展中国家的代表性和发言权,确保各国在国际经济合作中权利平等、机会平等、规则平等。为完善全球经济治理贡献的中国方案中的共商原则,是一种共同商讨的新机制,让共建"一带一路"国家和人民可以共同商讨和规划未来的发展方向,构建未来发展蓝图,体现的正是平等参与思想,弥补了世界发展方向和规划总是由经济强势国家确定的不足,对全球经济治理具有重要完善作用。

中国为完善全球经济治理提出的"共建"理念,体现的是一种联动发展思想。在"一荣俱荣、一损俱损"的全球经济新格局下,没有哪一个国家可以独善其身,协调合作是必然选择。各国经济唯有联动发展,才能为世界经济注入持久动力,也才能实现真正意义上的持续性互利共赢。世界经济发展的南北失衡正是联动不够的表现和结果,是全球经济治理缺乏联动思维的缺陷所致。在这一方面,中国已经为全球作出了表率。比如,习近平总书记提出的"一带一路"倡议正是建立在"一带一路"国家和地区共同建设基础之上的,创办亚洲基础设施投资银行以及设立丝路基金充分体现了中国的表率作用。当然,这也是实现十九大报告中提出的,我国"国际影响力、感召力、塑造力进一步提高,为世界和平与发展作出新的重大贡献"的实践表现。我们应当通过加强政策规则的联动以及夯实基础设施的联动,以构建和优化全球价值链的利益联动,最终实现发展的联动,构建世界经济更加均衡的发展模式。

中国为完善全球经济治理提出的"共享"理念,体现的是一种包容增长。发展的目的是要让发展的成果惠及世界各国人民,因此,全球经济治理应该以共享为目标,寻求利益共享,实现共赢目标,使经济全球化发展更具包容性。全球经济治理既要讲求效率,也要注重公平。目前的全球经济治理强调前者而忽视后者。在经济全球化红利分配不均已经成为可持续发展重要制约因素的条件下,依托全球经济治理规则调整和完善推动包容发展,不仅是国际社会的道义责任,而且能释放更强劲的有效需求。十九大报告也明确强调指出,"促进贸易和投资自由化便利化,推动经济全球化朝着更加开放、包容、普惠、平衡、共赢的方向发展"。其中"包容、普惠、平衡、共赢"的内在真谛,就是指发展的成果由参与经济全球化的所有国家共同享有,秉持的是一种包容性发展理念和原则,这正是对当前全球经济治理包容性不足的有益补充和完善。

在完善全球治理机制方面,中国也正在作出一些创新性贡献。正如十九大报告中所指出的:"中国坚持对外开放的基本国策,坚持打开国门搞建设,积极促进'一带一路'国际合作,努力实现政策沟通、设施联通、贸易畅通、资金融通、民心相通,打造国际合作新平台,增添共同发展新动力。"实际上,"一带一路"倡议依靠中国与有关国家既有的双多边机制,借助既有的、行之有效的区域合作平台,旨在借用古代"丝绸之路"的历史符号,高举和平发展的旗帜,制定有关国际标准和规范,推广相关经验和做法,主动地发展与共建国家的经济合作伙伴关系,共同打造与共建国家政治互信、经济融合、文化包容的命运共同体,解决了现有一些机制难以充分反映国际社会诉求、难以有效应对全球性挑战和代表性不够等问题。当然,由于"一带一路"是一个开放的体系,向包括欧美国家在内的所有国家开放,因此,"一带一路"倡导的新倡议新机制不是另起炉灶,而是对现有全球经济治理机制的有益补充和完善。

二、 中国式现代化丰富了全球经济治理理论

马克思主义政治经济学要求我们深入研究经济运动过程,把握社会经济发展规律,揭示经济活动的新特点,以更好地指导经济发展实践。为完善全球经济治理贡献的中国理念、中国方案和中国智慧,就是在深入研究世界经济新情况新问题的基础上,对当代全球化运动规律深刻把握的基础上,以及对全球经济治理出现滞后性的深刻洞见的基础上提出来的,既迎合了世界经济形势发展演变的新需要,也迎合了全球经济治理与时俱进、因时而变的现实需求。因而"中国方案"拓展了马克思主义政治经济学新境界,是对当代全球经济治理理论发展的新贡献,对经济全球化发展实践具有重要的指导意义。

世界经济发展的历史经验表明,开放带来进步,封闭导致落后。经济全球化

是社会生产力发展和科技进步的必然要求和结果。这是马克思主义政治经济学的基本观点，也是理解经济全球化应遵循的基本逻辑。实际上，社会生产力发展和科技进步不仅要求经济全球化，也改变着经济全球化的发展形势并推动着格局演变。与此相应，全球经济治理也需要与时俱进、因时而变。困扰经济全球化问题的出现乃至日益严峻，并不是经济全球化自身的问题，而是全球经济治理滞后所致。依托完善全球经济治理，促进全球经济更加健康和持续发展，通过发展来解决发展中的问题，才是正确的选择和出路。因循传统老路甚至退缩，不仅无益于问题的解决，反而会收窄世界经济的共同空间，导致出现"共输"局面。中国方案以习近平新时代中国特色社会主义思想，敏锐地洞察和把握世界经济形势之变、格局之变、需求之变，为完善全球经济治理提供了客观认识和准确判断。

中国理念、中国方案和中国智慧拓展了全球经济治理的理论哲学基础。当前全球经济治理的理论基础是市场经济竞争效率，主张经济自由化、私有化、开放化，其背后是支撑传统资本主义的"优胜劣汰""适者生存""弱肉强食""赢者通吃"的功利哲学思想。以此为基础，全球经济治理的政策主张自然是利益导向，保护强者的利益，构筑对强者有利的国际经济秩序。这对战后市场经济的全球扩张无疑起到了重要推动作用。中国倡导的"人类命运共同体"新理念以及提出的共商、共建、共享等基本原则，正是着力于推动经济全球化朝着均衡、普惠、共赢的方向发展，因而追求的目标更具包容性，在注重效率的同时关切公平和道义，倡导的是共存、共赢、共享的哲学思想。以此为基础，政策主张的导向是兼顾本国和他国的利益、本国发展和世界各国的共同发展。这是经济全球化发展到特定阶段后的内在需求，反映的是对全球经济治理规律的正确认识。

第四节
完善全球治理体系的中国战略选择及方案

一、 对于国际经济秩序进行完善而非否定是中国利益之所在

中国对于国际秩序的新需求来源于内外部环境的改变。随着中国开放型经

济发展和经济发展阶段的提升，支撑原有经济增长的动力趋于消失，人口红利近乎消失，"刘易斯拐点"已经到来，因此中国开放型经济发展需要实现转型以构建开放型经济发展新优势。同时，中国作为新兴经济体的代表，已经成为世界第二大经济体和世界第一大贸易国，对国际经济秩序构建的影响力正逐步增强。20世纪90年代以来中国GDP、商品出口和对外直接投资占世界总值的比重持续上升，2013年分别达到约12.5％、11.9％和7.2％，无论从经济规模、外汇储备规模还是从融入世界经济的程度来看，应该说中国已经成为世界经济中具有现实或潜在影响力的重要经济体。

中国影响力的提升实际上造成了一些担忧，比如中国会利用自身的影响力挑战甚至推翻现有的国际秩序，进而建立由中国主导的国际经济新秩序。美国总统奥巴马在2015年国情咨文中提道，"中国希望为目前世界发展最快的地区制定游戏规则。这将陷我们的工人和企业于不利之地……我们应当起草这些规则。我们应当创造公平的竞争环境……与从亚洲到欧洲的国家签订新的贸易协定，不仅仅是自由贸易，而且是公平贸易……我是第一个承认以往的贸易协定并非都像宣传得那么美好的人，所以，我们打击那些破坏规则给我们造成损失的国家。"

认为中国的崛起会挑战甚至推翻现有国际经济秩序的观点无非出于三个方面的原因。第一，二战后确立的世界经济体系毫无疑问是体现了美国的主导性和意志，服务于美国及其欧洲盟友的利益。中国的崛起给中国带来的对于国际经济秩序的影响力引起了现有国际经济秩序既得利益集团的忧虑。尽管中国对于国际经济秩序并没有根本改变的动力，但是其中不能体现发展中国家或者中国发展需求的不公平规则也存在完善的必要。70年来国际格局形势也发生了很大变化，国际秩序自然也需要与时俱进，包括中国在内的新兴经济体对于国际经济体系完善的需求当然会面临阻力，而鼓吹中国影响力的提升必然挑战现有秩序的观点正是这种忧虑的反映。第二，以中国为代表的新兴经济体的崛起使得国际权力结构多极化体征日趋明显，美国等发达经济体对于国际经济规则制定和实施的控制力被削弱，这意味着以国际经济规则制定权为手段谋求自身利益的能力在下降。控制力的下降必然带来"不安"，对于中国影响力提升的忧虑正是这种不安的表现。第三,就是通过类似于"中国威胁论"的宣传,试图削弱中国对于国际经济秩序的影响力。

事实上,一个开放、公平而稳定的国际经济秩序符合中国发展的需求。一方面,中国是基于经济全球化的国际经济秩序的受益者,改革开放以后尤其是 20 世纪 90 年代以后,中国正是通过深入融入经济全球化进程实现了经济的快速发展;另一方面,中国经济发展的转型升级需要更加依赖在全球范围内整合资源。较多的观点认为中国需要实现经济发展动力的转型,重视内需在推动经济发展中的作用,但是这并不意味着融入国际分工对于中国经济发展的意义在下降,只是中国融入国际分工的动机和方式将出现一定的变化。从动机看,传统开放型经济模式注重通过充分实现要素红利以推动经济增长,而通过整合全球优势要素实现企业微观竞争力的提升将是开放型经济发展模式转型的重要方向。从方式看,将从传统注重出口和外资流入转向"引进来和走出去更好结合……国际国内要素有序自由流动……培育参与和引领国际经济合作竞争新优势",[1]中国新战略的一个重要方面将是扩大对外直接投资。[2] 因此,可以看出保持国际经济体系的开放性,推动贸易和投资谈判对于中国有特殊意义。全球贸易和投资的自由化符合中国的利益,对于国际经济新秩序中国的需求是完善而非否定。一个稳定的国际经济秩序的存在仍然是中国利益所在,因此努力的方向是对现有的国际经济秩序进行合理的"扬弃",在容忍的前提下加以改造,而不是对现存的经济秩序进行挑战和全盘否定。[3] 我们主张对国际秩序和体系进行改革,但这种改革并不是推倒重来,也非另起炉灶,而是创新完善。中国快速的经济增长以及作为世界主要经济力量的崛起,使得中国的领导层对于其经济发展模式的信心增加。很多人相信对于美国而言主要的挑战是要意识到维持目前的国际贸易体系是中国的利益所在,该体系成就了中国的经济崛起,中国将在维持该体系中

---

① 《中共中央关于全面深化改革若干重大问题的决定》,《人民日报》2013 年 11 月 16 日第三版。

② Lemoine F., From Foreign Trade to International Investment: A New Step in China's Integration with the World Economy, *Economic Change and Restructuring*, 2013, 46 (1): 25 - 43.

③ 张二震、方勇:《经济全球化与中国对外开放的基本经验》,《南京大学学报(哲学·人文科学·社会科学)》2008 年第 4 期。

扮演更加积极的领导角色。[①]

二、 中国对国际经济新秩序存在现实需求

尽管中国是经济全球化的受益者,对于国际经济秩序没有"否定"的动机,但是,中国对于国际经济秩序存在新需求也是客观的事实,这是中国经济发展阶段转变和世界经济格局转变的需要。中国正在面临新旧发展模式的转型,在 2008 年之前,中国经济增长的主要引擎是大规模的国内投资和不断增长的贸易顺差。为充分利用中国具有禀赋优势的要素,主要是廉价的劳动力的优势,中国将"招商引资"放在重要的位置,通过外资来整合中国的廉价要素,并以欧美作为主要目标市场,"中国的发展得益于'利用别国的市场,充分利用了本国的低端生产要素',国内市场的缺口通过出口解决"。[②] 在这种开放型经济发展模式中,中国对于国际经济秩序的需求主要体现在两个方面,一方面是外部市场公平的进入机会;另一方面就是外资的流入。在美国等发达国家主导的国际经济秩序能够基本满足中国开放型经济发展的需求,"加入 WTO 使中国成为经济全球化的最大受益者"。[③]

在新的开放模式下,"开放"对于中国经济发展的意义发生了变化。中国需要利用经济全球化达到的一个重要目标是为企业整合全球资源,为塑造企业微观竞争力提供有利的环境。产品价值链可以粗略地分为三个部分,品牌和研发等战略资产密集型环节、生产制造环节以及销售环节。长期以来,中国在非熟练劳动力上具有禀赋优势,是生产制造环节理想的配置地区,因此到目前为止中国寻找对外直接投资效率的动机并不显著。但是,随着中国劳动力成本的不断提高,非熟练劳动力密集型环节对外转移将越来越多。因此,中国对外直接投资的动机也会发生变化,首先技术、品牌和研发能力等战略性资产是实现中国经济转型不可或缺的战略性资产,而企业战略性资产寻找型对外直接投资是有效途径,

① Morrison, W. M., Chinas Economic Rise: History, Trends, Challenges, and Implications for the United States, *CRS Report for Congress RL 33534*,2013.

② 刘志彪:《战略理念与实现机制:中国的第二波经济全球化》,《学术月刊》2013 年 1 月。

③ 刘志彪:《全面深化改革:经济理论和政策创新的基本维度——对十八届三中全会决议的理论解读》,《江海学刊》2014 年第 2 期。

这类直接投资的目标主要是美国和欧洲等发达经济体;其次,未来生产环节转移型对外直接投资将会增加,东南亚地区以及中亚地区等发展中经济体将是中国生产环节转移的理想区域;第三,中国在越来越多的产业领域具备了竞争优势,比如高铁建设以及基础设施建设领域,这些产业的目标包括发展中经济体也包括发达经济体。因此,中国需要一个稳定和可预期的对外直接投资和贸易环境,帮助企业实现全球优势要素的整合,以及在特定产业发挥中国企业的竞争优势。

从对外贸易看,在传统开放型经济发展模式下,对外贸易的主要功能是通过贸易实现中国的要素红利,典型的方式是进口中间品,经过加工组装后出口至欧美等主要市场,这样在东亚、中国和欧美之间形成了"三角贸易模式",中国在其中扮演加工组装地的角色。[①] 因此,传统开放型模式下贸易的规模、增速,尤其是顺差的规模是关注的重点,因此这些变量关系到要素红利的实现,关系到在内需不足以支撑经济高速增长的情况下外需对于经济增长的贡献。新的开放模式下,贸易更多地表现为生产的过程,服务于中国企业整合全球优势要素提升微观竞争力的需要,因此诸如增速和顺差等规模性指标的意义在下降。

从直接投资的角度看,传统开放模式重视直接投资的流入(IFDI),特定产业招商引资规模是政策激励的重点,希望通过 IFDI 来带动国内总产值(GDP)增长。对外直接投资(OFDI)相对而言在政策目标中并不具有重要地位,"OFDI 扮演着两个有限的角色。第一,OFDI 有助于建立必要的基础设施,通过改善目的国物流水平和设立贸易公司的办公机构,使得中国融入全球贸易体系;第二,OFDI 用于保证增长所需的商品投入的安全"。[②] 在新的模式下,OFDI 重要性增加,成为中国企业配置价值链环节、整合全球要素的重要手段。随着中国对外直接投资的快速增长,中国企业国际化经营的时代已经到来。把中国对外直接投资看作主要是转移过剩产能的手段是对对外直接投资作用非常片面的理解。如果不能解决 GDP 崇拜带来的投资冲动,通过对外直接投资将国内产能过剩的生产

---

① 三角贸易模式及其对于中国对美贸易的影响的详细分析,参见安礼伟、杨夏《三角贸易模式对中国对美出口增长的影响》,《国际经贸探索》2012 年第 4 期。

② Rosen D. H., Hanemann T., *China's Changing Outbound Foreign Direct Investment Profile: Drivers and Policy Implications*, Washington, DC: Peterson Institute for International Economics, 2009.

转移出去,也无法根本解决产能过剩现象的再次出现。中国经济实现转型的一个重要方向是实现经济发展质量的提升,而这一目标的实现离不开开放型经济发展优势的转变,即从国家层面的优势转向企业微观经济力的提升,将国家竞争优势建立在企业竞争优势提升的基础之上。改革开放以来尤其是 20 世纪 90 年代以来中国利用开放实现经济高速增长的主要途径是要素红利的实现,通过促进出口和外资流入,使得以廉价劳动力为代表的具有禀赋优势的要素得到充分使用,推动经济的高速增长。但是一方面,以土地和廉价劳动力等为基础的比较优势正逐步消失,[1]低附加值出口导向的经济增长方式不可持续;[2]另一方面,在全球价值链分工的背景下,整合全球要素成为提升企业竞争力的重要途径。20世纪 80 年代及以前的跨国公司对外直接投资的动机主要是在更大的市场利用品牌、技术等"所有权优势",这种对外直接投资可以称为"所有权优势"使用型对外直接投资,而目前企业对外直接投资的动机也可能是获取本企业和地区不具备的要素或者能力,这种能力可能从最简单的加工装配到复杂研发能力和核心技术,这种对外直接投资可以称为"所有权优势"获取型对外直接投资。[3] 为了推动中国制造技术含量的提升和附加值的增加,对于诸如管理、研发能力、品牌等战略资产的获取是必不可少的,可以通过对外直接投资进入具有战略性资产禀赋优势的区位,获取战略性资产,促进研发提升技术和管理水平以及品牌和国际营销网络的构建。技术水平提升可以是自身研发的结果,而通过对外直接投资可以接近研发要素而有助于自身研发。同时,技术水平的提升也可以是对外并购的结果,而且在很多情况下,通过并购获取技术要素可能比自身研发更具成本和效率优势。管理和品牌要素也是如此,不仅能够通过对外直接投资提升自身培育的能力,也能够通过并购直接获得它们。因此,中国对外直接投资可能分为三个类型,战略性资产寻找型,其主要指向是在战略性资产上具有禀赋优势的发达国家;低成本要素寻找型,通过将劳动密集型生产环节转移至更加合适的区

---

① 裴长洪:《全面提高开放型经济水平的理论探讨》,《中国工业经济》2013 年第 4 期。

② 胡鞍钢、鄢一龙、杨竺松:《打造中国经济升级版:背景、内涵与途径》,《国家行政学院学报》2013 年第 4 期。

③ Dunning, John H., Kim, Changsu, and Park, Donghyun, Old Wine in New Bottles: A Comparison of Emerging Market TNCs Today and Developed Country TNCs Thirty Years Ago, *SLPTMD Working Paper Series*, No. 011, Department of International Economics, Oxford: University of Oxford, 2008.

位来实现"腾笼换鸟",其主要指向是具有廉价要素禀赋优势的发展中经济体；"所有权优势"使用型,通过多年的经济发展,中国企业在诸多领域已经具备了所有权优势,比如高铁建设等,通过对外直接投资实现所有权优势将是中国企业对外直接投资一个重要方面,其指向包括发达经济体和发展中经济体。

概括起来看,新的开放模式的重心将从充分利用我国廉价要素转向获取国际高级要素,从扮演要素的被整合者的被动参与经济全球化转向扮演全球要素整合者的主动参与经济全球化。目前中国正处于新旧发展模式的转型期,融入经济全球化的动机和方式都会发生显著的变化,也必然产生对于国际经济秩序的新需求。尽管贸易和资本流动规模是反映经济全球化发展的常用指标,但是应该看到在国际价值链分工的背景下,贸易投资一体化是基本特征,贸易和投资都是企业利用全球价值链分工构建国际生产网络的外在表现。因此,分析中国对于国际经济秩序的需求,要立足于中国经济发展模式转型的需要,而非传统从贸易和投资角度展开的分别研究,比如争取更有利的贸易条件以及发达国家给予的贸易优惠或者公平贸易机会等等。

目前,中国已经进入了从旧模式转向新模式的调整期,增长的"再平衡"需要家庭收入和消费的增长,制造业发展更多强调增加值而不是生产规模。因此,中国需要延长生产价值链的环节,这在很多时候意味着需要走出去。目前,中国OFDI在商业上以及地缘经济上都达到了一个很高的水平,开始改变国际投资规则和国际关系。[1]

三、 中国经济参与全球经济治理的路径选择

（一）路径选择的基本背景

中国对于国际经济秩序需求的实现路径要与国际经济及其治理现实格局以及中国利益诉求相一致。首先,国际经济格局由"中心—外围"转变为"多极化",新兴经济体力量增加,而治理格局则呈现"碎片化"趋势。中国在世界经济中地

---

[1] Rosen D. H., Hanemann T., *China's Changing Outbound Foreign Direct Investment Profile：Drivers and Policy Implications*, Washington, DC：Peterson Institute for International Economics, 2009.

位的提升、国际经济格局多极化与治理"碎片化"为中国实现对国际经济秩序的新需求提供了空间。

其次,从"零和博弈"转变为"多赢合作"。传统国际经济格局,包括战后建立的所谓国际经济新秩序下,发展中经济体和发达经济体处于"零和博弈"中,发展中经济体的实现利益的主要思路是团结起来向发达经济体争取"特殊与差别待遇"。发展中国家要求"特殊与差别待遇",主张制定区别对待发展中国家与发达国家,并对发展中国家作出有利的特殊权利义务安排的规则,以弥补其竞争实力不足的弱势,从而求得与发达国家间表面上不平等、实质是公平的结果。[①] 在新的国际经济格局下,不同国家具有不同的资源禀赋优势,"资源整合"成为一国企业提升竞争力的必然途径,因此不同类型经济体具有由"零和博弈"转型为"合作共赢"的现实基础。各国对于国际经济秩序的需求也转变为本国整合全球要素,为形成本国竞争力提供有利的支撑条件。

第三,发达经济体和发展中经济体在中国全球"资源整合"需求中都扮演着重要角色。一个产品的价值链可以粗略地分为三个部分,创新、研发和品牌等战略性资产密集型的环节、生产制造环节以及销售环节。20世纪90年代以来中国经济高速增长的重要原因在于中国在生产环节上的低成本制造能力,但是对于中国企业微观竞争力的提升而言,中国企业缺乏的战略性资产却是提升企业竞争力不可或缺的要素,发达经济体在战略性要素上具有禀赋优势,因此发达经济体将是中国战略性资产获取型直接投资的主要区位。从生产制造环节看,随着中国劳动力工资的提高,非熟练劳动密集型环节上的比较优势已经逐步丧失,这产生了生产环节转移的需求,或者说产生了整合发展中经济体廉价要素的需求。这种变化也使得中国实现自身需求的路径必然发生变化,从与发展中国家合作与发达国家博弈阶段走向与发达国家与发展中国家竞争与合作并存的阶段。

第四,中国实现对于国际经济新秩序的需求,必然面临既得利益集团的阻力。一方面,国际经济秩序调整的背后是利益的调整,国际经济秩序的调整必然

---

① 徐崇利:《新兴国家崛起与构建国际经济新秩序》,《中国社会科学》2012年第10期。

伴随着主要经济体之间的利益博弈；另一方面，目前国际经济秩序的基础仍然是以二战以后建立的国际经济秩序为基础，其主导权仍然处于美日欧等传统发展经济体手中，推动现有国际经济机构或者国际经济规则的改革面临很大的阻力。2001 年加入世界贸易组织（WTO）使中国成为经济全球化的最大受益者，以美国为代表的西方国家出于遏制中国迅速崛起的战略考虑，对中国进行外部挤压的特征日益突出，①跨太平洋伙伴协议（TPP）将中国排除在外，至少在目前是如此，就是其中一个案例。TPP 将中国排除在外的根本原因不是将中国排除在经济一体化组织之外，因为将中国这样一个世界第一大贸易国排除在区域经济一体化组织之外是不合常理的。将中国排除在 TPP 之外的本质是将中国排除在贸易投资规则制定之外，"奥巴马支持 TPP 的最有力理由是，该协定将迫使中国遵守全球贸易与投资规则"。②

（二） 将实力转化为影响力是关键

中国对于国际经济秩序完善的诉求一方面需要明确中国对于国际经济秩序的新需求，另一方面需要构建将"实力"转变为"影响力"的路径。影响力指的是能够改变或者影响其他主体的偏好或者行为以实现自己的目标，③一个国家的政策影响力不必定对应于一个国家可度量的力量属性，诸如经济规模、产业基础或者军事实力，影响力决定于一国的结构性力量（structural power）。④ 实力只是一种潜在的能力，亦即实力的上升不一定能够转化为影响力的提升，比如"尽管中国是美国的主要债权国，但是在本轮金融危机期间，中国并未能对美国金融政策施加有效影响"。⑤ 所以，对于中国而言，一个有意义的研究就是中国能够通过哪些方式或者途径将实力的上升转化为影响力，以实现中国对于国际经济

---

① 刘志彪：《全面深化改革：经济理论和政策创新的基本维度——对十八届三中全会决议的理论解读》，《江海学刊》2014 年第 2 期。

② 《谁能为 TPP 困局解围？》，FT 中文网 http://www.ftchinese.com/story/001062539。

③ Goh E.，The Modes of China's Influence：Cases from Southeast Asia，*Asian Survey*，2014，54（5）：825 - 848.

④ Ciorciari J. D.，China's Structural Power Deficit and Influence Gap in the Monetary Policy Arena，*Asian Survey*，2014，54（5），pp. 869 - 893.

⑤ Daniel W.，Drezner，Bad Debts：Assessing China's Financial Influence in Great Power Relations，*International Security*，2009，34：2，pp. 7 - 45.

秩序的新需求。

经济影响力是国际影响力的重要方面,经济大国可以通过发挥经济力量影响国际经济规则的制定与实施,这种经济影响包括与谁发生经济联系、与谁贸易、投资于谁以及向谁提供援助,甚至包括在经济上对谁实施孤立。影响力能否有效发挥与对象国的目标一致性程度有关,显然当对象国的优先需求与影响力施加者的目标一致时,施加者的影响力能够最有效地得以发挥,反之亦然。

中国已经成为世界第二大经济体、第一大贸易国以及世界第三大对外直接投资来源国,具备了经济影响力这个参与全球治理和国际经济秩序构建的基本基础,但是需要看到,"我国经济大而不强问题依然突出,人均收入和人民生活水平更是同发达国家不可同日而语,我国经济实力转化为国际制度性权力依然需要付出艰苦努力"。[①]

(三)途径选择

1. 坚持"互利共赢"的基本理念,打造"命运共同体"。"互利共赢"开放发展新理念的核心内容,也是中国参与建立公正合理全球经济治理的主要指导思想。和平发展一直是中国坚持的目标,"中国将始终做世界和平的建设者,坚定走和平发展道路,永不称霸,永不扩张,永不谋求势力范围",[②]将自身发展经验和机遇同世界各国分享,欢迎各国搭乘中国发展"顺风车",一起来实现共同发展。坚持合作共赢的基本理念才能团结最广泛的国际力量,推动公正合理国际经济治理的建立,中国从世界发展获益以及世界从中国发展中获益的目标的实现。从中国经济规模、外汇储备规模、在世界生产体系中的地位以及融入经济全球化的程度看,中国在"实力"上已经具备影响国际经济规则制定,实现对于国际经济秩序新需求的潜在能力。显然,寻求共同利益并以此为基础,构建一个合作共赢的机制,则应成为中国实现对于国际经济秩序新需求的优先选择的途径。

"一带一路"倡议就是中国贯彻互利共赢理念的,构建公正合理国际经济治

---

① 习近平:《在省部级主要领导干部学习贯彻党的十八届五中全会精神专题研讨班上的讲话》,《人民日报》2016 年 5 月 10 日第二版。

② 习近平:《携手构建合作共赢新伙伴　同心打造人类命运共同体——在第七十届联合国大会一般性辩论时的讲话》,《人民日报》2015 年 9 月 29 日第二版。

理的典型代表。"中国提出'一带一路'倡议,就是要以加强传统陆海丝绸之路沿线国家互联互通,实现经济共荣、贸易互补、民心相通。中国希望以'一带一路'为双翼,同南亚国家一道实现腾飞"。[1] "推进'一带一路'建设,要诚心诚意对待沿线国家,做到言必信、行必果。要本着互利共赢的原则同沿线国家开展合作,让沿线国家得益于我国发展"[2]。通过"一带一路"建设,实现不同国家优势互补、共同发展,符合经济全球化发展潮流,也为公正合理的全球经济治理的构建树立了典范。

2. 转变经济发展方式,减少对外部市场的依赖。将潜在的力量转变为现实,其中的一个关键是减少对出口的依赖,途径之一是增加内部市场,包括中国国内市场,或者通过与相关国家的合作将储蓄转变为基础设施的建设。中国传统的开放型经济发展模式对于外部市场需求存在显著的依赖,甚至可以说外部需求是传统开放型经济发展模式的驱动力。在这种形势下,在国际经济规则制定中,中国主要出口市场必然处于有利的谈判地位,而中国则处于受制于人的被动地位。

将储蓄更有效地转化为投资是降低对外部市场依赖的根本途径,除了增加内需之外,通过与相关国家合作将中国的储蓄转变为相关国家的基础设施建设将是一个双赢的途径。这里就有一系列制度安排,其中构建区域经济合作平台加强区域经济一体化显然是中国发挥影响力的首选途径,因为一方面该途径能够满足中国经济转型升级的需要,也能满足相关国家经济发展的需求,实现共赢;另一方面,该途径能够实现中国对于国际经济秩序的新需求。20世纪80年代以来,中国一直重视与东盟(ASEAN)保持良好的关系。中国和ASEAN都倾向于在亚太或者更广泛的范围扮演更重要的角色。中国和ASEAN所追求的目标不是一个零和游戏,而是相互支持性的,通过双边或者多边的协商,能令彼此在各种国际结构和与西方力量谈判中增加力量。但是中国也面临一个艰巨的任务,就是降低或者消除"中国威胁论"。[3]

---

[1] 习近平:《携手追寻民族复兴之梦——在印度世界事务委员会的演讲》,《人民日报》2014年9月19日第三版。

[2] 中共中央宣传部编:《习近平总书记系列重要讲话读本(2016年版)》,学习出版社、人民出版社2016年版,第268页。

[3] Cheng J. Y. S., China's ASEAN Policy in the 1990s: Pushing for Regional Multipolarity, *Contemporary Southeast Asia*, 1999: 176 - 204.

建立新的经济全球理念以及与之相对应的战略与政策体系，培养自己有竞争力的跨国公司，也是实现中国参与构建公正合理全球经济治理的必然选择，"这一轮的全球化将从利用别人的市场转向利用自己的市场，将从低级要素利用转向高级要素吸取，将从被动适应全球化竞争转向主动创造全球化战略机遇……根据国际经验，抓住这种新的全球化机遇，必须拥有一个全新的经济全球化理念与为其服务的战略和政策，必须拥有强有力的处于创新价值链高端的跨国公司；必须拥有一大批具有高度国际化视野的高端人力资本。"[①]

3. 多种方式相结合，提升中国参与全球经济治理的博弈力量。提升中国在国际经济规则制定中的谈判力量，是中国将实力转化为影响力，实现自身对于国际经济秩序的需求的重要途径。但是以美国为代表的西方国家出于遏制中国迅速崛起的战略考虑，对中国进行外部挤压的特征日益突出，中国参与公正合理全球经济治理的构建之路必然面临各种阻碍，为此需要通过多种方式相结合，提升博弈力量。

为此，需要正式制度安排和非正式制度安排相结合。一方面在诸如国际货币基金组织（IMF）、世界贸易组织（WTO）以及世界银行等"制度性安排"中不断增加话语权，比如经过努力，美国当地时间 2016 年 1 月 27 日，IMF 份额改革正式生效，中国也成为仅次于美国和日本的 IMF 第三大份额国，IMF 也确认人民币从 2016 年 10 月 1 日起将被正式纳入特别提款权（SDR）货币篮子。另一方面，通过"非制度性安排"加强国际协调与合作，比如中国在"金砖国家"框架下以及 G20 框架下与各国之间的协调与合作。"制度性安排"与"非制度性安排"相结合可以实现优势互补，"非制度性安排"具有更大的灵活性，通过其达成的共识可以通过"制度性安排"加以实现，通过广泛使用"非制度性安排"进行协调，也可以提升中国在"制度性安排"中的谈判力量。同时，在广泛参与已有多边合作平台的同时，主动构建"双边"和"多边"合作平台，也是中国提升参与全球经济治理的博弈力量的有效途径。

---

① 刘志彪：《全面深化改革：经济理论和政策创新的基本维度——对十八届三中全会决议的理论解读》，《江海学刊》2014 年第 2 期。

参考文献

[1] 安礼伟、杨夏：《三角贸易模式对中国对美出口增长的影响》，《国际经贸探索》2012年第4期。

[2] ［美］保罗·R.克鲁格曼、［美］茅瑞斯·奥伯斯法尔德：《国际经济学》，中国人民大学出版社2006年版。

[3] 蔡昉：《二元经济作为一个发展阶段的形成过程》，《经济研究》2015年第7期。

[4] 陈继勇：《中美贸易战的背景、原因、本质及中国对策》，《武汉大学学报（哲学社会科学版）》2018年5月。

[5] 迟福林：《建设更高水平开放型经济新体制》，《当代经济科学》2021年1月。

[6] 戴翔、缪燕妮：《高水平开放促进高质量发展的机理探析》，《开放导报》2022年5月。

[7] 戴翔：《"全球增长共赢链"的若干基本理论问题》，《中共中央党校（国家行政学院）学报》2019年1月。

[8] 戴翔、杨双至：《数字赋能、数字投入来源与制造业绿色化转型》，《中国工业经济》2022年9月。

[9] 戴翔：《要素分工新发展与中国新一轮高水平开放战略调整》，《经济学家》2019年5月。

[10] 戴翔、张二震：《全球价值链分工演进与中国外贸失速之"谜"》，《经济学家》2016年1月。

[11] 戴翔、张二震：《"人类命运共同体"理念引领下的新时代经济全球化》，《江苏行政学院学报》2018年1月。

[12] 戴翔、张二震、王原雪：《习近平开放发展思想研究》，《中共中央党校学报》2018年2月。

[13] 戴翔、张二震：《"一带一路"建设与中国制度型开放》，《国际经贸探索》2019年10月。

［14］戴翔、张为付：《全球价值链、供给侧结构性改革与外贸发展方式转变》，《经济学家》2017 年 1 月。

［15］《邓小平文选》第 3 卷，人民出版社 1993 年版。

［16］洪俊杰、孙乾坤、石丽静：《新一代贸易投资规则的环境标准对我国的挑战及对策》，《国际贸易》2015 年 1 月。

［17］洪银兴：《改革开放以来发展理念和相应的经济发展理论的演进——兼论高质量发展的理论渊源》，《经济学动态》2019 年 8 月。

［18］洪银兴、任保平：《新时代发展经济学》，高等教育出版社 2019 年版。

［19］洪银兴：《新时代现代化理论的创新》，《经济研究》2017 年 11 月。

［20］胡鞍钢、鄢一龙、杨竺松：《打造中国经济升级版：背景、内涵与途径》，《国家行政学院学报》2013 年第 4 期。

［21］黄群慧、贺俊：《第三次工业革命"与中国经济发展战略调整——技术经济范式转变的视角》，《中国工业经济》2013 年第 1 期。

［22］黄先海、王煌、刘堃：《新全球化背景下中国外贸战略重构——基于要素跨国自由流动视角》，《社会科学战线》2019 年 12 月。

［23］季剑军、曾昆：《服务业对外开放与竞争力关系的研究》，《经济与管理研究》2016 年 1 月。

［24］姜荣春、江涛，《新时代全面开放新格局思想的逻辑关系研究》，《国际贸易》2018 年 7 月。

［25］金碚：《工业的使命和价值——中国产业转型升级的理论逻辑》，《中国工业经济》2014 年 9 月。

［26］金碚：《关于"高质量发展"的经济学研究》，《中国工业经济》2018 年 4 月。

［27］金碚、李鹏飞、廖建辉：《中国产业国际竞争力现状及演变趋势——基于出口商品的分析》，《中国工业经济》2013 年第 5 期。

［28］金碚：《全球竞争新格局与中国产业发展趋势》，《中国工业经济》2012 年第 5 期。

［29］金碚：《以创新思维推进区域经济高质量发展》，《区域经济评论》2018 年 4 月。

［30］金碚：《中国改革开放 40 年的制度逻辑与治理思维》，《经济管理》2018 年 6 月。

［31］金京、戴翔、张二震：《全球要素分工背景下的中国产业转型升级》，《中国工业经济》2013 年 11 月。

［32］金中夏：《全球贸易与投资规则重建》，《新金融评论》2014 年第 6 期。

［33］李磊、冼国明、包群：《"引进来"是否促进了"走出去"？——外商投资对中国企业对外直接投资的影响》，《经济研究》2018 年 3 月。

［34］理查德·巴德温、杨盼盼：《WTO2.0：思考全球贸易治理》，《国际经济评论》2013 年 2 月。

［35］林荆州：《学习邓小平对外开放理论的体会》，《经济学动态》1998 年 4 月。

［36］林毅夫、李永军：《出口与中国的经济增长：需求导向的分析》，《经济学季刊》2003 年第 4 期。

［37］刘梦、戴翔：《中国制造业能否摘取全球价值链"高悬的果实"》，《经济学家》2018 年 9 月。

［38］刘志彪：《从全球价值链转向全球创新链：新常态下中国产业发展新动力》，《学术月刊》2015 年第 2 期。

［39］刘志彪：《全面深化改革：经济理论和政策创新的基本维度——对十八届三中全会决议的理论解读》，《江海学刊》2014 年第 2 期。

［40］刘志彪：《全面深化改革：经济理论和政策创新的基本维度——对十八届三中全会决议的理论解读》，《江海学刊》2014 年第 2 期。

［41］刘志彪：《战略理念与实现机制：中国的第二波经济全球化》，《学术月刊》2013 年 1 月。

［42］陆旸：《从开放宏观的视角看环境污染问题：一个综述》，《经济研究》2012 年第 2 期。

［43］马克思和恩格斯：《共产党宣言》，《马克思恩格斯选集》第 1 卷，人民出版社 1995 年版。

［44］马琳、吴金希：《全球创新网络相关理论回顾及研究前瞻》，《自然辩证法研究》2011 年第 1 期。

［45］［美］麦金农：《经济自由化的顺序》，中国金融出版社 1993 年版。

［46］［美］艾里希·弗洛姆：《健全的社会》，孙恺祥译，上海译文出版社 2011 年版。

［47］［美］亨利·基辛格：《世界秩序》，胡利平译，中信出版社 2015 年版。

［48］［美］迈克尔·波特:《国家竞争优势》(上),天下远见出版公司1996年版。

［49］2013年4月8日到10日,习近平总书记在海南考察时的讲话,《人民日报》2013年4月11日。

［50］2018年3月7日习近平总书记在全国两会参加广东代表团审议《政府工作报告》时的讲话,《人民日报》2018年3月8日。

［51］钮文新:《没有理由放弃中低端制造业》,《经济参考报》2012年12月3日。

［52］裴长洪、刘洪愧:《习近平新时代对外开放思想的经济学分析》,《经济研究》2018年2月。

［53］裴长洪、彭磊、郑文:《转变外贸发展方式的经验与理论分析——中国应对国际金融危机冲击的一种总结》,《中国社会科学》2011年1月。

［54］裴长洪:《全面提高开放型经济水平的理论探讨》,《中国工业经济》2013年第4期。

［55］裴长洪:《全面提高开放型经济水平的理论探讨》,《中国工业经济》2013年4月。

［56］裴长洪、郑文:《国家特定优势:国际投资理论的补充解释》,《经济研究》2011年11月。

［57］秦刚:《社会主义是当代中国实现现代化的成功之路》,《求是》2018年2月。

［58］任保平、李梦欣:《中国经济新阶段质量型增长的动力转换难点与破解思路》,《经济研究参考》2021年10月。

［59］沈利生、吴振宇:《出口对中国GDP增长的贡献——基于投入产出表的实证分析》,《经济研究》2003年第11期。

［60］盛斌:《迎接国际贸易与投资新规则的机遇与挑战》,《国际贸易》2014年2月。

［61］汪洋:《推动形成全面开放新格局》,《党的十九大报告辅导读本》,人民出版社2017年版。

［62］王鹏权:《中美对外经济行为特征及其比较》,《当代世界社会主义问题》2020年2月。

［63］王永贵:《全球化背景下社会主义意识形态功能探析》,《社会主义研究》2009年3月。

［64］王子先：《研发全球化趋势下自主创新与对外开放关系的思考》，《国际贸易》2013年第9期。

［65］魏浩、袁然：《国际人才流入与中国企业的研发投入》，《世界经济》2018年12月。

［66］吴中宝、江道辉：《"圈子化"经贸格局正在形成》，《进出口经理人》2014年第2期。

［67］习近平：《共担时代责任　共促全球发展》，《人民日报》2017年1月18日。

［68］习近平：《坚持可持续发展　共创繁荣美好世界》，《人民日报》2019年6月8日。

［69］习近平：《坚守初心　共促发展　开启亚太合作新篇章》，《人民日报》2022年11月18日。

［70］习近平：《决胜全面建成小康社会　夺取新时代中国特色社会主义伟大胜利》，《人民日报》2017年10月28日。

［71］习近平：《决胜全面建成小康社会，夺取新时代中国特色社会主义伟大胜利——在中国共产党第十九次全国代表大会上的报告》，人民出版社2017年10月版。

［72］习近平：《开放共创繁荣　创新引领未来》，《人民日报》2018年4月11日。

［73］习近平：《开放合作　命运与共》，《人民日报》2019年11月6日。

［74］《习近平谈治国理政》，外文出版社2022年6月版。

［75］习近平：《习近平同出席博鳌亚洲论坛年会的中外企业家代表座谈》，《人民日报》2013年4月8日。

［76］习近平：《携手构建合作共赢新伙伴　同心打造人类命运共同体——在第七十届联合国大会一般性辩论时的讲话》，《人民日报》2015年9月29日。

［77］习近平：《携手追寻民族复兴之梦——在印度世界事务委员会的演讲》，《人民日报》2014年9月19日。

［78］习近平：《在第三届中国国际进口博览会开幕式上发表主旨演讲》，《人民日报》2020年11月5日。

［79］习近平：《在深圳经济特区建立40周年庆祝大会上的讲话》，《人民日报》2020年10月15日。

［80］习近平：《在省部级主要领导干部学习贯彻党的十八届五中全会精神专题

研讨班上的讲话》,《人民日报》2016年1月18日。

[81] 习近平总书记在庆祝改革开放40周年大会上的讲话,《人民日报》2018年12月19日。

[82] 习近平总书记在中央城市工作会议上的讲话,《人民日报》2015年12月21日。

[83] 徐崇利:《新兴国家崛起与构建国际经济新秩序》,《中国社会科学》2012年第10期。

[84] 杨继军、范从来:《"中国制造"对全球经济"大稳健"的影响——基于价值链的实证检验》,《中国社会科学》2015年第10期。

[85] 杨丽花、王跃生:《建设更高水平开放型经济新体制的时代需求与取向观察》,《改革》2020年3月。

[86] 姚树洁、冯根福、韦开蕾:《外商直接投资和经济增长的关系研究》,《经济研究》2006年第12期。

[87] 余东华、张明志:《"异质性难题"化解与碳排放EKC再检验——基于门限回归的国别分组研究》,《中国工业经济》2016年7月。

[88] 余淼杰、李晋:《进口类型、行业差异化程度与企业生产率提升》,《经济研究》2015年第8期。

[89] 余淼杰:《中国的贸易自由化与制造业企业生产率》,《经济研究》2010年第12期。

[90] 余永定:《中美贸易战的深层根源及未来走向》,《财经问题研究》2019年8月。

[91] 俞军:《"不见面审批模式"的探索——基于对江苏省1518户企业的调查》,《中国行政管理》2017年第11期。

[92] 张二震、戴翔:《当前开放型经济发展的几个认识问题》,《现代经济探讨》2012年1月。

[93] 张二震、戴翔:《构建开放型世界经济:理论内涵、引领理念与实现路径》,《江苏师范大学学报(哲学社会科学版)》2019年2月。

[94] 张二震、戴翔:《构建开放型世界经济:理论内涵、引领理念与实现路径》,《江苏师范大学学报(哲学社会科学版)》2019年2月。

[95] 张二震、戴翔:《关于中美贸易摩擦的理论思考》,《华南师范大学学报(社会

科学版)》2019 年 2 月。

　　[96] 张二震、戴翔:《完善全球经济治理与中国新贡献》,《世界经济研究》2017 年 12 月。

　　[97] 张二震、方勇:《经济全球化与中国对外开放的基本经验》,《南京大学学报 (哲学·人文科学·社会科学)》2008 年第 4 期。

　　[98] 张二震、方勇:《要素分工与中国开放战略的选择》,《南开学报》2005 年 6 月。

　　[99] 张二震、李远本、戴翔:《从融入推动:中国应对全球化的战略转变——纪念改革开放 40 周年》,《国际贸易问题》2018 年 4 月。

　　[100] 张二震:《条件具备,战略正确,全球化对发展中国家更有利》,《世界经济研究》2018 年 3 月。

　　[101] 张二震:《战略机遇期与中国开放战略的调整》,《南京社会科学》2010 年 12 月。

　　[102] 张君:《西方现代化的民主之"危"》,《半月谈》2022 年 11 月。

　　[103] 张燕生:《新一轮高标准改革开放应如何先行先试——中国(上海)自由贸易试验区的改革重点和未来方向》,《学术月刊》2013 年第 10 期。

　　[104] 张幼文:《贸易投资融合原理与全球化收益的国民属性》,《世界经济研究》2018 年 2 月。

　　[105] 张幼文:《以要素流动理论研究贸易强国道路》,《世界经济研究》2016 年 10 月。

　　[106] 张蕴岭:《中国发展战略机遇期的国际环境》,《国际经济评论》2014 年 2 月。

　　[107] 赵晋平、文丰安:《自由贸易港建设的价值与趋势》,《改革》2018 年 5 月。

　　[108] 郑江淮、郑玉:《新兴经济大国中间产品创新驱动全球价值链攀升——基于中国经验的解释》,《中国工业经济》2020 年 5 月。

　　[109]《中共中央关于全面深化改革若干重大问题的决定》,《人民日报》2013 年 11 月 16 日。

　　[110]《中共中央关于制定国民经济和社会发展第十三个五年规划的建议》,《人民日报》2015 年 11 月 4 日。

　　[111] 中共中央文献研究室编:《习近平关于社会主义经济建设论述摘编》,中央

文献出版社 2017 年版。

[112] 中共中央宣传部编:《习近平总书记系列重要讲话读本(2016 年版)》,学习出版社、人民出版社 2016 年版。

[113] 周宇:《全球经济治理与中国的参与战略》,《世界经济研究》2011 年第 11 期。

[114] 朱民:《世界经济结构的深刻变化和新兴经济的新挑战》,《国际金融研究》2011 年第 10 期。

[1] Brinkman, Richard L., The New International Economic Order and Value Theory, *Journal of Economic Issues*, 1984 Vol. XVIII No. 2.

[2] Cheng J. Y. S., China's ASEAN Policy in the 1990s: Pushing for Regional Multipolarity, *Contemporary Southeast Asia*, 1999.

[3] Cheung A. B. L., A Response to "Building Administrative Capacity for the Age of Rapid Globalization: A Modest Prescription for the Twenty-First Century", *Public Administration Review*, 2009, 69(6).

[4] Ciorciari J. D., China's Structural Power Deficit and Influence Gap in the Monetary Policy Arena, *Asian Survey*, 2014, 54(5).

[5] Daniel W. Drezner, Bad Debts: Assessing China's Financial Influence in Great Power Relations, *International Security*, 2009, 34:2.

[6] Drezner D. W., The New New World Order, *Foreign Affairs*, 2007, 86(2).

[7] Goh E., The Modes of China's Influence: Cases from Southeast Asia, *Asian Survey*, 2014, 54(5).

[8] Hausmann R., Hwang J., Rodrik D., What You Export Matters, *Journal of Economic Growth*, 2006, 12(1).

[9] Helleiner E., Economic Liberalism and Its Critics: The Past as Prologue?, *Review of International Political Ecoomy*, 2003, 10(4).

[10] Hope K. R., Basic Needs and Technology Transfer Issues in the "New International Economic Order", *American Journal of Economics and Sociology*, 1983, 42(4).

[11] Jones, C., Intermediate Goods and Weak Links in the Theory of Economic

Development, *American Economic Journal*, 2011, 3 (4).

[12] Kapp, Robert A. , The Big Crap Shoot, *China Economic Quarterly*, 2008, 12(1).

[13] Lemoine F. , From Foreign Trade to International Investment: A New Step in China's Integration with the World Economy, *Economic Change and Restructuring*, 2013, 46(1).

[14] Philip S. Golub, From the New International Economic Order to the G20: How the "Global South" Is Restucturing World Capitalism from Within, *Third World Quarterly*, 2013, 34(6).

[15] Priya S. , Global Governance: Role of Emerging Economies during Global Financial Crisis, *Journal of Politics & Governance*, June 2013 Vol. 2, No. 1/2. .

[16] Rosen D. H. , Hanemann T. , *China's Changing Outbound Foreign Direct Investment Profile: Drivers and Policy Implications*, Washington, DC: Peterson Institute for International Economics, 2009.

[17] Schott P. , The Relative Sophistication of Chinese Exports, *Economic Policy*, 2007, Vol. 23 (53).

[18] Subacchi, P. , New Power Centres and New Power Brokers: Are They Shaping a New Economic Order?, *International Fairs*, 2008,84:3.

[19] Wang Z. , Wei S-J. , What Accounts for the Rising Sophistication of China's Exports?, *China's Growing Role in World Trade*, Chicago: University of Chicago Press, 2010.

凤凰传媒
PHOENIX MEDIA

"中国式现代化之路丛书"书目

《中国式现代化论纲》
洪银兴 著

《数字经济赋能中国式现代化》
任保平 著

《中国式现代化开放发展之路》
张二震 戴翔 著

《科技创新支撑中国式现代化》
杨忠 等 著

《新质生产力：理论与实践创新》
洪银兴 高培勇 等 著

《高水平社会主义市场经济体制推进中国式现代化》
葛扬 等 著

《中国现代化史》
杨德才 等 著

内容简介

本书以习近平总书记关于经济全球化和开放发展的系列重要论述为指导，探索经济全球化条件下中国不断扩大开放，以开放促改革、促发展的历史进程、基本理论和基本经验。进入现代化建设新阶段后，中国以高水平开放促进高质量发展、推进现代化建设，展现了中国作为一个超大发展中经济体由农业国向中国式现代化奋进的辉煌成就。对于其他发展中国家而言，这种成就也展示出，一种既融入全球化获得发展，又保持着发展的独立性的全新可能。

江苏人民出版社
微信公众号

凤凰书苑

ISBN 978-7-214-29374-9

9787214293749

定价：82.00元